U0529268

为了中华 为了世界——许嘉璐论文化 上

许嘉璐 著

中国社会科学出版社

图书在版编目(CIP)数据

为了中华 为了世界：许嘉璐论文化（全三册）/许嘉璐著. —北京：中国社会科学出版社，2017.5

ISBN 978-7-5161-8263-5

Ⅰ.①为… Ⅱ.①许… Ⅲ.①中华文化-文集 Ⅳ.①K203-53

中国版本图书馆 CIP 数据核字（2016）第 116757 号

出 版 人	赵剑英
责任编辑	任 明
特约编辑	乔继堂
责任校对	王 斐
责任印制	李寡寡

出 版	中国社会科学出版社
社 址	北京鼓楼西大街甲 158 号
邮 编	100720
网 址	http://www.csspw.cn
发 行 部	010-84083685
门 市 部	010-84029450
经 销	新华书店及其他书店
印刷装订	北京市兴怀印刷厂
版 次	2017 年 5 月第 1 版
印 次	2017 年 5 月第 1 次印刷
开 本	710×1000 1/16
印 张	78.25
插 页	2
字 数	988 千字
定 价	285.00 元（全三册）

凡购买中国社会科学出版社图书，如有质量问题请与本社营销中心联系调换
电话：010-84083683
版权所有　侵权必究

目 录

文化源流与文化自觉

关于文化 …………………………………………（3）
民族文化的发生、发展与生存环境 ……………（38）
中华文化源流概述（上）…………………………（49）
中华文化源流概述（下）…………………………（85）
中华文化的过去、现在和未来 …………………（128）
中华文化漫谈 ……………………………………（147）
神秘—生疏
　　——中华文化解读 …………………………（184）
历史的嘱托　现实的任务 ………………………（212）
感恩深思　为了人类 ……………………………（228）
中华文化是联结全球华人的纽带 ………………（247）
文化的多元和中华文化特质 ……………………（255）
心灵
　　——了解中国的关键和关口 ………………（264）
为中华民族文化的自觉而呼喊 …………………（276）
中华文化重任在肩 ………………………………（283）
转型，其实就是文化自觉 ………………………（301）
中华文化与异质文化 ……………………………（310）
卸下镣铐跳舞 ……………………………………（332）
世界需要中国 ……………………………………（352）

文化与哲学

儒家思想与世界道德 …………………………（379）
探究"王道"原旨，关怀世界当下 ……………（384）
再谈"王道"思想与中国企业管理 ……………（392）
一个中国人心目中的孔子 ……………………（401）
突出核心，"落叶归根" …………………………（406）
释"修齐治平" ……………………………………（416）
小学与儒学 ……………………………………（438）
献给民族复兴的心中之礼 ……………………（466）
认识一下儒家经典 ……………………………（476）
弘扬儒学精华　发展先进文化 ………………（518）
当今冲突世界需要儒释道融合理念 …………（527）
从人文性到神圣性：儒释道相融之因缘 ……（532）
动静皆修，释儒圆融 …………………………（544）
忆念太虚大师，营建人间净土 ………………（577）
禅宗
　　——中外文化相融之范例 …………………（589）
深研经典，环顾宇内，振兴道家 ……………（611）
道教的未来 ……………………………………（623）
我的人生道路与中国儒家思想 ………………（630）
人类是同父同母的兄弟
　　——我的宗教观 …………………………（648）
汉语汉字与哲学（上） ………………………（659）
汉语汉字与哲学（下） ………………………（678）
训诂学与经学、文化 …………………………（704）
尼山论坛碑 ……………………………………（738）
携手传承儒学　共促和平繁荣 ………………（739）

汲取儒学精髓　突出"仁"的理念……………………（742）
近乎善，则合乎道
　　——中国文化院网站"院长寄语"……………（744）
开掘审视华夏文化，携手和谐世界文明 ………（746）
请历史记住他们 …………………………………（748）

文化建设与发展

这个世界需要"对话" ……………………………（753）
危机，期盼，伦理，责任：构建人类共同
　　新伦理 …………………………………………（760）
200年河东，200年河西，未来康庄 ……………（769）
共同应对人类的危机 ……………………………（784）
为了中华　为了世界 ……………………………（791）
全球语境中的中华文化 …………………………（800）
当前文化问题的症结在哪里 ……………………（808）
渊源深厚　坚守创新　齐心协力　贡献世界 …（824）
汉学的"三个面向"与人类新秩序 ………………（837）
中华文化与跨文化交际漫说 ……………………（846）
把中华文化传播出去，孔子学院中方院长任重而
　　道远 …………………………………………（877）
建立友谊，形成氛围，唤醒理智 …………………（898）
主张对话、反对冲突是时代的最强音
　　——儒学与基督教：人类危机与世界文明
　　　对话（笔谈）………………………………（907）
跨越时空，思考出路
　　——重温古代圣贤 …………………………（914）
文化建设的困惑和我见 …………………………（924）

文化—文明—世界—中国
　　——附论"文化的钢铁长城" ……………………（952）
中华文化在新时期的发展方向 ……………………（996）
漫谈"文化强国"战略………………………………（1013）
对于中华文化和新文化建设的思考 ………………（1027）
中国传统文化在中国当今社会的价值和意义 ……（1056）
为民族文化的抢救、保护与建设做贡献 …………（1081）
高校校园文化建设漫议 ……………………………（1091）
首善之区需要首善文化 ……………………………（1100）
传统节庆文化的重振及其现代价值 ………………（1107）
中国所特有的茶文化必将走向世界 ………………（1122）
茶文化
　　——中华文化之一翼 ………………………（1133）
真实影像：中华文化传播之翼
　　——关于茶、茶人、茶文化的几次谈话 ……（1144）
中国医学的哲学基础及与西方医学的互补
　　——意大利波罗尼亚"中西医学与人类健康"
　　　论坛主旨讲演 …………………………（1153）
体验现实　超越现实：中医养生与中国理想 ……（1163）
科学养生，根植哲理 ………………………………（1172）
论民族文化的雅与俗 ………………………………（1175）
深化认识，挖掘根源，寻找对策，标本兼治 ……（1197）
没有文化的经济无异于空中楼阁 …………………（1203）
文化建设与经济发展 ………………………………（1217）
经济　文化　富强
　　——大国崛起与文化复兴 …………………（1239）

文化源流与文化自觉

关于文化[※]

我们为什么要关注文化？

现在全世界，包括学术界、政界越来越关注文化，文化问题成为学术界讨论的热门话题，它既是国家发展中的大问题，也是涉及世界格局和国际关系的大问题。阿富汗冲突是否是文明的冲突？什么叫先进文化？其前进方向如何？这些问题，汉语文化学院都应该积极思考。汉语文化学院的教学和研究离不开对文化的研究。

第一个问题：关于文化的基本概念及分类

一 何谓文化？

文化的定义有多种。据国内学者说有五百多种。我没有看到关于五百多种的资料和论述，大概这是基于任何一个人说了文化是什么就算是一种定义所得出的数字。据国外哲学家说，现在已有二十多种定义，大概这是就比较权威的著作而言。我认为后一种说法是比较可信的。

[※] 2001年11月2日演讲于北京师范大学汉语文化学院，听众包括汉语文化学院全体师生和中文系博士生。

由于文化的定义五花八门，又由于有人不研究文化本身，而热衷于在定义中折腾，所以有的学者主张"最好不下定义"。我想这是希望人们把精力集中于实实在在的基础研究，不要在定义问题上争论不休，而不是"定义不可知论"。定义是研究工作的出发点和归宿，尽管出发时的认识和到达既定目标时的认识会有差别，甚至可能是较大的差别，而对于研究工作来说，定义还是需要的。

我比较同意如下的说法：文化是人类所创造的一切物质、制度与精神。

这个定义里有几个要点：1. 自然界赐予人类的一切都不是文化，如山川土石。2. 即使是人类在蒙昧时期所创造的，也不是文化，比如旧石器时代的粗糙工具，古人类的岩画。3. 非人类所创造的不是文化，如猴子所涂的画，蚂蚁所堆积的蚁山，蜜蜂所造的巢。4. 文化是人类有意识创造的，无意识形成的东西不是文化，例如婴儿涂抹的东西。

当然任何定义都不能把定义对象囊括无余，对象的边缘也常常是模糊的。例如对于弱智者的艺术作品、对身涂颜料在画布上打滚所形成的东西应该怎样界定？这是值得研究的。

二 文化的分类与层次

1. 广义与狭义。

广义的文化，指人类创造的一切物质、制度与精神。狭义的文化主要指精神产品，例如艺术、建筑、学术，等等。广义文化和狭义文化没有严格的界限。

2. 表层文化与深层文化。

表层文化即可以通过感官感受得到的文化。例如物质产品、平常我们所说的文化产品，就是表层。虽说是表层，呈现在人们面前的是色彩缤纷的文化形态。可是最可贵的，最值得人们重视的，是包含在其中的意识。比如，包含在中华传统文化中的温良敦厚、高雅细腻、圆满和谐、勤俭刻苦等精神状态。又比如，在传统哲学中贯穿着的天人合一、刚柔相济、相反相成、物极必反等辩证哲理，等等，就应当归到深层文化里去。

深层文化指的是思想、制度，包括哲学。哲学是深层文化的核心，是民族智慧的集中体现，对文化整体起着主导作用。

3. 理性文化与感性文化。

所谓感性文化是指在日常生活中感觉得到、作用于人的感性的文化。文学艺术、风俗习惯等等即是。所谓理性文化指的是需要进行理性思维才能发觉、一般在日常生活中感觉不到的文化。例如关于人和自然的关系、人际关系的准则、人生终极目的等等即是。

传统文化中的温良敦厚、高雅细腻、圆满和谐的特征，几乎无所不在。比如，我们所听到的古筝、二胡，看到的京剧，京剧有台词有情景，以及国画、书法，是不是你能感到温良敦厚、高雅细腻、圆满和谐？比如在戏曲中，我们许多的悲欢离合的戏剧，最后总是大团圆，这已经在民族当中形成一种情感的定式、心理的定式。如《梁山伯与祝英台》，本来是悲剧，为婚姻郁郁而死，结果呢，一个就要殉情，她要化蝶。中国人不大能接受那种真正意义上的希腊式的悲剧。刚才举了两个例子，一个是古筝，尽管它的有些小节指法是快的，情绪是激昂的，但最后又归于流水。二胡，不是中原的乐器，"胡"嘛，胡人的乐器，它出现得晚、老二，所以叫二胡。本来是凄楚哀怨的，也是比较粗糙的，但是到了中原被中华文化吸收之后，又加进了中原的东西。我们现在听《二泉映月》，刻画感情，所孕育的音乐理念，是那样的细腻，经常是需要反复地去听，才能听出味道。这就是为什么小泽征尔喜欢这首曲子，他指挥《二泉映月》的协奏曲，指挥完了到北京来，到北京音乐学院听了阿炳拉的《二泉映月》的原曲，那是钢丝带转录的，听完以后，泪流满面，扑通跪下，说："这不是人间的音乐，早知道是这样的音乐，我不敢指挥。"这为什么？我觉得，这就是我所说的风格的魅力。

传统哲学中贯穿着的天人合一、刚柔相济就涉及更加抽象的了，这属于深层文化。这种意识，这种风格，这种感情，是人的感官不能直接感受到的，需要先由感官接受它的表现形式，然后以心灵去接受它，这属于深层。那么，到底哪些文化形式是深层的呢？比如宗教、意识和哲学，这就是深层文化。其中，哲学是深层文化的核心，是民族智慧的集中表现，对文化整体起着主导作用。在文化发展过程当中，表层文化变化最快，深层文化要慢得多，因为它深入到了民族的习惯里、灵魂里。小平同志说，社会主义初级阶段是一个漫长的历史过程，这个话中也包含着要改变我们民族习惯当中的有些成分的意思，这需要很长很长时间。

这是一个角度。从另外一个角度看，又可以把文化分为三个层面，这就是我所说的物质文化；艺术和宗教制度、风俗；以及第三个层次，意识和哲学。把文化分成层次，不管它分成几个层次，文化学的任务，是对文化现象的自觉。一般人，直接感受到的是文现象，而且首先感到的是表层文化。但是，实际上什么人都离不开各个层次的文化，只有对文化进行理性的思考，才能意识到深层，才能感觉得到哲学的存在和哲学的力量。以中国的饮食文化为例，中国的烹饪得到了全世界各个民族、各个国家的赞许。我每年都要接待不知多少议会代表团、政府官员，一般来说，请他们吃饭，三个地方，一个地方是大会堂，一个地方是全聚德，一个地方是百万庄园，吃肥牛。对于中国的菜肴，他们几乎都是报以惊叹。他们中常有人说，在我的国家里，我喜欢到中国餐厅，现在才知道我吃的根本不是中国菜。类似的话，一年可以听到很多遍。但是，中外的食客恐怕很难想到，在中国饮食文化里所包含的那种深层的民族意识，特别是，"和合"的意识。"和"与"龢"，实际是一个词的两种写法，"和"是五味调和；"龢"的本义是五音之和。中国人在哲学理念上有一个"求和"，"家庭和睦""和气生财""和为贵"。你无论是吃麻辣的川菜，还是吃从海里捞出来的，煮一煮就吃的粤菜，还是吃讲究用葱、讲究用油的鲁菜，还是吃世界第一的——我的家乡的淮扬菜（笑声），都是五味调和。我们吃鱼绝不是把海鱼的刺剔掉给你，然后上面撒点盐，最多来点 juice。就是川菜也要放点糖、放点盐、放点醋、放点酒，要它五味调和。我们这个思想，一直渗透到军事、政治中。例如在二十世纪三四十年代，毛主席把它运用到游击战争中，"人不犯我、我不犯人；人若犯我，我必犯人"。你想想这个思想背后实际就是"和合"，能不打就不打，你若不犯我，我怎么打你；你若犯我，超出"和合"的最低限，我不会接受屈辱，那才打，要打就杜绝以后不"和合"的后患：消灭它——这也是个"大团圆"。我在接待外国议会代表团,谈到"中国威胁论"时说,武力的扩张,有了雄厚的国力,有了先进的武器以后,去侵犯别人,这和中国人几千年来的哲学理念是不相吻合的,中国人是不干的。这已经说到深层文化和表层文化的关系了。

  再比如,关于人和自然的关系、人际关系、人生的终极目的探讨三个问题。人与自然的关系,按中国传统文化说是天人关系,这个天指的是大自然;人际关系,人与人的关系,这是伦理;再有对人生的终极目的的最深层次的思考。在西方,从古希腊犹太教前的原始宗教一直延续到现在。在中国,对人生终极目的的思考,历史上最发达的是宋、明时代,他们探讨人生的终极目的是追求人的自我的完美,这个完美指的是品格的完美,客观上,希望世界完美。这三个问题就是人类哲学所探讨的三个核心问题。

  和表层文化与深层文化之间的关系一样,感性文化和理性文化之间,也不是决然分开的,而是相为表里、相互制约和相互促进的。比如,在汉民族的哲学里,"和而不同"的观念。"和而不同"这句话出自《论语·子路》。在人与人之间,事物之间,应该是相和谐的,和谐而不等同。等同就是单调。也就是说,在朝廷上,我们总的是一个目标,你说一点,我说一点,构成一个整体方案,你的那点和我的那点,共处于一个方案之中,这是"和";虽"和"但是不能全"同",张三说这事应该怎么办,于是所有人说,对,你说得非常好,就这么办,最后是一个不完美方案。所以君子不应该"同",因为有差异,而差异的个体之间又是"和"。这样一个观点,在我们的建筑、在我们的音乐和饮食等感性文化中,时时体现为和谐对称、柔和缓慢的特点。又比如，汉民族的伦理观念，强调"君"（国君）与家长至高无上的地位，所以"君叫臣死，臣不敢不死"，"父母在，不远游"。① 体现在建筑中，皇宫始终要建在国都的中心，唐代有点例外，它的宫殿建在长安城的偏北，那是因为北门外驻扎着北军来保卫它。我们的建筑风格也透露出皇宫建筑是天下第一、他人不得超过、超过即僭越的思想。皇宫内也是突出中线，例如北京故宫，从天安门的午门进去然后一线排着的三大殿。突出中线也就是突出皇帝的神圣，而皇宫的建筑形式又增强了人们对最高统治者的神秘感、恐惧感。同学们在北京生活，当你去故宫，从中线走，进到太和殿的院门的时候，你想想，为什么庭院要那么大？你可以想象，当年从大门到台阶处站着两排人，武装人员，肃穆得一点声音都没有，然后看殿里，黑乎乎，至高无上的皇帝在里面根本无法看清，院子那么大，殿那么高，这时你越发感觉到自己的渺小，而越往前走，看上面，头越抬越高，等走到台阶前，这时如果上面喊一句"宣谁谁上殿"（屋里喊外面是听不到的，需要一个传一个喊下来，这就是古书上说的"传胪""列九宾于庭"），于是胆子再大的也变胆小了。俗话说的"人到屋檐下，不得不低头"，就是这个意思，建筑和"忠君"密切相关。北京的四合院，其实就是皇宫的缩影，既突出一家之主的地位，又保证了几世同堂的家族和谐。所以，中国传统文化当中，在解决分与和的问题上是很巧妙的。所谓"分"，就是人分等。父亲和儿子，绝对不能像现在可以随便叫"老爸"（笑声），那一定是儿子垂手而立，

---

① 《论语·里仁》。

规规矩矩，父亲对他的父亲，同样如此。但是，在分的同时，又讲究"合"，不管是三世同堂、四世同堂，有多少叔伯，都共居一个大院，故既"分"而"和"。

在封建社会和半封建、半殖民地社会，对深层文化、理性文化的认识和掌握，只局限于有限的范围，因为只有有钱人、能吃饱饭的人才能读书，才有机会登知识的殿堂。到现在，就会越来越成为大多数人乃至全社会人的意愿。

文化的层次性告诉我们：谈文化建设不能只抓表层，应该有全面观点；但是深层文化又不可能独立存在和发展，同时表层文化是大众须臾不可离的，因此应该从表层入手。

三　关于亚文化

民族文化是一个笼统的概念，事实上，在一个民族内部，不同地区、不同人群之间，其文化也有差别，那些组成整个民族文化的各个部分，就是亚文化。比如，中国各个地区、各个省份、各个民族、各个企业的文化就是亚文化。从不同角度观察，亚文化有多种类别：地域文化、民族文化、行业文化，等等。相对于整个民族的主体文化来说，每一种亚文化都是非主体文化。

四　文化与文明

文化和文明都是常用的词，有人费了很大的力气要把二者严格区别开来。比如，亨廷顿。我看不必。在这里，我们可以把文化和文明看成是同义词，我们宁可把文化定位为学术术语，把文明看成是知识和政治用语，不必深究文化和文明在内容和形式上的同与异。在英文当中，文化和文明经常分别用 culture 和 civilization 表示。前者指文化，后者指文明。但是有一点是值得同意的，在英文中，文明人可不是 civilization man 而是 Christian，Christian 的另外一个义项是基督教徒，那就是说，在古代英国人看来（所谓古代不过是前几个世纪的事），皈依了基督教才是文明人。这是符合英国人的历史的。在基督教进入英伦三岛之前，英国还是比较原始的，确实是基督教带去了文化，带去了教义，带去了国家的完满概念。而这就和中国文化有了质的不同。Christian 这个词，反映了以英国为代表的西方文化，基本是宗教文化及其派生物，而中国文化的质，从来是一个非宗教文化。亨廷顿的著作里，把儒家文化称作"儒教"，我不知道是他对于宗教的界定贯穿了双重的标准，还是出于我们曾经有过"孔教""儒教"的说法。实际上儒家学说从来没有成为过宗教。

五　不同文化的共性与特色

1. 文化的第一个特性是，文化是上层建筑，上层建筑是由经济基础决定的；同时，又反作用于经济基础。经济基础发展、变化时，文化也要随之变化；不变，就要对经济基础起到破坏的作用。但是上层建筑的变化总是滞后于经济基础，有的部分，甚至要滞后几百年，而更深层的东西，文化的核心，那就不是几百年的问题。比如，对神的崇拜，它从原始人一直延续到现在。所以文化，特别是深层文化，是滞后的。

2. 文化的特点还表现在无所不在、不知不觉、永不停止。比如，中国家庭文化重视伦理，不仅讲究子女对父母的"孝"，而且讲究父母对子女的"慈"，在对子女的慈当中，有望子成龙和恨铁不成钢的成分，这种习惯几乎遍及全国，而且被人们视为当然。现在这种习惯从内容到形式已经和古代有很大不同。但是，万变不离其宗，这个"宗"，就是注重个人在家庭中的地位、对家庭的意义。我常常看到一些材料，就是家长对孩子的期望值过高，一方面，喊孩子负担太重了，而当学校减轻学生负担的时候，家长又给孩子请家庭教师，自己布置家庭作业；另一方面，小学生，要双百，得一百九还要挨打，得了两个一百就可以买玩具，带他去吃麦当劳。还有，现在房地产的发展，我看过很多房地产商的产品，他们在规划小区的时候，一定建一所小学，而且重金聘请退休的好教师。为什么？有好学校、好教师，大家都愿意买他的房子。家长宁可把旧的房子便宜地卖掉，再添上几十万块钱，搬到好学校附近，让人敲竹杠。前一个故事，逼孩子做作业，让人想到岳母刺字，岳飞的母亲在儿子背上刺上"精忠报国"。岳母是为国，今母是为什么？后一个故事让我想到"孟母三迁"，孟子的母亲，为了孩子的教育，担心邻居不好，怕他近墨则黑，搬家，搬了还不好，再搬。孟母是"避墨"，今母是"就朱"——近朱者赤——道理是一样的。一个民族的习惯，真是不得了，这是它的特性。但是父母对子女的这种关心不是无价的，你要回报，要给家庭增光，你作为孩子的任务就是受教育，接受父母的爱，你的义务就是拿回双百来，将来考上重点大学。

3. 文化的第三个特点是不同的文化，具有共性与个性。这个个性，就是民族性。文化是主、客观世界的反映，主客观是有规律的，人类的文化就有它的共同性。例如，人类一直在追求真善美。哲学学派，自古及今虽然多种多样，但是归根结底哲学所研究的不出于刚才我所说的三个关系：人与自然的关系、人和人之间的关系以及现实和理想的关系。这些问题，人和自然关系总有客观的规律；人际关系应该有一个基本的准则；现实和理想，自有它的逻辑。这个规律、真理、逻辑，就是人类所追求的真善美的"真"。为什么我们现在说真理，真理就是理，理就是规律，加一个"真"字，就是人类社会几千年来所追求的。因此，在这些领域，各个民族研究的成果共同性很多。

　　各民族文化的产生，首先受到自然环境的影响，其次，随着初始文化的延伸而产生发展的内在联系。比如说，中国主体文化，就是汉文化当中的儒文化。汉文化产生于今天的关中、陕西黄土高原一带。这个地方自然条件并不太好，有人说，原来那个地方都是山清水秀，森林覆盖，事实上不是那么回事。如在甘肃、兰州的山上，我们的农学家多次考察，没有发现树的孢子。孢子的细胞壁是非常坚固的，植物的孢子可以存活万年。我们可以从煤里发现孢子，但是，甘肃的山上没有发现植物的孢子，这说明从有人类之前，那里就是荒原。陕西古代的自然条件也不见得比现在好多少。在这样的环境下生活，它需要集体才能抗拒自然，先是在原始公社，后来有了私有财产，社会分化。自对偶婚开始衰落起，劳动的最基本的单位就是家庭。从《诗经》上、从《左传》上、从《周礼》上，都能看到"耦耕"，何谓"耦耕"？两个人一起踩耜（sì）来耕地，即为耦耕。为什么中国人这么重视家庭？这个种子是从原始社会就种下的，当一定的自然条件让一个原始部落形成一个观念，就是我所说的初始文化。一旦初始文化形成，它就要延伸，它具有内张力。我们再看看两河流域、爱琴海，它的自然条件就和我们不一样，看看从两河流域所发展的文化以及爱琴海地区希腊早期的文化，你都可以从它的环境里，找到初始的原因。既然是有这样一个前提在内，而世界各地的自然条件、社会发展等是不一样的，因此，各民族的文化又呈现出各自的特性。比如，什么叫善，什么叫美，不同的民族标准不一样。中国人讲究女孩子樱桃小口，美国二战之后就喜欢大嘴；中国人喜欢的女孩子是一种温柔的、贤良的，美国就追求个性，吵得你简直不耐烦。当然美国也有温柔的，但是对于什么是美，一个民族总还是有一个基本的取向。

那么为什么文化又可以跨越国界呢，我们听贝多芬的音乐觉得美，人家听《二泉映月》也觉得美。这是共性。共性当中也有个性。例如研究"真"，"真"应该是真理，应该是一个探究的结果，哪怕结论是一样的，求得的方法、思维的特色也各不相同。这也是民族性的表现。比如，圆周率的求得，我们比欧洲早七百多年，求得3.1415强，七百年之后，西方人才求到类似的结论。但是求得的方法，中国是设想一个正方形，它以一点为中心移动，无数个正方形排起来就是圆。西方是用数学方法，我们是用几何方法，这也就是民族的特性。

人类文化的共性和个性在理论上说起来很简单，但是在实践中要辨别清楚是很复杂的。把文化分成三个层次，并且注意三个层次之间的关系，有助于我们观察不同文化的共性和个性。

第二个问题：文化对国家与民族的意义

一 文化是民族的特征之一

文化之所以具有民族特色，归根结底是因为文化是人类的创造，创造的时候又受到人对自然和社会认识水平、观察角度的制约。我们甚至可以说，文化是民族的。文化的创造和发展，受到民族特点的制约；反过来，文化对于民族特点的保持继承和发展又起着极其巨大的作用，这种作用，是与生俱来的，是无所不在的，是潜移默化的，是隐藏于心而不自知的，是难以抵御的。文化特点逐渐地沉积和传承，于是形成民族的特色和标志，离开了文化的环境，个体或者小的群体就难以保持文化的特色，这就是所谓被同化。

因此文化是民族的特色，而不是个人的特色。个人可以带有它，而不一定非带它不可，这是辩证的。比如，中国提倡"孝"，但是历代忤逆子也不少。中国具有世界独一无二的史学传统，从殷商时候起，中国历史上所发生的所有事件，我们到现在都有文字可查，越往后，越细腻，几乎每年都有，这在世界上是独一无二的。在这样长期的历史记载过程当中，就体现了一种中国的历史精神，这就是追求"信史""直书"，这种精神及靠这种精神记录下的真与伪、善与恶、美与丑的对比和抑扬，对中国民族文化的传承、民族道德伦理的培养，发挥了巨大的作用。大家都知道春秋笔法，用一个字表现对诸侯或是大臣的褒贬，如《史记》《汉书》中对人物的臧否，都对后代影响极大。但是并不是每一个中国人都遵循"信史"和"直书"的原则，起码皇帝下诏书让史官写的历史就美化了，但好在还有野史。

二 文化是国家和民族的精神特色，是民族和国家的灵魂

这在犹太民族的历史和世界近代史的许多事例中，都可以得到大量正面和反面的证明。为什么我提到犹太？犹太本来是有一个国家的，那是公元1世纪的时候，后来，被灭了，犹太民族从那时候起一直到1947年，没有祖国。他们分散到世界各地，主要是西欧和东欧，但是它的民族没有被同化，因为保持了犹太民族的文化。这种文化主要指两种形态，一是宗教，犹太教；二是希伯来语。犹太人的命运在历史上是非常悲惨的，到了欧洲，被规定住在各个城市的边缘，形成犹太社区。所谓犹太社区其实就是集中营，出入是有限制的；一旦那个国家内部矛盾紧张，就拿犹太人转移注意力，就把社区封锁，甚至大批地杀戮，一杀就是几十万上百万。犹太民族自身为了自卫，于是聚居在一起，再加上他们所侨居的国家为了便于统治，就逼得他们住在一起，而住在一起，有了社区，所以它的犹太教教义和希伯来语反而得以保存。国土没有了，国号没有了，只要文化在，就可以复国。所以1947年，当联合国同意他们复国的时候，很快就有二百万人入境，冷战结束后，又有大批人入境，现在以色列是八百万人，占了全世界犹太人的近二分之一。1947年到现在，不到六十年，它已经成为中东地区最强大的国家。在那样的恶劣环境下，它的科技水平世界第一。世界第一不是美国，是犹太——以色列。因为，除了以色列自己掌握的科技以外，在美国的科技

界掌握核心技术的，至少三分之一是犹太人；犹太民族是全世界最富的民族，华尔街的财富的百分之八十掌握在犹太人手里，虽然他们是美国国籍。可见文化的力量比核弹厉害，比航空母舰厉害。航空母舰、核弹可以摧毁地面的建筑，可以销毁生命，但消灭不了文化。

近代史上的一个例子就是日本军国主义者占领中国的台湾以及占领朝鲜半岛等地，在这些地方要想消灭当地的民族，使之成为日本本土，就必须推行日本文化。于是对于台湾的中华文化，对于朝鲜半岛的朝鲜文化、高丽文化，进行摧残。在台湾，割让之后，全岛的公开场合不许说汉语，必须说日语，在朝鲜也是这样，朝鲜人要讲朝鲜话，要偷着讲。以至于当光复台湾的时候，50岁以下的人，很多人不会说汉语，只会说日语。但是结果呢，一旦台湾回到中国人手中，台湾的中华文化一夜之间就得到恢复，朝鲜也如此。中国人早就懂得这个道理，所谓的"怀远"，"诚服"，"服人先服心"，还有"胜者不武"，真正的胜者不靠武力，靠的是德化，就是说的这个道理。

三 民族文化是民族心理的共同归宿

人与人之间的沟通，主要是心灵的沟通，这种沟通通常包含在经济、工作、友情、爱情、邂逅——即不期而遇等日常生活当中。民族心理就是民族文化影响的结晶，它是一种不自觉的哲学理念。因此，文化的认同是凝聚全民族的最强大的力量，刚才我说的以色列，就是突出的例子。这里有个例外，就是以色列曾经有人到中国来做生意，到宋朝时，他们就在当时的首都开封定居下来，在那里繁衍后代。后来这一支完全被同化了。因为第一，人比较少；第二，遇上了中原的战乱；第三，他们长期成为游离的社区，和其本土文化，和其他社区，完全断绝了联系有几百年。本来朝廷很开明，尊重他们，保护他们，后来战乱了便顾不上了，宋南迁后金人更不理睬这一套。这一支现在还有遗迹，有许多出土文物、碑刻及历史记载等。

四 文化是国家与民族发展的起点

文化既然是民族的特性之一，所以民族的形成、出现，就以文化的出现为起点。文化这个词，在古书里就有，但是今天我们所说的文化含义的所指，是从日本借鉴来的。"文"就代表着从野蛮脱离出来；"化"者，彻头彻尾、彻里彻外之谓也。有没有文化是文明人与野蛮人之间区别的标志。在出现了文化的最初形态以后，民族都是在已有文化的基础上发展。我们只要看一看近代中国的变迁，就可以得到这一结论。我们原来是半封建、半殖民地社会，然后转化为新民主主义社会，现在又在搞社会主义建设。每一个阶段都是在前一个阶段的基础上发展的，同时下一个阶段也总是以现阶段文化为基础、为起点。如果我们考察一下我们所熟悉的学术领域，也是如此。就说儒家学说吧，先秦，就是孔子在的时候是一种形态，内涵、外延我们可以了解。到了战国中期，从孟子到荀子，继承它，发展它，每个人都不一样了。你既能很明显地找到证据说明是以孔子思想为起点，又有新的内容。到了两汉，"罢黜百家，独尊儒术"，依然如此。然后是把孔子神化，学术走向极端烦琐、保守，于是文化不行了，搞得国破家亡，三国分立，不管是曹魏、刘蜀还是孙吴，打得你死我活，又全都尊崇汉帝，尊崇儒家文化。所谓分久必合，因为它们的文化基础是共同的。南北朝也是如此。北朝是鲜卑族文化，这就埋下伏笔，还得合起来。这个时候，北朝对于经书的解释，已经不同于汉代。到唐代，学术统一，于是经书的解释就搞"统编教材"，统编教材里既有汉代的东西，又有南北朝的东西。每一个文化的品种以及整个民族的文化也是如此。我不知道我的预测对不对，这个预测是需要年轻同学当你们老的时候才能得到验证的，这就是抽象派绘画、现代派舞蹈，以及摇滚，在中国大地上不会生根，因为它没有原来文化的基础，不是原来文化的积淀，是硬移植的。移植可以流行十年、二十年，却不会成为民族的文化，但是它可能孕育着在原有文化基础上产生的新文化。有一个画家请我去看他的画展，他所画的地方我去过，我一看，实在看不出是哪个国家的山河、人物。似乎就是画家有了一种感觉的时候，往画布上蘸颜料、油彩，（笑声）我想这类东西，恐怕不会长久。对于中国文化的走势，我有自己的猜测，比如书法，现在流行狂草，卖不出大价钱。因为我们书法的主体，不是狂草，举出历代狂草的例子，怀素、张敞，又能举出多少？恐怕还应该是篆、隶、行、楷为主流。

五 文化发展的规律

1. 关于内在的发展规律。

文化具有极大的扩展性和延伸性。所谓扩展性是指从人类创造的某一点可以扩散到其他领域。例如刚才我所说的华夏之族生活在中国西北部，自然条件决定一个人难以耕作，于是在原始公社解体后，家庭就成了求生的最小单位，形成了井田制之后，公田就需要集体协作，这是家族制度的萌芽。以后在这个基础之上，不但逐渐形成了封建家族的分封制，而且产生了相应的伦理道德学说。周朝最典型，整个天下都是周家的，分封的诸侯多数是同姓——姬姓，一直到汉代中期才彻底打破这种局面。唐代就是另外一个样子。

所谓延伸性，是指文化可以纵向地传承，也可以横向地传播。

所谓"极大"，是说其扩展和延伸的能力极为巨大，非人力所能左右。例如现在在我们身上还沉积着许多古老文化中的道德、伦理和对中国艺术的偏好。几千年后的今天，中国人还十分重视家庭，虽然现代生活已经在很大程度上改变了家庭结构，法律对家庭的保护情况也与过去有很大的不同，但是子女和父母、兄弟姐妹间的关系还是中国式的。最近中国房地产热，家家都有了自己的房子，一买房子要花很多钱，解决这个问题的方法，中国人和外国人就不一样。中国人说买房子需要三十万，我只有十五万，那十五万从哪里来？先从兄弟姐妹那里借；美国人怎么办，兄弟之间不借钱。在中国还不是他努力去借，兄弟姐妹，甚至姑姑、姨、外甥、舅舅都来了，需不需要钱？需要钱我借给你。中国人（当然对现在的年轻人可能我不太了解），一男一女两位吃饭，AA制，大概不太可行，还是男孩子掏钱多。（笑声）AA制产生在哪儿？美国。我们的婚姻法和许多国家有相当大的差别。这是纵向。横向呢，传播的例证是亚洲汉文化圈的出现。刚才我说它的扩展性极大，是说它扩展和延伸的能力极大，不是人力所能左右的。例如改革开放当中出现的许多矛盾，就是中国传统文化沉积的影响。人们常常知道这一点，但是遇事就是不能摆脱，陷入了自我悖论或双重人格的极不自然的境地。比如说，谁都知道咱们应该实行法治，但是大家上街看看，真正自觉遵守交通规则的，有，不多，无论是骑自行车还是步行，还是开车。人人都知道走后门不对，痛恨走后门，咒骂官员一个条子就解决问题，但是当自己需要的时候，也去找条子。这不是悖论、双重人格吗？同学们还没有到社会上工作，已工作的同学和老师可以想想，在单位，在社会上，你所说的道理，到家里是不是一样？我们都是教师，对儿童的心理、性格应该是尊重的、爱护的，有孩子的老师打过自己的孩子没有？什么是权？力气大就是权。什么是真理？"我"说的就是真理。几乎家家如此。谁都知道市场经济是好东西，但学校里、机关里常常不按市场规律办事，延缓了知识、技术效力的发挥。当我们有一个技术和一个公司谈的时候，总谈不成，总觉得商人、企业所获利润太大，假定这个产品出去之后能赚一个亿，希望这一个亿都是我们的，他们不管技术的中试要花钱，中试完了出产品，要加工费，然后，广告要钱，经销商要钱，最后上柜台，站柜台的人还要工资呢。因此，一个产品从实验室到产品，每一道环节都要利润分成。诅咒别人怎么那么慢，为什么不按经济规律办事，等到自己呢，又不按经济规律办事。明明有宝贝在手里，可以投放到市场上去，不，还是要请示领导，你给"我"三千万，"我"保证怎么样，还是用计划经济的方式。这不是悖论吗？这就是改革的艰难。从文化角度说，这就是我们的传统文化再加上几十年计划经济的文化在精神上的沉积。改变它，是一个漫长的过程，因为这是文化的底层。

2. 关于文化的外在发展力。

这是指从民族之外和文化之外来的影响力。一种文化可以通过文化接触和文化冲击对另一种文化发生影响。文化接触是从原始部落那里就开始的，其方式是自然而然的，主要是通过部落之间的接触包括战争实现的。在最初的阶段，文化接触很少，可不像现在，有高速公路，交通方便。那个时候到处是莽原，到处是豺狼虎豹，没有路。原始社会的人就住在树林里，然后拿着木头、石头打野兽，部落和部落之间距离很远，所以文化接触很少。随着交通的发展，文化接触越来越频繁，越来越深入。有接触，就有吸收的对象。接触的双方中任何一方对于异文化的态度，都是既吸收，又排斥。如果完全是吸收，那就迅速地被同化。因为还有排斥的一面，所以，异文化对于本民族文化的影响总是局部的、点上的，不会触动本文化的整体，更不会触动本文化的根基与核心。根基、核心指的是意识和哲学。同时在文化接触中，物质载体带来的文化，比如建筑、图书、艺术等，其效应决不限于物质文化。精神文化所带来的效应，也不限于精神领域。文化接触往往促进双方文化的丰富和发展。特别是在自身文化比较完善的情况下，其选择性更强。比如，从汉到唐，西域文化、印度文化对中原文化有很大影响，中原文化吸收了西方音乐的旋律、调式，但是这并没有对中原音乐的内容有多大影响。真正华夏民族的乐器是鼓——鼓是悬挂着的，今天的威风锣鼓、腰鼓，却不是华夏民族的［筝、钟（编钟）、埙是近年才发现的］。整个民乐队里，就是一个古筝一个箫，剩下满堂音乐都是"外国"的，当然现在的民族音乐说的是中华民族的音乐，名实是相符的。华夏文化具有包容性，宽容性。华夏的音乐五个基本调式：宫、商、角、徵、羽，配上黄钟、大吕等，理论上是六十个调式，其实常用的是十二个调式。我们是五音阶，表现的内容还是中原人、华夏人的情感。最典型的例子是阿炳的二胡，用的是外族的乐器，演奏的还是江南的掺杂着道教音乐的《二泉映月》。

　　文化接触还有一个特性，这就是接触的双方受到对方的影响，越是社会的基层，影响越大。所以现在那些听不出民族特点的歌星的流行音乐，以及硬性移植的摇滚，尽管他们在努力结合着我们的民族特点，谁欣赏呢？不外是中学生，学生上了大学，尤其是到了大学三四年级，很多人就已经不喜欢这样的音乐了。而一旦异文化被社会的知识阶层，特别是当政者所接受，它就会成为民族文化中不可分割的一部分。在唐代吸收西域的绘画、雕塑、音乐等的时候，李氏王朝的皇帝起了很大的作用。这样就会产生文化的新品种。佛教的情况也是如此。从汉桓帝的时候，佛教开始传入华夏族居住的地方，但是始终渗入不进来。到了唐代，佛教为了适应中华文化，改变了自己的宗教形式甚至理念，再加上皇帝的提倡，情况就大不一样了。文化冲击的情况是，出现得晚，是从较完善的封建社会开始，除了贸易等和平方式的接触，战争所起的作用也是很大的。到了资本主义时代，其冲击力突然空前巨大。这个时候我们为什么不说接触，要说冲击呢，因为文化冲击主要是非自然的，是在外来强力作用下的硬性接触，特别是文化接触的双方不均势的时候，即一头强、另一头弱的时候更不"自然"。这种不均衡尤其指军事和政治方面，而军事也是一种文化。于是当一方相对为强势文化的时候，相对较弱的另一方就会因为对方文化的大量涌入而形成对本文化的冲击，典型的例子，如北朝时鲜卑族进入中原，后来的蒙古族进入中原，以及女真人的后裔满族对中原的占领。他们的军事力量带来的对于原来汉文化的冲击是巨大的。今天我们各行业还残留着当初冲击所带来的影响，例如，北京的"胡同"；说从师范大学到西单，一共有几"站"，都是蒙古语；大家喜欢吃的"涮火锅"是蒙古饮食。可是，军事侵袭带来文化冲击的同时，固有文化也采取一种既吸纳又排斥的态度，这种排斥力本身是对蒙古文化、女真文化的冲击。在中国历史上，先后有过几次巨大的文化冲击，一次是南北朝，鲜卑族在北方形成的冲击；一次是元朝的建立对中原文化的冲击。这两次凭借的是军事力量。满族进来的冲击，我没有算是大的冲击，因为满族在关东的时候已经开始汉化。当然也还有旗袍之类的影响，为什么叫旗袍，那是八旗妇女穿的袍子。第三次是从清末开始的西方文化的冲击，靠的是军事优势和综合力量，这次冲击到现在还没有完结。在文化冲击当中，如果受冲击一方的文化力量稳固强大（这和军事力量的强大没有必然对应关系，不是文化强大，军事一定强大或军事强大，文化一定强大），就会在冲击波之后变被动为主动，把冲击软化为接触，进行吸收，然后发展自己的文化。中国文化前两次受到的冲击就是这种情形。第三次冲击到来的时候，中国的文化正处于调整时期，作为中国文化骨干的儒家文化刚刚完成了宋代理学和在这之后的"心性之学"的构建。请注意这样一个事实，"程朱理学"被定为一尊，成为官学，不是宋代而是元代，是元仁宗。14世纪初年，朝廷颁布诏书，把朱熹的《四书集注》作为知识分子必读书，考试就考这个。而王阳明的心学，一直是私学，进不到朝廷和国子监。而当元仁宗定程朱理学为官学的时候，也正是西方文艺复兴开始的时候，从那时候起，中国文化的发展和西方文化的发展正好是相反的方向。在文艺复兴之前，欧洲是一个极其黑暗的社会，比中国封建社会黑暗得多，统治着社会的思想是经院哲学、神学，大家争来争去就是关于上帝，不是上帝存在不存在，他早就存在。讨论的是你吃的面包里边是不是带着上帝的躯体，圣灵、圣子、圣父是不是三位一体的，反复论证。凡是异教徒，要审判、烧死。为什么要文艺复兴？就是要复兴希腊的文化，讲究人的个性，这实际是在为资本主义开道，解放了思想。而中国呢，却是禁锢，当一种学说，例如"程朱理学"，成为人们不可越雷池半步的统一标准，一个强大的帝国便禁锢起来，但是程朱理学的体系又不完整，主要是向内的，反省自己，而不是向外的，研究自然；那边呢，欧洲大陆，刚好是解放，把人的视野从神那里移过来，看周围世界，看自身。中国刚刚完成心性之学的构建，就遇到了明末的西学东渐，如利玛窦对西方天文、历算的介绍；同时国内也出现了资本主义萌芽，如《金瓶梅》里面就有很多资本主义萌芽的例子。这时，如果文化领域、意识形态采取开放的姿态，给中国文化以自我调整的时间，比如说，给我四百年（因为文化的整合是需要很长时间的），以中华文化深厚的底蕴，它是可以形成新时代的中华文化的，并反过来促进国家的发展。但是，明王朝采取的是加强思想禁锢，以固化的程朱理学作为唯一的观念，明亡之后，清朝又实行闭关锁国，加紧思想禁锢，中国文化没有进行调整，以至于在强大的西方文化面前，准备不足。那时候的中国，文化领域丝毫没有设防，这时冲击是单向的，力度极大，而且从物质文化开始，这就是洋枪、洋炮、洋货、洋烟（鸦片）的冲击，以至于国运日衰，一蹶不振。

物质文化首先影响的是社会的基层，而当统治者、知识阶层也接受后（比如当时的地主、文豪也有很多人是抽大烟的，而且当政者长期是默认的），马上就以极快的速度扩散。从前街上烟馆林立，简单到墙上挖一排洞，洞里就伸出一根烟管来。街上拉洋车的、卖苦力的都有瘾，抽上几口，然后再拉车跑，腐蚀我们的民族已经到了这种地步。早年的商店十点以前是不开门的，大家夜里吸烟，早上起不来。这种情况下，老百姓手足无措。所以这时候文化的冲击是单向的，和过去的冲击都不相同。这种单向的冲击也是全球性的，和中国同时遭受冲击的还有南亚次大陆、拉丁美洲大陆、非洲大陆和北美大陆，也就是除去欧洲大陆的全球所有地方都受到了欧洲工业化、资本主义文化的巨大冲击。因为欧洲的工业革命以前所未有的速度，提高了欧洲国家的实力，那里是冲击波的波源。所谓"欧洲中心论"，就是因此而出现的。从 20 世纪中叶冷战开始，来自欧洲的这一冲击力减弱了，现在，随着现代科技的传播，特别是日本、"亚洲四小龙"以及中国的迅速发展，这一冲击的力度正在进一步衰弱。这正是西方国家，特别是美国不愿看到的，这也就是亨廷顿文化冲突论写作的真实的背景。亨廷顿引述了一段这样的话："现代化并不要求有一个政治形态，因为选举、国家实行联合以及西方生活的其他标志对于经济的发展并不是必需的。"美国的文化把欧洲的东西吸收过来，选举是它一个很自豪的标志，但是亨廷顿认为，这对于国家的现代化，并不是必需的；亨廷顿还提出"现代化并不一定意味着西方化"。"现代化加强了那些文化，即指的是儒教文化、伊斯兰教文化等，并减弱了西方的相对权利，世界正变得更加现代化和更少西方化"。[1] 作为学者的亨廷顿是很敏感的。

从中国文化发展的历史看文化的冲击与接触，大约经历了以下的过程：

1. 汉文化和儒文化形成（先秦—汉）；
2. 第一次文化大接触（南北朝—唐）；
3. 第二次文化大接触（元）；
4. 第三次文化大接触（明）；
5. 第一次文化冲击（清末）；
6. 第二次文化大冲击（"五四"以后）。

在文化冲击当中，首当其冲的是表层文化，至于意识形态和哲学，则因为它的深刻性、顽固性需要几个世纪甚至更长的时间才能改变。西方的深层文化始终没有能在中国生根，其间还出现上层建筑的多次反复。比如说，在清末民初的时候，我们的志士仁人想到救国，但首先想到的是排满，这不是一个民族的问题，是王制的问题、王族之制的问题。革命者后来又要废君，也就是资产阶级革命。这时要建成什么样的国家呢？要建成一个完全照搬美国模式的国家，这就是最初的国民议会。那时袁世凯在北京，孙中山在南方，国民议会搞普选，普选又要限制财产，没有受到一定的教育，没有大概至少一百大洋的，是不能参选

---

[1] 亨廷顿：《文明的冲突与世界秩序的重建》，新华出版社1999年版。

的，于是选民只有全部人口四万万五千万的百分之二。限制财产的额度超过了欧洲。欧洲人人有选举权，也只不过几十年的历史，法国的妇女有选举权也才不过几十年。所以法国对中国的民主进程很能理解。当时中国人不能接受这个东西。刚剪了辫子，还穿着长袍马褂呢，就来搞西方这一套。好容易让清帝退位，还不是又出了张勋，张勋要复辟，又把溥仪扶到宝座上，他来掌握国权，这就是上层建筑的反复性。

文化冲击对民族底蕴深厚的民族自然引出对民族文化的反思，以图文化的重构。在中国近代史上，这就是新文化运动的出现。反思，也是从表层文化逐步向深层文化推进的。这里有一段特殊的史实要说明。当新文化运动开始的时候，台湾地区在日本的统治下。尽管台湾同胞也在努力挽救中国文化，但是力量悬殊，难以抵御日本文化的社会化。而由于中国文化根底深厚，所以仍然牢固地存在于家庭、家族之中，甚至因为外部压力的强大，在中国人力所能及的家庭、家族范围内，中华文化反而得到强化，这就是为什么台湾在1945年回到祖国怀抱后，中华文化就在一夜之间几乎得以恢复。西方文化是多元的，所以中国人的探索以及向西方的学习也是多元的。例如，就艺术领域而言，自然主义、现实主义、写实主义、浪漫主义、结构主义等都在中国的文化领域出现过。在政治领域，国家主义、法西斯主义、无政府主义都曾经有人移植过来，热闹过一阵子，但都没有生根。孙中山先生仿照西方的政治体制，也没有解决中国的问题。君主立宪也曾经喧闹一时，对文化的整体，一派主张完全西化，另一派主张用国粹力挽狂澜。事实证明这两条路都不行。

1917年的俄国革命，震惊了世界，以中国新文化运动主帅陈独秀为代表的一批文化先驱，找到了马克思主义，这也是对西方多元文化的一种选择。马克思主义可是洋玩意儿，是德国、英国造。这可以算是西方文化这一次冲击的第二波。马克思主义是洋理论，许多人也以此为由反对马克思主义在中国的传播。但是，马克思所论证的属于文化的第三层，这就是观念、意识形态、社会发展规律，这是文化最核心的部分，是人类在追求真善美过程中形成的一种学说。他的许多结论，特别是他所揭示的社会发展规律，是客观的"真"。为什么这么说？首先，人是怎么来的？是从微生物发展来的，先在海里，后到陆上逐步地进化，这是达尔文的学说已经证明了的，现代的自然科技也证明了的。再看人类社会，从原始社会、奴隶社会、封建社会，关键是资本主义社会是不是永恒的，是不是世界的终极，马克思说不是，世界的终极应该是更高层次的大同世界。当然现在还没实现，有什么好怀疑的呢？总需要实践来试试，中国就是在实践当中。马克思的学说综合了包括生物学、化学、数学、经济学、历史学、文化学等多门学说的研究成果，最后得出结论，这就是为什么马克思主义能在中国生根的原因。其实这里边有人类共同的东西。在中国从很早就在追求大同世界，《礼记·礼运》篇有"大道之行也，天下为公"。《礼运》篇又举很多例子，认为"是为大同"，然后又说"以国为家"，这也是在叙述社会的发展历史，追求的是大同社会。马克思所希望实现的其实就是对于大同社会的更细腻的设计，这是符合中华文化传统的。当然和其他文化现象一样，马克思主义要在中国付诸实现，要使它辐射到文化的第二、第一层次，就需要和中国的情况相结合。从文化学的角度看，就是要与中国文化相适应，就像佛教的到来一样，要中国化，这需要很长的时间。美国作家赛珍珠在20世纪30年代曾经说过这样一段话："佛教事实上一直到了和中国的精神相吻合、和中国文化相和谐，也就是直到成为中国的、或禅宗的佛教时，佛教才在中国扎下根。20世纪的共产主义也要如此。"① 赛珍珠是在中国长大的，她的老师是尊崇"老庄之学"的，给她讲庄子，赛珍珠受中国文化影响很深，她了解中国的历史和文化，后来回到美国，在纽约写下相关的文字。

从20世纪30年代起，中国共产党就在遵循着这个规律，不断实践、总结，再实践、再总结，这么发展。所以说中国的这八十年是马克思主义不断适应中国文化的过程，不适应就栽跟斗。从清末到现在，中国在异文化冲击下，对自己的文化进行理性反思，调整、构建，现在虽然有了基本的结论，但在文化方面还只是个纲，要完成调整、构建整个体系还需要花费很大力气，很长时间。明乎此，就不会对当前的文化现象仅仅停留在惊呼、感叹、抱怨的层次上，而应该透过纷繁复杂的表象清醒地看到我们正在经历怎样的过程，现在正处在一个什么样的阶段，应该怎样应对；同时，了解中华文化的博大精深，了解中华文化发展的过程和曾经经历过的劫难，就会既充满信心又有思想准备，未来的文化，一定比现在的更美好。如果把马克思主义也看成一种文化现象，那么对中国共产党历史上走过的曲折的路，就不会奇怪。这里岔开一句，马克思主义在中国的传播，从1917年到现在，才八十多年；

---

① 《中国：过去和现在》，第70页，转引自何兆武等主编《中国印象》下册，广西师范大学出版社2001年版，第216页。

佛教从汉桓帝一直到唐代，经历了几百年，才真正地生根。在生根以前有过三次灭佛行动，一灭就完，而到唐代以后，你即使把庙都拆了，但只要一恢复，甚至在石头上写个大"佛"字，就有人烧香。达到这个程度，用了几百年哪！

　　只有异文化的冲击，才会引起被冲击者的强烈抗拒，这种抗拒不是简单的拒绝，因为简单的拒绝是无效的，结果只能是自身的崩溃。抗拒就是要调整自己的文化结构，发展自己的文化，也就是增强自己文化的生命力。在调整和发展过程当中，就会大规模地吸收冲击方文化中对自己有用的地方，其结果，是一个新时代的文化诞生了。在它身上，集中了文化的传统，特别是其核心中最优秀的地方，又有异文化当中与之相适应的内容和形式。我们也可以说，一种文化如果长时间没有异文化的冲击，就可能萎缩。这在人类历史上并不乏其例，从这个角度看，冲击并不全是坏事。如果我们放眼世界其他地方文化冲击的情形和规律，就会看得更清楚。比如，在经济全球化的后面，还跟着有些人梦想和鼓吹的"文化全球化"。亨廷顿就有老实的自白："它不再完全依靠军事力量，主要的是靠经济和科技的强势，在今天的世界上，文化冲击的结果既要看受冲击一方的文化底蕴，还要看经济，科技的力量。"中国的未来也是如此，否则的话，只有文化，比如说，今天的中小学生，如果只会背诸如"孟子见梁惠王。王曰：'叟不远千里而来，亦有以利吾国乎？'"[①]"子曰：'学而时习之，不亦乐乎？'"[②] "关关

---

　　① 《孟子·梁惠王上》。原句为："孟子见梁惠王。王曰：'叟不远千里而来，亦来有利吾国乎乎？'"

　　② 《论语·学而》。

雎鸠，在河之洲。"① 而没有先进的科技，绝对是不行的。这是这个时代和以往时代所不同的特色。

第三个问题：关于中国文化

一 中国文化的多样性、悠久性

中国文化如大江大河，不断前进，不断融进新的内容。

世界上的几个古老文化体系被称为人类文化的源头：埃及文化、希腊文化、两河流域文化、印度文化、中国文化。希腊文化和罗马文化为人类奴隶制时代文化留下了辉煌，中国文化则是在封建制时代达到了世界的顶峰。在上述五个文化源头中，只有中国文化五千年来未尝中断，这既是历史上的奇迹，也说明中国文化的合理性和必然性。

中国文化之悠久与其不断吸纳异质文化以补充丰富自身有着直接的关系。

二 中国文化并不等于汉文化

我们有五十五个少数民族，各少数民族又有其自身的文化，我们在谈中国文化的时候，首先千万不要忘记这一点。其次，汉文化是主体文化，汉族人数最多，占了中国人的百分之九十，而且文化最为发达，所以自然成为主体文化，这是几千年历史进程中形成的。现在少数民族有一味向主体文化靠拢的趋势，这既是好事，又有可能是少数民族文化消失的迹象。而

---

① 《诗经·关雎》。

一旦中国只剩下一种文化，我们的文化也就停滞了。因此，为了少数民族的发展，为了中华民族整体的利益，对少数民族文化也要采取保存、弘扬、发展的态度。我去过云南十五次，而且都进入到山区，接触了很多少数民族；新疆，我也去过。除了云南深山里的比如说彝族、独龙族，还穿着原始的衣服，到昆明，到县城，几乎看不到少数民族服装，大家说的几乎全是云南话。我在新疆，从乌鲁木齐到伊犁，没有看到很多穿漂亮民族服装的少数民族，反而牛仔裤满街都是，正因为这样，今年我们有人到云南进行少数民族文化调研，研究如何保护和弘扬少数民族文化。另外还有语言问题，不能走极端，也不能说为保护少数民族文化，少数民族孩子上学都学自己民族的语言。五十六个民族，有文字的才十几个，要不要为其他民族创造文字，我们最小的民族才四千人，如果他学自己的文字，从小学到大学，所有的科技、政治、经济书刊，都给他翻译？可是，又不能命令都学汉语，不让学本民族语言，这是一个两难的问题，怎么找一个平衡点至关重要。汉文化和少数民族文化之间，一般来说，从来没有冲击，主要是互补、共同繁荣，这里和华夏文化、汉文化的包容性是分不开的。

三　中国文化的核心就是独具特色的儒家哲学

所有的哲学都是以天人关系、人际关系和现实与理想的关系为核心，儒家也不例外。在天人关系问题上，我不简单地说"天人合一"。儒家把天看作是没有人格力量的自然，《论语》上说"子不语怪、力、乱、神"。①一个"怪",一个"神",都不语,他谈的是人事。人家跟他谈祭祀,他说不能事生,焉能事死呢②,你对活的人都没有好好侍奉,谈什么死后的事。同时中国人认为"死生有命,富贵在天",这是讲自然跟社会有它的自身规律,是客观存在的。儒家主张"事在人为",不是事在天赐,这就把天的功能限制在一定范围之内。"谋事在人,成事在天"也包含了这层意思。"谋事在人",成不成,看你符合不符合规律。孔子还有这样一句话:"知其不可而为之。"③知道这事情不行,但还要做,"不可"的是天,即自然管辖的范围;"为之"是自己管辖的范围,你不允许,我还努力地做。他不把天的威力放在眼里。天和人在价值天平上是不平衡的,人重天轻,从这个角度说,儒家是无神论者。由于它的带动,汉民族实际上是无神论者,没有宗教,但是有超过世界上其他民族的宽容性。中国人对宗教的宽容性,在世界是第一,几乎也是唯一的。汉民族注重祖先崇拜,是因为宗法制度的需要,"祭祖"实际上是强化继承人的仪式,伦理性高于信仰。可能越南、韩国也是如此。族长、家长才有权主祭,通过这个肃穆的仪式就强化了他在家庭中的地位,而不是真的相信,送一碗米饭,祖先就不饿了,(笑声)更多是一个伦理性。

如果拿儒家文化和基督教文化对比,就能清晰地感到中国人没有原罪感。原罪是基督教的基本教义之一,把一切归于上帝。在中国,由于佛教的影响,百

---

① 《论语·述而》。
② 《论语·先进》。原句为:"季路问鬼神,子曰:'未能事人,焉能事鬼。'"
③ 《春秋公羊传·宣公八年》。原句为:"去其有声者,废其无声者,存其心焉尔。存其心焉耳者何?知其不可而为之也。"

姓中普遍有着宿命的观念；但是百姓心目中的天和儒家所说的天理是混在一起的，"天理良心"是王阳明学说里的语词，进入了全民口语。中国老百姓对佛和西方对上帝的信仰有着很大差别。按佛教的戒律，信佛就不能吃肉，信佛不能祭祖，就不能对父母尽孝，而佛教为适应中国全接受了。所以，人们可以拜佛烧香，回家却照样杀鸡吃；（笑声）本来不许恶意伤人，这是戒律之一，邻居偷一只小鸡，他能破口大骂。这不是那种真正意义上的信仰。眼前的例子很典型，是美国世贸大厦被恐怖分子爆炸之后，由总统带头做祈祷，中国人就不来这一套；美国的军队里有牧师，中国军队里有政委。（笑声）

再看人际关系。儒家对个人在家庭、家族中的定位，是由血亲关系决定的。对于个人只讲义务，不讲权利，这一思想的影响后果是严重的，到现在很多人不知道要用法律保护自己的权利，都和这有关系。西方讲究天赋人权，讲个人的权利，不大讲义务，其后果也是严重的。其实，"天赋人权"也是在基督教教义的基础上形成的。我想，当我们的民主制度比较完善的时候，人权的情况会比现在更为完善，但也不会和西方完全一样，将是个人权利和义务的更好的结合。

关于理想和现实的关系。任何时代的人类都把现实和理想及其相互关系作为根本性的问题进行思考和研究。人和动物的区别就在于动物仅仅生活在现实世界中，人既生活在现实世界中，又生活在由自己创造的理想世界中。这是黑格尔说的。这里包括丰富的哲学，不仅有理想世界的构想，还有理想世界和现实世界的关系，并且提出要达到理想世界，就要对现实世界有所要求和规范。中国人的理想是人间的大同社会；

基督教、伊斯兰教、佛教、印度教的理想是彼岸，是天堂，是极乐世界。我们的理想，汉文化的理想，在此岸，在地上，而且什么时候实现不可知；基督教、佛教是可知的，只要行善，就能到达天堂。中国人的理想几千年来还未实现，于是只有脚踏实地，我们的理想在地上，但是又不知道什么时候实现，所以中国人更务实，更加不懈地去努力，务实的好处是脚踏实地做，做，做，但它的负面是只顾眼前利益。

四　汉语文化学院和我国的文化建设

要深刻领会"先进文化前进方向的代表"的丰富内涵。

从文化学的角度理解，这是对客观规律的揭示，是中国在文化上的自觉。在当今世界上由一个执政的政党提出这样的问题，据我所知，不多。这是中国人民之幸，中国文化之幸。江泽民同志说社会主义文化是先进的文化，我认为就是着眼于文化的整体，特别是它的深层，也就是世界观、人生观、哲学观和与之相适应的社会制度、风俗习惯。的确，到现在为止，世界上还没有任何哲学体系比马克思主义更科学，更为人类大多数人着想。也没有任何社会制度比社会主义制度更能体现人类古老的理想，更能为全体人民谋利益。

要在对文化进行全面、宏观思考的基础上，观察中国文化状况和它前进的方向，开展科学研究，促进社会主义文化的丰富和发展。提倡既要珍爱传统文化，反对对传统文化的全面否定，又要根据文化变动不居的特点，主动吸收一切好的影响，反对故步自封的国粹观；既要重视异文化的冲击，又要不以为患、不以为祸，要变被动为主动；既要继承中华文化的多元性、包容性传统，又要健身御寒；既要关注表层文化、感性文化，又要关注深层文化、理性文化；既要有紧迫感，抓紧时间，又要看到文化问题的长期性，不可操之过急。

要做促进先进文化的表率，树立并积极宣传正确的世界观和人生观。在我们所有的工作当中体现先进文化，其中很重要的一点是自觉到自己身上传统的沉积有多少，哪些是好的，哪些是和今天的社会不相适应的，随着社会的发展应该坚持什么、抛弃什么、吸收什么。如果我们能够通过冷静的思维对自己有进一步的解剖，这就是自省——进行理性的检查、思考，纠正自己。这样我们就会把自己的本职工作做得更好，和周围的人处得更好，甚至家庭生活也会变得更加和谐。

（整理者：杨丽姣）

民族文化的发生、发展与生存环境[※]

一 "文化发生"的界定

我所说的文化的"发生",指的是当人刚刚成为人时,以及人类靠着血缘聚集为人群(即形成部落或部族)时文化现象的出现。文化和人类是同时出现的,二者的历史一样久远。人类的历史就是文化的历史。

文化从来是多元的。文化和宇宙间的万事万物一样,其特征都是基于其"胚胎"的种种因素。不同民族的文化之所以各具特色,也应该是基于其初始时期的主客观因素。

对文化发生的研究,是为了探寻民族文化的根源,进而能更清晰地认识民族文化绵延、发展到后世所呈现的"当然"之"所以然"。只有这样寻根究底,才能达到文化的自觉,从而把民族文化今后的走向思考清楚。

[※] 2002年5月12日在苏州"海峡两岸'中华传统文化与现代化'研讨会"上的演讲。

二　有关文化发生条件的种种论述

对我们在这里所提出的问题，有些学者已经提出了令人信服的论述。伟大的历史学家汤恩比（Arnold Toynbee）在其《历史研究》（A Study of History）[①] 中对此有过不少论述。例如：

> 各个文明不是起源于单因，而是起源于多因；文明的起因不是一个统一的整体，而是一种关系。（第73页）
> 就人类而言，决定的要素——对胜败举足轻重的要素——绝不是种族和技能，而是人类对来自整个大自然的挑战进行迎战的精神。（第71—72页）
> 艰苦的环境对于文明来说非但无害而且是有利的。（第95页）
> 文明是在异常困难而非异常优异的环境中降生的。通过对惩罚引起的各种效果的考察，我们得出了一条可以用公式来表达的法则：挑战越大，刺激越强。（第106页）
> 无论是过分的挑战还是过弱的挑战都不能引起一种创造性的应战；我们也看到，一次刚好介于过分边缘的挑战，乍看起来似乎是所有挑战中最具刺激的一种，却趋于对它的应战者予以致命的惩罚，致使其止步不前。（第118页）

[①] 《历史研究》，上海人民出版社2001年版。

综合汤恩比的观点,他表述了这样几点:①决定文化发生时状况的要素有多种;②自然条件是其中重要要素之一;③文化发生于自然环境并不好,但也并不十分恶劣的条件下;④决定文化发生的另一要素是人类主观对客观环境的应战。

针对具体文化,学者们也都注意到环境对文化的影响。《犹太文明》[①]的作者们写道:

> 迦南自然生态环境的特征,对犹太文明的形成具有十分重要的影响。(第5—6页)
>
> 诸多复杂矛盾的地理要素在迦南的统纳并容,造就了在这里成长的人们不仅具有突出的综合心理素质,而且更能适应各种生存环境。(第6页)

在人们研究伊斯兰文化时也都注意到环境对这一文化产生的影响。阿拉伯半岛的环境,使得那里的人们(除了也门的一些地方)不得不长期过着游牧生活,因而"正是游牧部落的神圣社会为他(穆罕默德)提供了伊斯兰教的大部分道德标准","穆罕默德在麦加期间,就像希伯来的先知们一样,热烈地宣传游牧民族关于公正、平等和同胞之爱的观念","在太阳和月亮之间,游牧社会的贝都因人('游牧者')似乎更尊崇后者。他们认为月亮是自己生活的支配者,它使水蒸气凝结成露水,滴在牧场上,滋润植物生长;而太阳却以灼热的光无情地烤晒着贝都因人,摧残着一切动植物"。[②]

钱穆先生在论述中国文化时,也有过相似的论述:

---

① 潘光、陈超南、余建华:《犹太文明》,中国社会科学出版社1999年版。
② 秦惠彬主编:《伊斯兰文明》,中国社会科学出版社1999年版。

> 各地文化精神之不同，穷其根源，最先还是由于自然环境有分别，而影响其生活方式。再由生活方式影响到文化精神。①
>
> 中国文化，因在较苦瘠而较广大的地面产生，因此不断有新的刺激与新发展的前途。而在其文化生长过程下，社会内部亦始终能保持一种勤奋与朴素的美德。②

综观钱先生的论述，其意为：①自然环境决定了文化精神；②中国文化在苦瘠的环境中产生，中华民族文化精神之勤奋、朴素即由此生成。费孝通先生曾经说：

> （中华民族最初生活的地区）东西落差如此显著的三级梯阶，南北跨度又达30个纬度，温度和湿度的差距自然形成了不同的生态环境，给人文发展以严峻的桎梏和丰润的机会。中华民族就是在这个自然框架里形成的。③

显然，学者们都认为自然环境对文化的形成起到了至关重要的作用。

三　中华文化发生的环境

中华文化发生于黄河中下游。黄河中游的许多支

---

① 《中国文化史导论》，商务印书馆2001年版，序第2页。
② 同上书，正文第7页。
③ 《中华民族的多元一体格局》，《费孝通文集》第十一卷，群言出版社1999年版，第381页。

流、黄河下游，即河南、山东黄河支流丘陵地区，这些地方，一方面适宜灌溉耕作。另一方面天灾水患不断。这样的环境，使得中华民族的初民较早地进入农业时代。

中华民族文化发生面临的是两个方面的挑战：农耕生产的稳定性、延续性和应对大自然挑战的能力。农耕与游牧相反，后者需要不断迁徙，"逐水草而居"；前者则必须做到耕作者与土地的关系相对固定：耕作技术与作物都需要不断继承。同时，耕作者主观方面还需要具备以下品质：研究与生产密切相关的自然（天文、气象、山川、河流等）规律、耕地特性，并积累和改进耕作技术。

作为对大自然的应战，中华民族自身，逐步建设了这样的文化：重视家庭（在农业社会，这是最小的生产单位，也是国家的缩微）、义务（这是构成稳定社会的道德要求）、和谐（包括人与自然的和谐，这是维持生产、生存的必要条件）和现世（农业生产的周期性和稳定性阻碍了"天启"思想的普及）；思想方法则不重冥想而重实事求是，不走极端而较辩证。

长江流域文化融入中华文化整体，是较晚的事情。长江流域，特别是其三角洲，自然条件要比黄河中下游优越得多，其文化发生也并不比黄河中下游迟。何以中华文化的主体来自黄河中下游，而不是长江中下游？恐怕也正是因为长江中下游自然环境优越，因而对人的"刺激"不够多，不够强烈，需要人们做出的"应战"不复杂，不急迫，因而延缓了文化的成长。如果这个假设可以成立，那么我们倒要庆幸中华民族主体文化从发生到发展，一直在黄河中下游，而没有遇到长江三角洲（或珠江三角洲）那样的环境。

由发生于黄河中下游的文化形成的中华文化的核心内容，是中华民族从现实生活中、在迎战大自然的刺激过程中体验出来的，是符合客观世界规律的，因而后世地域扩大，条件变化，甚至屡经磨难，而从文化初始阶段开始形成的核心却能够依然不变。

与之相对照的是犹太教、基督教、伊斯兰教的"天启说"（或"天示说"）：一切自然的灾害和人世间的规律，都是神（主或真主）创造的；灾害是对人违背"诫命"的惩罚，只要重新皈依、谨守"诫命"，就可以"救赎"；人与人之间的关系，世上真善美的标准，"诫命"中已经都制定完备。这样，一旦现代科学破除了对"天启"的绝对信仰，世俗的规矩就要由人来从头制定，像现在流行于西方的以个人为中心的价值观，就是在背叛了宗教"诫命"后形成的。而这种没有历史根基的文化的威力实际上是无法与经历了几千年磨炼的中华文化相比的。

四　环境所决定的中华文化核心对后世的影响

中华民族逐步向长江流域扩展，文化中又先后融进了南方的内容。费孝通先生认为中华文化为"多元一体的格局"，① 是很准确的论断。这是因为，中华文化自其发生的时候起，就不是封闭的。中华民族从来不仇视异族，不动不动就诉诸武力，而是"远人不服，则修文德以来之，"② "兵者不祥之器，非君子之器，不得已而用之。"③ 对异族人尚且不拒，对异质文化自然

---

① 《费孝通文集》第十一卷，群言出版社1999年版，第381页。
② 《论语·季氏》。
③ 《老子》第三十一章。

更能够包容。中华文化不但从不阻挡来自身边的文化的影响，即使是海外的从不熟悉的文化也在欢迎之列。例如自汉代起，对中亚、天竺（佛教）文化，不但容忍，而且能够融化之，汲取之。人们常说中华文化具有极大的包容性，而包容的精神实质，其实就是建立在民族文化自信心基础上的开放。

对于文化中的科学技术因素，中华文化也从不拒绝。为了在有限的土地面积上增加作物产量，也为了满足与农业孪生的手工业不断发展、提高的需要，中华民族自古就具备了钻研技术的精神。虽然由于儒学长期成为中华文化的主体，重文轻理、重"本"轻"末"，抑制了科学技术的发展，但是直到明初，中华民族的科学技术在世界上还是最发达的。

中华文化也并不反对民主和法制。春秋时代的民本思想①，到战国时已经正式形成"民为贵，社稷次之，君为轻"的观念②。虽然当时所谓的"民"与今天的内涵、外延并不等同，但是至少它不是以社会顶端的一个或几个人为本。这与西方由宗教而发展出来的文化由神来决定一切显然不同。中华民族很早就知道"法"的重要。最初刑与法不分，律法和礼法不分，至迟到春秋时已有子产相郑"铸刑书"的记载③。此后，李悝、商鞅、萧何等人都曾为国立法④。自汉迄清，历朝不断。虽然古代的法是所谓"私法"，非如后世由全民或代议机构所制定的"公法"，但法（或曰律，或曰

---

① 例如《左传》中"上思利民，忠也"（桓公六年）、"圣人先成民而后致力于神"（同上）、"民者，君之本也"（桓公十四年），等等。另外，《国语》上"邵公谏弭谤"和《左传》中"子产不毁乡校"的著名故事，也是这方面典型的例子。

② 《孟子·尽心下》。

③ 《左传·昭公六年》。

④ 参看《唐律·名例》。

刑）深入民心（例如"没了王法"的说法时时可闻），则是事实。在此基础上，今日实行法治，顺理成章。

科学技术和民主法制，是现代社会的两大要素。纵观中华文化历史，以其博大精深，善容善进，凡属于我有益者，来则不拒。可以推见，若容其自然发展，与异质文化交流互补，中华文化也会渐进至现代化。西人于此有"西方冲击—中国回应"说，认为中国社会不能独立实现近代化转变的原因，在于其自身传统中很难孕育出科学精神等"近代价值"[①]。换言之，中国人应该感谢西方列强的兵舰和鸦片，没有这种冲击，中国人将永远生活在混沌之中。相信深入了解中华文化的人们绝不会同意这种以西方文化（严格地说是以欧洲文化）为中心的偏见。

五　中华文化经受的冲击

在中华文化史上，五胡乱华、蒙古族入主中原和西方列强侵入中国，是三次大的冲击。前两次，都是落后的文化战胜了先进的中华文化，最后以中华文化吸收异质文化从而得到丰富，政权重新回到占有中华文化主体的中原人手中而告终。这最后一次冲击，则是先进的工业文化对中华农业文化的冲击，这次冲击至今还没有完结。

毋庸讳言，现代科学技术和商品经济对农业社会、游牧社会形成了巨大的文化冲击。中华文化是否能够经受得了？这是关心中华文化的人所十分关心的。

人类自其童年时代起，不同人群之间的文化接触

[①] 参看［美］列文森（Joseph R. Levenson）《儒教中国及其现代命运》，中国社会科学出版社2000年版。

与冲击就没有中断过。时至今日，已难统计历史上曾经发生过的文化有多少在文化接触与冲击中消失了。就可以考见的历史史实而言，大凡文化根基不深、雅俗文化不能贯通相融、国力长期不强的，就极易在激荡的环境中败北。

所谓根基深，是指文化所及，不仅在文学艺术、饮食起居、礼仪职官这些领域，而且已经形成自己的价值观、世界观体系；文化所浸，既在社会上层，也渗透社会底层，进入整个社会的所有边沿角落，代代相沿。

所谓雅俗文化相互融通，是指社会上层文化逐渐普及到社会底层，使俗文化得到丰富提高；社会底层的文化不断升华，渐渐被雅文化所吸收，使雅文化不断充实发展。

所谓国力长期强盛，并不是以年计，甚至不以年代（十年）计。试看在中华文化发展史中曾经起到巨大作用的汉、唐、宋、明、清等朝，都是经历了几百年才衰落灭亡的。世界史上也不乏这类证据。希腊文化、罗马文化都不是转瞬即逝。国力强，证明其文化的生命力强；国力强则对异质文化的容纳消化力大，被融化的可能性小。曾经强大的国家之消亡，总要经历以强大之国傲视世界，以自己的一切均为世上最美好事物的"自我崇拜"阶段。而只要堕入"自我崇拜"的迷梦之中，其自身的弱点就将难以发现和承认，弱点的积累和放大将成为国力削弱的主要因素，来自内部（即非来自外部的"敌国外患"）的动力和挑战将渐渐减弱，于是，前进的步伐也就缓慢下来，直至停滞。这正如《圣经·箴言》所说："骄傲过后是毁灭，神气活现的背后是沦落。"

平心而论，中华文化之深厚、历代雅文化与俗文化之间的交融互动，在人类历史上都"无出其右者"；中华文化也曾经吃过"自我崇拜"的大亏，至今还是中华民族全体成员痛心疾首的伤痛，而且已经自觉到即使再过一两个世纪中华民族也难以具备可以"自我崇拜"的本钱。上述三个条件具备，中华民族应该有信心以高昂的精神，以"文化自觉"的意识，继续应对这第三次的巨大冲击，并在这过程中发展中华文化，使之达到前所未有的高度。

中华文化迎接对新"刺激"所做的成功"应战"，其结果，将不单是中华民族受益。汤恩比说：

> 超工业化的西方生活方式和中国的生活方式——传统的中国方式——是僵化的。但是，这两种方式也都提供了让人们安居乐业所必不可少的东西。爆炸型的西方方式，是充满活力的，僵化型的中国方式是稳定的。根据历史上类似的发展情况看，西方目前的优势很有可能被一种混合而统一的文化所取代，那么西方的活力就很有可能与中国的稳定恰当地结合起来，从而产生一种适用于全人类的生活方式——这种方式将不仅使人类得以继续生存，而且还能保证人类的幸福安宁。

> 如果共产党中国能够在社会和经济的战略选择方面开辟出一条新路，那么它也会证明自己有能力给全世界提供中国和世界都需要的礼物。这个礼物应该是现代西方的活力和传统中国的稳定

二者恰当的结合体。①

现在，新路正在探索中开辟，中华民族，作为拥有人类历史上独一无二的悠久博大文化的伟大民族，为人类的继续生存、幸福和安宁做出自己的贡献，应该说是责无旁贷。

为了中华　为了世界

---

① 《历史研究》，上海人民出版社2000年版，第394页。

中华文化源流概述(上)※

这次报告的题目是"中国文化源流概述"。在上一次的报告中我讲了"关于文化"。那是一个横向的或者说是平面的叙述，这一次我要讲的是纵向的。但是，并不是一般地叙述历史。我在这个题目下准备讲以下几个题目：一个"引子"。然后是第一个题目："自然—人群—文化"，这就是中华文化关于天人关系的问题。第二个题目是"家庭—家族—国家"，这是中华文化当中关于人和人之间关系的问题。第三个题目是"宗教—礼制—习俗"，这是中华文化当中天人关系的另外一个方面和人与人之间的关系这两种关系的混合。第四个题目是"封建—郡县"，这是指帝王和政府的关系。第五个题目是"庶士（其中有一部分是游士）—世族—士臣"，这是士（古代的知识分子）与政权的关系。第六个题目是"百家—儒学、道学—理学"，这讲的是中华文化的主流文化与其他文化的关系。第七个题目是"中华文化和其他文化的比较"。第八个题目是"中华文化衰败的原因"。最后有一个"余说"。

所以论起来一共是十节，有标题的是八节。

※ 2002年4月19日在北京师范大学汉语文化学院的演讲，听众为汉语文化学院全体师生、中文系部分师生。

首先是引子。

中华文化源远流长。如果着眼于中华文化发展的过程，可以说，中华文化发祥于公元前30世纪——也就是距今五千年——的黄河中下游。从史前时期到夏、商、周的前期，为文化"聚拢"期，到"春秋"时集其大成。这种聚拢期到春秋时代可以说达到一个顶峰，也就是说聚拢到顶点了。为什么叫聚拢期？这是因为在黄河中游当时活跃着很多的部落（有的学者称为部族，有的人称为部落，有的人称为民族，我想民族还没有形成）。这些部族或者部落各有各的文化。如果我们看《史记》的《五帝本纪》的话，就能看出信息来。五帝，一个传一个，几乎都不是同一个族。每一个帝对前一个帝的接续都把本部族的文化融合、带进来了。远的不说，咱们就说夏、商、周。商和夏不是一个部族，周和商也不是一个部族，所以当周武王打进商都的时候，要废除他的社稷。重新立，而且当时就已经称再稍北边一点的临近地区的人为戎、为狄。我想这是后来的人以后代的眼光看当时的与北部交界的那些和自己风俗习惯不一样的部族的称呼。当时若干个小部落、小部族，最后都慢慢地归结到夏、商、周帝国。到周的前期，已经基本上是大一统了，所以可以说它是一个聚拢期。换句话说，中华文化的源头是多源的，这个特征请大家记住。春秋作为一个顶峰，把当时黄河中游的不同源头的文化汇总为一身，刚才我说了，已经基本形成了一个大一统的帝国。但是，经过几百年以后，周王朝对于全国的控制力慢慢减弱。是什么原因呢？后边我们要讲。衰落之后，最初封建的一些诸侯势力强大了，这就是战国时代。战国时代，我们今天读《战国策》，读《史记》，都知道各国之间的纷争,这是政治和军事层面。从文化上说,起到一个什么作用?周王朝的思想体系,当时控制全国的那种文化,力量衰弱了,这个时候自然就给了诸侯各国一个自由空间。在春秋时期是不行的。春秋时期谁的文化背离了周王朝,按周天子的规定,就征讨。现在没有这个压力了,所以各国就竞相发展自己的文化。这在学术的层面就是百家争鸣的局面。用我们今天的话来说,百家争鸣就是各种学术形成自己的流派。任何学术出现了多种的流派,是这个学术成熟的表现。说点儿题外话,回顾人类自古以来的学术思想史,恐怕都是如此。在座的老师们都是从事对外汉语教学的,我记得我曾经说过,希望北京师范大学汉语文化学院在对外汉语教学的教学和研究方面要逐渐形成自己的流派,是什么意思?至今也许我看的文章不多,我没有感觉到我们中国在对外汉语教学方面有几个流派。这说明什么?说明这个学科不成熟。流派出现的时候就是它的成熟期,所以,我们说春秋时期是中华文化的聚拢期,而战国时代是它的成熟期。总像战国这样纷乱是不行的。无论是从当时统治者的角度考虑,还是从老百姓的角度考虑,都承受不了。最后总要有一个强者把各国统一起来。这个任务,大家都知道,是嬴政——秦始皇完成了。从现在遗留的史实看,秦始皇非常有韬略,他对中国的贡献不仅仅是在战国之后统一了中国,不仅仅是"书同文""车同轨",这些都透露出他要在文化建设上有所举措。但是,他的时间太短,由于他的暴政,更重要的是由于他打乱了、彻底断绝了贵族们的那种特权思想,于是遭到六国贵族的反对;由于他的暴政,遭到天下老百姓的反对。六国贵族和老百姓这样一个结合,就造成了他必然灭亡。

项羽就是六国贵族的代表，刘邦就是农民起义的代表。到了汉代，成为大一统的国家。政权的稳定，社会的稳定，就要求社会上的学术、社会上的思想不能再纷争下去。怎么统一？最初统一于"黄老"。为什么要崇拜黄老？黄老是无为而治。这适合在战乱之后休养生息。但是，老是无为而治，国家就不能前进，政权也不能巩固，很自然地就要求有一种思想，这种思想自然要从战国的百家当中选出一个来，作为正统的思想。这个时候出来一个董仲舒，就在儒家的基础上加上了他自己的东西，成为汉王朝的官家的思想。从汉武帝开始，这样一个举动实际上就是让儒家文化成了中华文化的主体，从汉代一直到清，甚至可以延伸到现在。儒家文化从汉代开始也有起伏。西汉灭亡，东汉继起，东汉接着亡，这其中应该说董仲舒的学说起到了一定的破坏作用。本来他想巩固这个王朝，走向极端，就要走向反面。董仲舒的最著名的思想之一就是天人感应。接着就是三国、魏晋、南北朝，又出现纷争。在纷争的时候，学术又向前发展，就像从前的战国。唐继承了这些主体文化（儒家的），加上纷争时发展了的东西，所以，到唐代又形成了一个高峰。唐的国力强大，同时各方面的文化都上了一个高高的台阶。唐代的成就不仅仅高于以前的任何朝代，而且以后的宋、元、明、清都没有超过唐代。所以可以说唐代的文化在中国几千年的封建时代的文化当中是一个顶峰。

　　就在这样一个粗略纵向描绘的轮廓当中，中华文化曾经有过几次和异质文化的对撞，受到了几次大的冲击。一次是魏晋时期的"五胡乱华"，结果是形成南北分治的局面。这期间，中华文化或者说是汉文化大量吸收了异族的文化。大江南北由于环境的不同、条件不同而形成各自的特色，分别发展。这样一个分别发展就为唐代文化高峰的出现做好了准备。另一次是蒙古族入主中原。中华固有的文化——中华文化以汉文化为主体，汉文化以儒家文化为主体——在一个游牧民族入主以后，受到了摧残和压抑。这当然是坏事情，可是从某个角度说又是好事情。为什么呢？因为正统被冲掉了，就给民间亚文化造成了一个发展的空间。我随便举个例子说，历代都有祭孔典礼，蒙古人骑在马背上管你什么祭孔不祭孔的；说对古书都要尊敬，他才不尊敬呢。但是人们，特别是到了农耕时代的人民，对文化的需求不会因为外部环境的残酷而停滞下来。在座的年龄都不大，年龄稍微大一些的都知道，包括"文化大革命"时期，文化都被革命了，有的时候也还要唱唱歌儿，即使是语录歌儿，它也是跟说话不一样的，也需要艺术表演，哪怕表演的是对口词什么的。人们对文化的需求和人们对食物的需求一样。宋代民间本来就有一些小曲儿呀、小戏呀，这个时候慢慢地就被重视起来了。显示了它的生命力。这就是为什么元代偏偏是杂剧、散曲红起来的原因。我在这里和咱们学院的老师可以说，这个问题我一直在思考。我们就说文学形式吧，从《诗经》，后来南方出了《楚辞》，汉代文人有汉赋和文章，民间有乐府，这以后到南北朝时期出现了像骈文等等这些东西，然后孕育了近体诗。都是近体诗就没意思了，又学着仿古，古体诗；仿乐府，乐府体的诗；时间久了又出现了诗余，就是词。词是唱的，诗慢慢不能唱了，词还能唱，于是就是词。这些文学形式都能找到出现的外部原因和内部原因。唯独元曲，我找不到原因。于是我又把大家熟知的我也熟悉的几部文学史找来，希望能得到答案。没有得到答案。后来我转移到从文化发展的角度去看，我自己得出了这样一个初步的结论：异族入侵之后，原来的正统文化或者说文化的主体受到了摧残和抑制。另一方面，社会对于文化的需求并没有中断。这个时候总要找到一种形式来发散自己的情绪，寄托自己的感情，也就是，高雅的不行了，俗的要起来，俗的一起来，被文人注意了，就被提升了，就变雅了。这样讲，曲的走红就找到答案了。对不对呢？还需要学术的鉴定。这是第二次异质文化的冲击。第三次就是清末的西方文化的冲击，到现在这个过程还没有结束。任何一种文化在其发展的过程当中，几乎都不是完全封闭的，随时随地都在和异质文化发生接触。正是因为这个缘故，所以中华文化又是多元的。刚才我谈到黄河中游，那个多源是三点水这个"源"，现在我谈到中华文化是这个元首的"元"。这两个意思不完全一样。如果打比方，可以把中华文化比做我们的长江、黄河，它在昆仑山发源之后一路流来，不断地有小河往里汇进，然后到了下游才是一个浩浩荡荡的大川。从地理学意义上来说，某条小河是长江的源头、黄河的源头这个话并不准确，那是黄河的源头中最远的一个。任何支流都应该是它的源头。中华文化的这样一个过程，始终没有中断过。这就产生了以下几个问题：第一个问题是，中华文化为什么能够有这样大的包容性，在和异质文化接触之后就能把异质文化吸收过来，变成自己的？第二个问题是，中华文化在和异质文化的冲撞中始终没有被湮没或崩溃，中华文化为什么有这么大的生命力？如果我们对中华文化做进一步的观察和思考，还可以进一步地追问第三个问题：在中华文化当中，为什么看重个人的道德修养，重视家庭亲族关系，喜欢和人和睦相处，关心国家的统一和尊严？这几个问题的提出是和我最后边的第七个问题"中华文化和其他文化的比较"相配合的。以前我说过，只有中华文化是几千年没有中断过的。我们看希腊文化。希腊邦国崩溃了，它的文化终止了。罗马文化也是这样。印度的文化，当中亚民族入侵以后，佛教几乎没有了，等到它复兴的时候，也只有半壁江山，后来复兴的是佛教的源头——婆罗门教，也就是现在的印度教，而不是佛教本身，它中断了，如此等等。只有中国，我们不能只赞叹这是世界奇迹，是世界独一份，要反思之所以如此是什么原因。这就是刚才我所说的几个问题。这几个问题是分层次的，越问越细的。要回答这些问题，只叙述过程是很难得出简明的结论的。因此，分几个问题讲。对这几个问题的论述是我思考的结果。这几个问题讲完了，也许大家能够结合自己的考虑对上述的一些问题得出一些回答。现在，我就讲第一个问题：

一　自然—人群—文化

我上次报告中谈过，任何一种文化，在它初始阶段都受到这个民族所生存的自然环境的严重的影响。虽然我们不能把自然环境看成是文化发展的唯一的或最主要的决定性因素；但是，也不应该忽略了自然环境对文化发展演变影响的程度。我的话是两面说，一面说不能把它看成唯一的或者是最主要的，另一方面说你也别轻视了它，它的影响很大。刚才我说，中华民族发源于黄河的中下游。中游，就是现在的陕西、关中一带；下游呢，就指现在的河南、山东一带。黄河的中游也好，下游也好，请大家注意一个事实，就是中华民族祖先生存发展得益的不是黄河，而是黄河的支流。到现在我们没有多少考古的发掘和史料证明是滔滔黄河哺育了中华民族。为什么？因为我们的祖先用石头打野兽，上树摘果子吃，对于一泻千里的大河是无能为力的，对于他们来说，灾难只能是远离。但是又离不开水，于是就到支流的沿岸去发展。等到人类能够向黄河这样的大川开战的时候，那已经是很晚的事了。《左传》写"春秋"时候的事情，人发誓，老是指"河"（黄河）："所不与舅氏同心者，有如河！"见于僖公二十四年。这是公子重耳对他的舅舅说的：我要不和舅舅同心，就像黄河。可见大河不是好东西。所以，为什么中华民族最初赖以生存的是支流，有它的道理。那么那些地方的环境到底怎么样呢？今天我们去还能感受到。经过了几千年是否会发生很大的变化呢？根据农学家的考证，黄河中游周边的环境，几千年来本质上没有大的变化。当然从某种角度上说，现在的条件应该比那个时候要好得多了，因为通过人类的改造，沟渠纵横，抗自然灾害的能力加强了。那个地方从地理环境上说是南有大河，北有戈壁，土地广袤，灌溉方便。这样一个地理位置，适合于农耕；同时，自然灾害也不断。所以，中华民族的初民很早地就摆脱了游牧进入了农耕，这是中国的特点。在这样一个环境下耕作，当时的人民还不能够驾驭自然，有农业就自然有它的孪生姐妹，即手工业。因为制作犁铧、纺织等，就有手工业。这样一个环境，今天在我们看来，和人间天堂的苏杭比，和珠江三角洲比，差远了，到现在还是比较贫困的地区，但是要和伊斯兰教、犹太教、基督教的发源地比的话，它的条件要好得多。可是又比北美洲、大洋洲的很多地方差很多。为什么提北美洲？因为那儿当年是印第安人的故乡，从现在来看和长江三角洲、珠江三角洲条件也差不多。为什么作这个比较？我们埋下伏笔，过几分钟我再讲。

原始的农业需要多人合作，首先是家庭成员的协力。大家都知道，在《论语》和其他古书上多次提到耦耕，我们出土的东西也发现了这样的工具，耜（sì），就是像铁锹一样的铲土的工具，是两个人同时踩的，一左一右，这就是耦耕。《诗经》上描写了一块土地上一千对——这个一千是表示多，也就是无数对男人耦耕，集体协作，单一个小家庭不行。两个人能耕多少地啊？即使有了铁犁、铁铧，有了马、牛拉犁，能耕多少地呢？因此，他们还要突破小的家庭的单位，形成家族生产。落后的生产力就需要和野兽、和大自然的非规律性活动进行搏斗，要向大自然索取。无论是索取还是搏斗，又必须是有分寸的。过了，也不行，要把握"度"。农业生产的特点第一是固定。与此可以对比的就是犹太教的前身，还有伊斯兰教，生产背景是游牧。农业生产的特点是固定，固定就要求稳定。因为春天种下去，秋天才长起来。如果像现在似的离婚率那么高，那就麻烦了：春天种下去了，结婚了，到秋天就离婚了，干活儿的没了。另外，财产、生产资料、农具，需要一代传一代，农业技术也要一代传一代。今天的收获是明天的种子，一年传一年，年复一年，代复一代，延续性是非常强的，游牧社会对上述的很多东西都是不需要的。这些就培育了中华民族注意家庭的和睦、血缘的联系和人与人之间的合作，要努力和大自然保持和谐的习惯；又由于条件不是很好，要想有所收获，就需要付出艰苦的努力，所以就培育了艰苦奋斗的精神；因为时而有灾害，所以平时要"防患于未然"，对坏事"遇变不惊"，灾难来了不灰心，能忍耐，因为"大灾之后必有丰年"。我说的这几点就成了后来中华民族文化的最基本的根基。中华民族重视和谐，主要是从家庭、家族和人与人之间的关系这个方面得来的。人和自然的关系，初民是从敬畏天开始的。不管是哪个国家、哪个大洲的，都是这样。本来是一片晴空，突然阴云密布，然后是当啷一打雷，那树就着火了，原始森林一片火，野兽都被烧死了或跑了。或者本来是晴朗的天，突然上游发大水，当时没有预报，水来了把一切冲掉了，淹没了。忽然又地震了。这个时候就很自然把天作为神，敬畏。但是中华民族是比较早地摆脱了对天的神秘的这种观念。地动山摇，古人无法解释这一切，但也悟出了人和天要和谐相处的道理。待把这些作为一个准则，成为民族的自觉的意识，就会沉淀为民族文化的一个组成部分。说到这里我就要提到中华民族关于阴阳的观念。阴阳的观念是很丰富的。大家设想，到能够归纳出阴阳，这已经是高度的抽象了。那么最初呢，恐怕是一件件认识。人分男女，空间分前后，时间分白天黑夜，等等。同时在和自然搏斗的过程当中，也注意到了自然的规律。春生夏长秋收冬藏，然后一转，又是春生，周而复始，那就是事物走到极端又向相反的方向走了。中国人早就知道福祸相依：河流一泛滥，是灾难；水退了，你种地，不用上肥，上游的腐殖质覆盖了田亩，肯定丰收。像这类的事情都给人以启发。

　　下面我要引用的就是《汉书·司马迁传》上引用的司马谈的话。司马谈在谈六家要旨（即儒家、墨家、道家、法家、名家等）时说过："道家，其为术也，因阴阳之大顺（就是指道家的学术是顺着、借着阴阳的总规律），与时迁徙（随着时间的变化而变化），应物变化（随着客观事物的变化而变化）。夫春生夏长，秋收冬藏，是天道之大经也。弗顺，则无以为天下纲纪（如果不顺着这种大自然的规律，你就不能够管理天下，天下就掌握不住）。"这段话很精彩、很精当。它告诉我们讲阴阳规律在先秦的时候主要是道家；它的学术是随着时间、随着客观的事物的变化而变化的；它把握的是天下最主要的规律（"大经"）。这全说的是实在的东西：天时、地利、人和。然后司马谈突然一跳，跳出了一句："弗顺，则无以为天下纲纪"，把它政治化了。本来是大自然的规律，是一个具体事物的规律，而阴阳家、道家把它上升到观察人类社会，观察政治、管理政治的一个规律，这不是政治化了吗？

英国有一个最伟大的历史学家，也可以说大家认为是 20 世纪最伟大的历史学家之一，叫汤恩比，他写了一部书叫《历史研究》。这部书是他的缩写本，他最初的书是 12 卷，从 30 年代写到 1961 年。在我们这儿搞"文化大革命"的时候，他把 12 卷本重新改编缩写为一卷本，到 1972 年写出这部书来，1972 年出版。他在《历史研究》中说了这样一段话："在不同社会，不同的观察者用来表示静止状态和活动状态这一宇宙韵律的各种符号当中，阴阳是最贴切的，因为它们不是通过心理学、机械学或数学的某些暗喻方式，而是直接表现出了交替的韵律。"[1] 他在另外一个地方说，"在我这部书里，我要用一种什么符号表示历史的规律呢？我选来选去，我选择了中国的阴阳"。他并不是中国学

---

[1] 《历史研究》，第 62 页。

专家，但是我在读他的书时发现，他的中国知识之渊博，真让人"五体投地"。他下一段话说的是："中国人传统的'世界观'已经受了中国三千多年的经验的考验，其中一个主要观念是'阴''阳'的辩证交替。无论'阴'还是'阳'，只要发展到极端就会变成另一端，从而自动地恢复自然的平衡，因为另一端发展的自然所能容忍的最大限度，就会最终回到这种交替模式。"（《历史研究》，第287页）他的意思就是说，一个事物发展到极端就要走到它的反面；走到反面之后又要继续变化，变化到极端又回来了。当然这不是在一个平面上的交替，而是螺旋式的上升。阴阳观念的核心实际上是朴素的辩证法。所以我从这里感到了，中国人的忍耐乐观、凡事不走极端、对未来总抱有信心，大概主要是源于这种阴阳的概念。咱们老百姓也有啊，所谓"三十年河东，三十年河西"，"否极泰来"。"否极泰来"本来是《周易》上边的话，后来就变成老百姓的话了。甚至不好听的话也孕育着还有另一面。比方说"最近我特倒霉"。那证明在这之前他不倒霉；这一段我倒霉了，那意味着下一步我就不倒霉了。所以我想这种民族观念和这个学说是有关系的。

综观世界四大古代文明，它们的发源地的自然条件都不是很好的。两河流域，爱琴海附近，实际上希腊的自然条件并不好，阿拉伯，加沙地带，就是现在的巴勒斯坦地区，自然条件也不好，都和咱们黄河中上游差不多，甚至还差一点。那么就有一个问题了：为什么我们的祖先就不往南走呢，现在的江南撒下什么长什么，一伸手就把鱼抓起来了。这个问题要从两个方面思考：一方面，当时的原始人，或者不叫原始人，已经脱离了蒙昧进入了文明的人，生产能力和与自然搏斗的能力有限。今天我们所看到的长江三角洲、珠江三角洲风光如画，人间天堂，那个时候可是草莽一片，恶水横流，毒蛇猛兽，酷暑蚊虫，没有冰箱，没有空调啊，要砍伐，要和这样的大自然搏斗，那不是原始人能做到的。这是一个角度。再一个角度，如果条件好了，恐怕就没有这四大文明了。为什么？无须去动脑子。比如耕地，垄沟相隔几寸好啊？相隔几寸，我这一亩地就多打一点粮食。条件好了可以不必动脑子。直到现在世界上还有这样的地方：吃饭爬上树，穿衣一块布，一围。居然就有这样的情况：找中国朋友，请求援助，我的选区大旱，希望援助抽水的水泵。我们使馆的官员就去查看了，果然大旱，玉米的叶子卷了，枯死在地里，地也开始裂缝了。但是向左一看，离着五米就是一个湖。他要了水泵就放在湖边，从五米远的地方抽过来。这要在中国怎么办？城乡人民一起拿水桶挑水，拿脸盆端水，也要把庄稼救活。对不对啊？所以，自然条件好了，反而扼杀了人的智慧的开发。智慧都是在困难当中想办法解决种种接连不断的问题时才往前走的，时间久了就形成了民族性。在种什么长什么即使不种也饿不死的条件下，他不想天时、地利问题，怎么改进耕作技术的问题。一改进耕作技术，土壤学、天文学、数学、力学，全都发达了。所以我就说，四大文明都是在条件不是很好又不是极端恶劣的自然环境里出现的，是有道理的。极端恶劣也不行。北极，住在冰洞里边，出来打海豹，自然没有精力、没有时间去思考食、色、性之外的事情，只能满足生活的最基本的需要，死亡率也高，所以也不会产生什么文明。文明就是需要在一个不好不坏的情况下产生。而中华民族得到上天的眷顾，在一个不好不坏的条件下又是比较好的，适于耕作的自然环境里，比较早地进入农业社会。所以中华民族文化的几个根基点基本上都立足于原始农业社会对人的要求，对人的品德的要求，都是环境铸成的。

　　人与人之间的合作，家庭、人与自然的和谐，为什么说是成为我中华文化的根基呢？也需要从文化的源头中寻找答案。我们不妨想想后代的情形。就拿艺术作品来说，首先我们的诗歌，特别是唐，进入了诗歌的顶峰，几乎每首诗都是情景交融的。为什么宋代诗不行？上次我在讲《文化和语言》的时候最后引用了朱熹的几首诗，我说他的诗不怎么样。为什么呢？他是用二十八个字来说明一种道理，全是理。诗是形象的，你全说的是理，如何学习，不行。但是，朱熹也有好诗。像我们平常常说的："问渠哪得清如许，为有源头活水来。"那是以"一亩方塘"打比喻呀，它就是情景交融的。为什么情景交融，情景交融这种思维方式把情寄于景，用景涵盖情，我用一种带情的眼光去审美，其底层，是人与自然的归一。今天我们不能大讲宗教。要讲宗教的话，为什么唐代禅宗那么盛行啊，也跟那个很有关系。禅宗主要不是人和自然的关系问题，但是也有这样的话，初始，见山是山，见水是水；等修炼到一定程度之后，见山不是山，见水不是水；到了最高点了，我悟到了，再看见山是山，见水是水。哲理很深。最初的原始是客观的，看山就是山，看水就是水。等到了一定程度了，我看山已经不是山了，已经超离了山的外形、水的外形了，我看到的是山、水的本质。但是，我还是主体，它还是客体。等到彻悟了，我再看山和水，还是山，还是水，山和水已经融化为我自己了，主客体合一了。这种思想是汉民族熟悉的，是与民族固有文化相通而易融的。

再看我们的国画，特别是写意画。写"意"画就不是写"景"画。它可以不讲透视和远近虚实，但是，"意"在里边了。这"意"寄托在什么上，寄托在一块太湖石上，一根竹子上。实际上画家不是在画山水，是在画自己，画自己的心，画自己的情。当他创作的时候——当然我说的是画家，不是画匠。现在咱们国画界画匠太多。我最怕的是在电视里看画家即兴泼墨，大笔一挥，画就成了。它永远卖不出价钱来。真正的大画家要酝酿多时，所谓胸有成竹，到时候画的是他自己的心，情景的交融。书法也是这样。我不多说了。这就是我讲的第一个问题，自然和人群的关系。自然和人群的结合孕育了文化，实际上是孕育了中华文化对于天人关系的领悟。但是这只是一个方面，一会儿再谈第三个问题是天人关系的第二个方面。那么，今天要讲的第二个问题就是：

二　家庭—家族—国家

这纯粹是人人关系、人际关系。家庭，不管是母系社会还是父系社会，都是人类在脱离了群婚制之后的社会细胞。它是人类在生产方式不发达时代进行生产的必要条件。

我刚才遗漏了一点意思没有说出来，还是第一个问题的。是不是有的老师会提出这个问题来：重视家庭，哪个民族不重视？为什么您强调中华文化？我承认都重视。但是有程度的不同。一种程度是刻骨铭心的，另一种是必要时重视，不必要时可以把它放到第二位去。我呢，只是说明不同，不想说孰优孰劣，没有褒贬的意思。我给大家念一段《圣经》里《新约》的话。在《新约·马太福音》的第十二章和《马可福音》的第三章都有这样的一段话："耶稣还对众人说话的时候，不料，他母亲和他弟兄站在外边要与他说话。有人告诉他说：'看呐，你母亲和你弟兄站在外边要与你说话。'他却回答那人说：'谁是我的母亲，谁是我的弟兄？'就伸手指着门徒们说；'看呐，我的母亲，我的弟兄，凡遵循我天父旨意的人，就是我的弟兄姐妹和母亲啦。'"《旧约》《新约》"摩西十诫"以及后来的先知和使者的一些箴言，都教导人们要爱父母，要爱你的弟兄，要爱家人。但是到有天父在的时候，相比之下，父母家人就是次要的。所以按照基督教和天主教后来的教义，受了洗礼之后，就不能为父母尽孝，不能拜祖、祭祖，不能给父母磕头。这就是为什么明代，包括利玛窦等传教士来华传教，最后传不动的原因。你动了中国人的祖宗，这可不行。我可以信你们，觉得你很对，我可以入教，但是你必须允许我回家该祭祖祭祖，该给我妈过生日给妈过生日，等父母去世后，披麻戴孝，守孝三年。教堂说了，不行，要这样你就别入会。后来怎么基督教又推广了呢？宗教改革。后来传教士说可以敬父母，这一下好多人信教了。所以到现在为止，中国的基督徒、天主教徒既信天主，很虔诚；同时，家庭的伦理仍然保持着。所以我补充一下，我强调中华民族对文化、对家庭的重视，是相比较而言的。

进入农耕时代，原始公社解体之后，家庭的作用就更大了。在私有制下，家庭除了有集中一定规模的劳动力的作用之外，还解决了生产和财富的延续性问题。所谓生产的延续性主要是指农业技术和生产资料的延续和积累，今天的收获就是明天的种子。所谓财富的延续主要是指土地所有权的继承。这两点对于农耕生产是不可少的，也是区别于游牧社会的特征。游牧社会没有严格的地域观念，他们的生产资料也就是生活资料，而且是流动的，因而家庭的观念就比较淡漠。

中国古代有所谓天、地、君、亲、师之说。年轻同志不知道，我小时候还受到这样的教育。一个人的一生，你应该敬谁？天、地、君、亲、师。我们从这当中可以看出家庭的地位。但是，我这里要说明，天、地、君、亲、师这样一个排列顺序，在实际生活当中是倒过来的。大家注意了没有？为什么呢，古人以家庭为本位，咱们套用语法术语，是"家本位"。本来应该是最亲密的关系，可是父子之间传授的只是生产的知识，要更多地了解外部世界，思想要再升华，成为自觉的社会个体，就需要从师那里得到知识。所以可以说家庭是血缘之亲，这种亲到一定的时候就要淡漠。什么时候淡漠呀？孙子对于祖父、祖母的感情就不如儿女对父母了，到重孙子这一代，如果见到过的，他也不那么亲了，代沟很厉害呀。如果没见过，只是照片上见过，那更不亲了，这是一种。还有，结了婚，自己一有孩子，对上辈就差点儿了。贾政可以把贾宝玉打得死去活来，赚了林黛玉好多眼泪，可是对贾母是毕恭毕敬。贾母怎么骂他也是对的，骂都是礼教，强迫的，内心并不如此。贾政对自己的父亲、祖父、老祖宗荣国公的父亲呢？你从《红楼梦》里看得出来吗？所以我说血缘之亲到一定时候要淡漠，但是这种淡漠在几千年当中被我们的有关孝的礼仪掩盖了。这话又可以反过来说：孝的礼仪之所以被强调，也是因为这种亲容易淡漠，这是互为因果的。如果让这种淡漠表面化了，不用一种礼仪把它掩盖住，那么整个封建社会的根基就要动摇了。比如说，本来就惦记着赶紧继承遗产，不管你怎么想的，你得披麻戴孝，古代要在父母的墓旁边搭一个草棚子，住三年。枕砖头，不许吃荤，不许唱歌跳舞，更不许看电视。实际上是怎么样？很可能他在地窖里生一堆孩子。这是有过的，《后汉书》上有啊。这样的事可以在史书上谴责，在道德法庭上审判，可这是表面维持，强化。为什么要强化它？因为它本身就容易淡漠。是不是这样一种辩证关系？对老师之亲呢，是文化传承之亲，是对一个人走向更广大的文化天地的基点之亲。特别是封建社会，特别是汉以后，又是一个人通向仕途起点的亲。父母再好，也必须得有老师，由老师引着才能被乡里推举上去，才能做官，所以叫恩师啊。因此，在过去很长时间，学生对老师的亲，对老师的尊敬和老师过世之后的伤痛，反而比对父母还真诚。这一点呢，今天的人难以理解了。毕业了，翅膀硬了，回来踩老师的，在学术会议上见面了装不认识的，等等吧，大有人在。这在过去是见不到的。我们古人的文集里，古书、史书上比比皆是的是对老师的尊敬。所以我说，天、地、君、亲、师，首先应该是师、亲。下面呢，是君。和君的关系是政治的关系，是政治利害的关系，是关系天下太平不太平的一种关系，和每个家庭、每个人都有直接或间接的利害关系。所以它接着是君。然后是地，天天生活在地上，特别是农业社会。这地利如何，生产如何，关系到一年的生活，能不能发家？是吃得饱还是饿死？全靠脚底下这块地。最后是天。浩浩苍天，摸不着，看不见，一切都是文化强加于人的。天，不得了，老天爷。实际上是理性的，没有感性的亲。到中国的所有的城市，特别是到云南啊、江西啊这些地方，几乎每个县城，每个街区（现在一盖小区可能就没了），全有土地庙。最小的土地庙比我这书包大不了多少，却有香火。玉皇大帝庙大家见过几个？可见地最重要。"天地父母"，天为"乾"，男性，地为"坤"，女性。一个人是跟父亲更亲，还是跟母亲更亲？所以中华民族对地的感情超过对天。再说，县官不如现管，土地爷就是管我们家的。那灶王爷就更厉害了，家家得祭灶啊，这灶王爷都进屋了。所以我说，过去的封建势力讲的是天、地、君、亲、师，先敬天，后敬地。为什么？代表天的是谁呀，天子啊，就是皇上啊，就是他们统治啊。祭地的全是谁呀？也是皇帝呀，所以有地坛嘛。剩下就是我老了，皇帝老爷了。皇帝老爷也是为人之子呀，我以孝治天下，我孝你也得孝，那是亲。在古代"师"是什么，全是官员。一会儿有一节专讲这个。敬官员就是敬我呀。所以天、地、君、亲、师，实际情况是师、亲、君、地、天。

"师"是后天的，可以选择。"亲"是先天的，不可改变。因此，由原始社会传递下来的重血缘关系的观念在封建社会就由严格的礼制加以强化。于是每个家庭和它的成员就通过内亲（就是父亲这一支）和外亲（就是母亲这一支）组成了一个社会的网络。每个人都成了这个网络中的一个节点。直到近现代，还有全村同一个姓的现象。李各庄、王各庄，就是全村姓李、姓王。李各庄就是李家庄，因为家原来读"gā"，说俗了叫李各庄。各个家庭和家族通过彼此再发生婚姻的关系，这个网络就越来越大。现在是独生子女了显示不出来了。你想想，如果一个家庭8个孩子，4男

4女，都结婚，一下就有8家亲戚，这8家亲戚，不要再有8个儿女，如果只有5个，那就是40个儿女，一结婚，40家亲戚，这是一个网络。然后还所谓亲上加亲，强化这种血缘的联系。以至于——现在城市不能见到，到农村——全村曲里拐弯都是亲戚，这就是一个网络。在封建社会，这个网络是全国性的。单这个网络还不行，血亲网络还不行，还要加上"师"的网络。我带了这批博士生，这批博士生将来每个人也带同样多的博士生，天哪，我这师爷爷可就不得了了，然后再加上血亲呢？我这些博士生都结了婚呢，我的网络大了吧。他们的孩子呢？将来没准儿哪个博士生就带来人，说这是我老亲家。是不是啊？婚姻的网络，血亲的网络，加上师生的网络交叉，于是社会成了一个大的网络。这样的网络总纲就是天子，这不是好控制吗？大家想想，为什么封建社会这么残酷，一直到乾隆时期（附带说一句，我对现在人们写乾隆实在是反感。乾隆是个暴君呢，杀人不眨眼呢，怎么现在不说那一面了，光说他风流倜傥，为民解困呢？不说了），一有文字狱，要灭九族。有道理。亲和师的关系太深了。不斩尽杀绝，复仇的种子不得了啊。这个九族么，那是很厉害的。上追几代，下追几代，横连连着老师啊。为什么杀人连老师也获罪了？表面上说你怎么教育的，责任制。实际上不是的，它是文化的传承。因此我们可以说，在现代社会到来之前，整个中国就是一个放大了的家，每个家就是缩小了的国。在先秦的时候，家还有另外一个含义，专指大夫统治的范围，这就透露了这个关系。

《论语·季氏》有这样的话："丘也（就是孔子自称），闻有国有家者，不患寡而患不均，不患贫而患不安。"这个文字上有争论，不管他。"盖均无贫，和无寡，安无倾。夫如是，故远人不服则修文德以来之；既来之，则安之。"这是很有名的一段。我们不管后面。有国有家者，有国者就是诸侯，有家者是大夫。大夫他可以占多少平方公里，实际上可以包括几千个家庭，但是都是他的血亲的分支。对于他来说，他是家长，所以有国有家者，在先秦的时候有这样的一个含义在内。家和国之间的关系，在汉民族，不仅在人的观念中是一体的，治家和治国的原则、方法也是一脉相通的。儒家思想当中的修身、齐家、治国、平天下，不是四件事，不是说一个士——知识分子——的四项职责，是一项职责，是阶段的不同。首先要修身，修身之后要齐家，家庭要和睦。齐者，和也。然后用治家的方法去治国。把国家治理好了，使天下平。这个天下，就是指周天子所在的地方。所以修—齐—治—平，是典型的家，放大为国，为天下。也可以从大往小里说，家是天下和国的缩影。下面，我们看《论语·颜渊》，孔子有个学生叫司马牛的，发愁说："人皆有兄弟（人家都弟兄好几个），我独亡（我没有，独生子女）。"子夏曰：（这是教育他了）"商闻之矣：（子夏是字，不是名。对人说话，自称名，不能称字，表示对对方的尊敬。我听说有关这个事儿的道理了）死生有命，富贵在天（这个天是自然，自然规律，而不是真正的上天）。君子敬而无失，与人恭而有礼，四海之内，皆兄弟也。君子何忧乎无兄弟也？"这就是把天下、把国看成是家的放大的一个典型的观点。这些"敬而无失，与人恭而有礼"，如果在一个家庭里，就有一个词叫"悌"；不是自己的血亲，那就是恭而有礼。"悌"呢，也是恭而有礼，只是专有名词就是了。

因此，可以说到春秋时期，汉文化已经要求人们把血亲的关系视作普世性的关系了。因此，只有汉语说到state、country时是"国家"。把"国"与"家"连在一起代表自己的国家。你找语言，各民族的语言好像都不是这样的，国家，国家，家好像是陪衬。实际是有了整个国家，再有自己的家庭；有了一个一个的家庭，这才成为国家。这就回答了我刚才所说的问题：为什么中国人这么重视家庭以至于国家的尊严，因为它是连成一体的。

我们小结一下，刚才所讲的第二个问题的要点：农业的特点是生产资料、物种、技能的延续性，就造成了个人与家庭的关系，家庭与家族的关系，扩大就是血亲，再扩大就是国家。中国历来讲天、地、君、亲、师，但是亲与师是构成社会网络也就是国家的主干。

三 宗教—礼制—习俗

这是天人关系和人际关系的综合。以前我讲过，中国是一个没有宗教的国家。这是着眼于几千年的中华文化不是根植于宗教信仰上这一点说的，特别是着眼于中华文化的根基、它的最深层内涵而言的。有人说，儒学就是一种宗教，被称为儒教。这是不对的。为什么呢？根据当代中国的宗教学的权威，社科院宗教所的吕大奇先生的研究，宗教有四个基本要素：一个是宗教的观念或思想；二是宗教的感情和体验；三是宗教的行为和行动；四是宗教的组织和制度。前两个就是宗教的观念或思想，宗教的感情和体验，是内在的；后两个，宗教的行为和活动，宗教的组织和制度，是外在的。这个结论已经被我国学术界所公认。用这四点来衡量儒家学说和后世人们对儒学、儒家的崇拜，显然不能认为是存在着什么儒教。曾经有一段时间，董仲舒把孔子神化，是说上天派他来的，宣传他的学说的。我小的时候，在教室里黑板的上方挂着孔子的像，上课要对着孔子三鞠躬。这些类似宗教，但是它仍然不是宗教。董仲舒的学说到了后汉，就基本上荡然无存了，以后再也没有人去恢复它。那么，三鞠躬不过是形成的一种礼仪，表示我们今天所读的书、我们的学问来自孔子。最重要的是没有人向社会宣传孔子就是教主。同时没有人有过这种宗教的体验。什么叫宗教的体验？我们是无神论国家，我们这些无神论的老师、同学不要笑话信仰宗教的人。很多宗教的信徒，他是真正有宗教的体验的。比如佛教徒，他坐禅，入定了，就可能有一种感觉，他超脱了自己的肉体，就有一种万法皆空的感觉。包括其他的宗教，都是的。我小的时候，也听过天主教的布道。神父是一个美国神父，他就讲他的宗教的体验。这些我们不能都用一个"假"字来说明。那么，对于儒学我们有没有这种体验呢？比如说许老师是研究古汉语的，多少年老跟五经四书打交道，我读着读着书，突然好像孔子就站在我的身边了，给我一种启示，或者我做梦梦见他了。我实在是对不起孔夫子，读了他这么多年的书，我一次也没有梦见过他。另外，宗教需要有仪式，我们现在有祭孔，那是像祭祖一样，并不是一个宗教的仪式，也没有一个规范。无论是基督教、天主教做弥撒、做礼拜，还是佛教做法事，伊斯兰教做礼拜，都有一定的仪式的。这么衡量起来，儒教不存在，不是个宗教。

也有人看到我们国家有五大宗教，这就是佛教、道教、伊斯兰教、基督教、天主教，难以理解我所说的中国是一个没有宗教的国家。这要从三方面看。一是上面我所说的中华文化的深层内涵，不是源于宗教的。二是中国信教的人口在全国总是少数。现在中国是十二亿七千九百万人，信教的是一亿多一点，大多数人是不信教的。但是有一种莫名其妙的信仰，比如说，老太太隔三岔五地给土地爷上炷香，土地爷长得什么样，她也不知道，土地爷到底职权范围有多大，她也不知道，这都是延续下来的，并不是宗教。三是中国的佛教、道教早已经和儒学相互融通，你中有我，我中有你，佛、道已经不是原来的样子了，也可以说它们已经儒化了。即使是外来的伊斯兰教和基督教、天主教，也在不同程度上向中华文化让步。在保持它原有教义的前提下，吸收了中华文化的许多观念。有关这个方面的情况，我不能详说。有人写了《中国伊斯兰教史》，对伊斯兰教传播的过程以及如何吸收中华文化，伊斯兰教的一些优秀的东西怎么被中华文化吸收，都有所论述。基督教、天主教后来也同意中国的信徒受洗礼之后，还可以在家尽人子之道，这就是一种让步。伊斯兰教，本来《古兰经》上规定的，一个人，如果他的经济条件允许，可以娶四个妻子，但是是有条件的。可是，传到中国之后，不管是我们整个民族信伊斯兰教的，还是分散的，都遵循了长期以来中国的主体习惯，一夫一妻。在中国制定婚姻法的时候，在伊斯兰教教徒中没有什么阻力，但是教义保持了原样。这也可以说是中华文化改造了外来的宗教，而不是相反。中华文化只是从外来文化中有选择地汲取营养，让自己更为丰富了。

以上我是着眼于中华文化的整体和几千年的全过程说的。如果着眼于文化的初始阶段，那么，中华民族也不能违背人类发展的总规律，这就是：人类的成长和文化的发生与宗教无法分开，只不过宗教在度过了它的童年之后，在中华大地上就夭折了。这话的意思就是在中华文化的初始阶段依然是和宗教捆绑在一起的。宗教的产生，源于人类在蒙昧时期对自己所无法控制、无法解释的自然现象的畏惧和崇拜。随着人类想象能力的提高，就更明显地把大自然和对象化了的自身结合起来，于是形成了宗教。这句话有点儿哲学味道，我解释一下。客观是大自然，本身是人的对象。在人的文化初始阶段，他只意识到自己客观外部的东西。当人的主观意识要想了解自身的时候，就把自身也当成对象了，这就是自身的对象化。自身的对象化是人的认识水平的一个飞跃。最初是对上天的敬畏，等后来把自身对象化之后，他就用自身的形象、自身的特点赋予大自然这样一个形象和性格。这就是神的出现，人格神呢。这样一来就开始形成宗教了。生活在黄河中下游的中华民族也有原始的宗教，原始宗教的特征是多神化和神与祖宗合一。对神的崇拜和对祖宗的崇拜是合一的。神话里说自己的始祖怎么踩了神的脚印就怀孕了，有的民族图腾是个老虎，实际上是把老虎作为自己的祖宗，有的是鹰，多神。源于上面所说的对大自然的不能解释的畏惧。在初民看来，几乎是主观之外的一切都是可畏的，包括个体自身的一些功能、结构、疾病，于是对客观的一切都应该崇拜。山有山神，河有河神，树有树神，狼有狼神，虎有虎神。连老鼠都可以成神。我们从前还流传着老鼠娶亲呢，《聊斋》上就有，都把它神化了。有的民族是把老鼠当成图腾的。我们从自己的古书当中，比如《左传》当中，就可以看到很多这样的痕迹。在历代的古迹和民俗当中，也比比皆是。后代的祭灶，拜天地，拜狐仙，拜黄鼠狼，等等，都是它的遗迹。图腾是稍微晚一些时候出现的，是从多神当中遴选出与自己的家族关系最密切的神加以特别地崇拜，拿它做标志，作为本族的标志。

中国没有成为宗教性国家的一个重要原因，是伦理产生于宗教还没有从原始状态走向更高级的时候，也就是伦理关系抢先了一步，成为一个民族的主体思想。这个时候的宗教还是原始状态，没有成为高级的宗教；同时中国组成统一的国家比较早，原始宗教难于和政权结合成政教合一的形式。于是中国走了另外一条路，这就是宗教政治化。宗教政治化的突出表现，是最高统治者独揽了祭天地日月的权力。帝王又自己给自己赋予天命——上天之命，所以称为天之子，就是天子。然后独揽祭天、祭神的权，又用礼制把它固定下来，让它成为神圣不可侵犯的天条。这不是把宗教政治化了吗，所以，在过去，所有的家庭可以祭祖，祭始祖，祭历代祖先。如果年轻同志不熟悉的话，你就看《红楼梦》。但是荣国府、宁国府决不许祭天，皇帝在祭天的时候他能跟在后面跑，就已经是这家的最大的荣誉了。所以现在大家能去天坛、地坛、日坛、月坛玩儿，真幸福啊！原来是禁区啊，谁要擅自进天坛，那肯定掉头的。这本来是一种原始宗教的信仰，把它固定化了、政治化了。这是一点。宗教政治化，政治是主要的，宗教是外衣。所以就有了孔子下面的话，《论语·述而》："子不语怪、力、乱、神。"就是从孔子嘴里你听不到关于稀奇古怪的事。后来的二十四史有很多部史里有《五行志》，写的都是稀奇古怪的东西。什么黄鼠狼戴着帽子出入朝廷了，哪个乡里的猪长出三条腿啦，孔子不说这些"怪"事；"力"，他是凭着"仁"（仁者爱人）的学说来周游、来宣传的，不喜欢靠力；"乱"，他希望天下太平，国家统一，不能犯上作乱；还有，不谈"神"。《先进》："季路问事鬼神。"鬼神应该怎么侍奉，孔子说："未能事人，焉能事鬼？"你还没把人的事儿做好呢，没有对领导服务好呢，你还管什么鬼呢。"敢问死。"那么关于死的事情呢？这又涉及宗教信仰的问题，人死了之后能不能复生、复活啊？死了以后灵魂呢？"未知生，焉知死？"你活着的事儿还不知道呢，你问什么死。可见，孔夫子对于神、对于个人的灵魂是不谈的。中国在长达几千年的封建社会当中，政治从来不是赤裸裸地靠着政权（主要是武力）来进行统治的，而是借助于家和国之间的特殊关系，把"忠"和"孝"结合在一起，又用"仁"贯穿其中。家，放大就是国，在家讲孝，当然出来也还得孝。对父母尽孝，对国家呢就是忠，也可以说忠是放大的孝，但是局部利益和全部利益有时候冲突，所以有一个"忠孝不能两全"。忠孝不能两全，忠孝不是平等的，忠是排在前边的；是为了尽忠不能尽孝才说这话的，决不能说因为尽孝不能尽忠而说这话。让你出去打仗，当先锋官，"那不行，我老母80岁了，忠孝不能两全"。对不起，那不行。唯一的一个例外是李密的《陈情表》。那是因为不想和统治者合作，以祖母在，茕茕独立，形影相吊为借口，不去。那是冒着险的，弄不好要掉头的。所以，贯穿在儒家文化中的是仁，爱人。忠是对上，孝也是对上，旁边的人呢，没有血亲关系的人呢？没有师生关系的人呢？

用一个"仁"全覆盖了。这一套，实际上是政治的伦理化。政治的结构是一个金字塔。上面是皇帝，层层下来一直到百姓。要维护它，要用一个东西贯穿它，就是伦理。以这样一个面貌出现的伦理，骨子里是政治，所以我说是把政治伦理化了。《论语》里有这样一段话："君子务本，本立而道生。"我们做事情是先抓根本，本立了，那么办法就有了。什么是本呢？"孝弟也者，其为仁之本与？"那就是君子务孝弟，孝弟立而道生。道，就是行一切事物的规律。然后，孔子又说："事父母能竭其力，事君能致其身。"致，是使致，致其身就是使自己的身致，也就是让自己身子能投入到事君的事情里去，去竭力。事父母能竭其力，事君，不说致其力了，而说能致其身，君高于亲。对不对？"与朋友交，言而有信。"在家，在国，纵向的；朋友，是在社会上横向的，做到有信。"虽曰未学"，虽然他没有跟着我学习过，自己没读多少书，"吾必谓之学矣"。是说我也认为他已经学到家了，学好了。把孝弟作为仁之本，本立而道生，这里的道就已经不是在家之道了，是普天下之道。这里把事君跟事父母并列，家国并列，这是对"仁"的一个最高评价。所以中国的伦理从来是和政治纠缠在一起，所以说是政治化了。孔子还说，"道之以政"，这个"道"就是引导的"导"，"齐之以刑"，用政治、政权来引导老百姓，用刑法让他行动不越轨。"民免而无耻"，免于刑法但是没有羞耻之心。他认为这个是二等货。一等的是"道之以德"，用德来引导他，"齐之以礼"，礼的核心就是仁，又是忠，又是孝。于是"有耻且格"，有羞耻之心而且能够达到一定的境界。私底下，有人问孔子，你为什么不从政啊，这真是哪壶不开提哪壶。他想从政从不了，正倒霉呢！孔子说了，《尚书》上说："孝乎惟孝，友于兄弟。"对父母知道孝，对兄弟我像朋友一样。用这种学说，用这种观念施与掌握政权的人，这也是一种从政。"奚其为政？"除了这个还有什么从政啊？非得我做官呐，那不一定。我现在宣传孝弟之义，宣传仁之义，让它影响诸侯，诸侯拿这个去从政，那就是我从政啊。有道理，但是多少有点儿阿Q。

伦理是存在于社会的各个层面的，也存在于各个角落。不管是通衢大都，还是穷乡僻壤，是大的家族，还是一个贫穷的小家庭，处理人和人的关系的规则就要有统一的理念，这种统一的理念就是中华文化的伦理观。要让这种伦理统一，不被破坏，就需要用制度把它固定下来，并且得到维护，这种制度就是礼制。为什么历代历朝都重视礼制，根本的原因在这里。伦理经过上千年的贯彻，一以贯之，已经深入到社会的底层，深入到人民生活的所有的领域，也就是伦理已经世俗化了。世俗化对于社会个体来说，就是成了习惯；对于社会群体来说，就成了风俗。习惯与风俗和人民的生活紧密结合，就形成了最强大的力量，它胜过千军万马，胜过军权、皇权。所以，列宁曾经说过这样的话："习惯是一种可怕的力量。"就是这个道理。宗教、政治、伦理，在中华文化当中是三位一体的。宗教政治化，政治伦理化，伦理世俗化，以严密的逻辑关系融化为一个，这就是中华文化区别于其他文化的特点。

四 封建—郡县；帝王—政府

以血缘为纽带组成国家，在人口不多，地域不广的时代，有它特殊的优势。比如说国内外到现在还有一些停留在生产力不高、生活没有现代化的民族，他就在两座山上，人口不多，地域不广，这个时候血缘关系最重要。在封建时代，无论是酋长，还是部落首领，还是土司，用这种血缘关系进行管理、统治，是有它的优势的。对祖宗的崇拜和与这种崇拜相应的祭祖权，就可以把普天之下、率土之滨统一在最高统治集团之下，所以古书上说"普天之下，莫非王土；率土之滨，莫非王臣"。但是当人口增多、地域扩大以后，血缘关系必然是越来越淡。原本就并不如利益关系浓厚的亲情，淡化了，对于统一政权的维护力也就必然逐渐地淡化，最后就会完全失去作用。中国古代规定有五服之制。本来五服是以周天子的首都为中心，画五层圈，每一圈就叫什么服，越远的关系越疏，最后就可能是异族了。后来用到家族里，五服就指五代，后来变成了丧服的五个等级，不同的血缘关系穿不同的孝服。所以这个五服就是源于刚才我所说的地域扩大之后，人口多了以后血缘越来越淡的形象表现。你想想，刘备最初那么潦倒，竟然是皇叔啊。明朝灭亡之后，八大山人也好，和尚也好，都是原来的皇族啊。那么到清朝末年的时候，无论是叶赫那拉氏的，还是爱新觉罗氏的，那后裔已经很穷困了，长衫很可能是大洞二洞啦，但是出来还得挺着胸脯，因为是皇族啊，只剩下这种精神上的优越感了。在这个问题上，古人陷入了悖论。一方面宣传"君子之泽，五世而斩"。[1]这个泽呢，本来是指他的光辉，他的道德的修养，一代代过到第五代，他的学术，他的什么都没了。后来

---

[1] 《孟子·离娄下》。

就指的是恩泽。一个人封王，十八个儿子，他死了之后，谁袭爵呀，老大袭爵。其他的儿子呢，也做王？不行，于是就下一等，到第三代再分小，再下一等，恩泽慢慢减少了，到五代以后什么都没有了，平民。这另一方面，五服也是这样。可是在上的呐，却期望着拿血缘继续维持着政权的稳定，以到百世、万世。这不是悖论吗？

　　回顾一下中国政权形式所经历的过程，是很有意思的。夏代，从舜开始，是靠血缘维系统一的。《夏本纪》记载着它的帝系是很清楚的。大禹是如何分封弟兄和诸子们的，已经难以知晓了。司马迁在《夏本纪》的"赞"里边，有这样一段话，"禹为姒姓，其后分封"。分封的谁呢？"故有夏后氏、有扈氏、有男氏……"一串儿，我就不给大家列出来了。但是具体情况不详。倒是周王朝，我们可以根据史料了解分封的大概情形。这就是孔子为什么一方面说："夏礼，吾能言之，杞不足征也。"杞，就是夏分封的国家，他的子弟。"殷礼，吾能言之，宋不足征也。"周武王把商灭了，就让商的遗民都到现在河南的商丘，给立个宋国，春秋的宋国就是商的后代。为什么称为宋呢，因为原来殷商就封了一个宋国。"不足征也"，为什么呢？"文献不足故也。"如果文献够的话，"吾能征之矣"，我能来向你叙述了。可见，孔夫子那个时候文献就不多。这文献不足是什么原因呢？很可能那个时候还没有文字，还结绳记事呢。所以说夏的情况，商的情况，我们现在难以说算分封，但是，无论是《夏本纪》，还是出土的，比如说甲骨文，以及其他的文献，都证明当时靠血亲分封来统一国家。但是它的地域多广呢？不过就是河南的北部或者是陕西的那么一块地方啊，地域不广啊。同时，"殷因于夏礼（是从夏礼那儿因袭下来的），所损益可知也"。增个什么，添个什么，有继承，有发展。"周因于殷礼，所损益可知也"。也就是在孔子的时代，对于这个礼——所谓礼，最重要的就是如何靠着血亲、血缘来管理国家和它相应的制度——这个损益增添，还是多少知道一些的，因为咱们还有传说。我刚才说了，周代我们比较清楚，史料比较丰富，但是西周经过几百年以后，地域扩大了，子孙越来越多了。还有一点，周天子只是掌握祭天和祭祖之权，天子么，祭祖从周文王、周武王、周成王这一支下来的都是嫡系老大，然后底下就分诸侯，谁都不能祭共同的始祖，要祭你就祭你分出去的那个始祖，那已经是小辈儿的了。诸侯们管什么呢，诸侯国内的立法、生杀大权、军事、税收。税收是不上交的，只是朝礼、朝聘的时候送点儿礼，不过几匹马，一些丝织品，几块玉。那么周天子靠什么？靠王畿，王都周围的地区是他的税收区。可是周天子还要不断地赏赐给服侍自己的大臣，有功劳，给你一块地，生出八个儿子，这块地给你，那块地给他，越分越少。最后王畿没有多大了。诸侯呢？早是八辈子前的亲戚了，于是周衰落。当时狄人不断地侵犯王畿，周待不住了，于是西周就东迁，就成为东周。所以到了《左传》隐公六年，就有这话："我周之东迁，晋郑焉依。"我，周；东迁，迁到东方；晋郑焉依，是宾语前置，是依晋、郑的意思。晋和郑原来都是小诸侯国，现在都发展成大强国了，我东迁是靠着他们，贴着他们，离他们近，仰仗着他们。东周已经沦落到这种程度了。所谓的分封制，主要是同姓的分封，商的遗老遗少，周为了安抚他们，也会给他们分封，他们的力量和同姓的诸侯是不成比例的。只要受封者成为诸侯国就自成体系，百官俱备，神权、军权、财权完全自理，这样就造成了王室的相对衰落。这些诸侯国呢，为了扩大自己的势力，于是弱肉强食，这就开始了战国时代。孟子有"春秋无义战"之说。没有一场战争是什么正义不正义的，就是争夺。

秦统一中国前，在它还是一个战国的大国的时候，"惩以周弊"，从秦穆公开始就没有像山东六国那样大封子弟，而是大量地利用客卿。他国的人到这儿来做官，从外边来的，所以他是客；做官，所以叫卿。秦始皇统一中国以后，废诸侯分封制，实行郡县制。郡县制相对于诸侯分封制的本质特点是皇家子弟在集权的朝廷上没有了特权。即使有耕地，也要受地方官的管理和监视。地方官不论血统，由朝廷任命，而且直接对朝廷负责。显然，这就在最大限度上杜绝了拥兵坐大的机会。因为官员是任命的，有任期。我可以调你，可以一根竹片就免你。如果是血缘的关系他不好办呐，不犯罪的话不能免，不能废的。因为血缘这个事实你是免不了的，在血液里的啊。所以从诸侯封建到实行郡县制，这在中国政治史上是一次重要的飞跃。秦以后的两千年基本上都是沿袭了这个制度。历史史实证明，它适合以小农经济为主体的封建社会。

这在当时是一个新事物，必然遭到过去血统高贵者的抵制和反对。秦时间很短，它的灭亡是六国旧贵族和农民起义群起而攻之的结果。到了汉初，习惯势力，当然首先是齐、楚、燕、韩、赵、魏这六国旧贵族的势力，原来是作威作福的，一夜之间成了平民，是不甘心的。但是不限于此，由于长期的文化浸润，连老百姓也是观念深入。当然那个时候的具体情况咱们不清楚，司马迁也没有写得那么细，但是六国子弟在老百姓当中有号召力，这点从《史记》里还看得出来。清末民初的情况也能从旁说明。你们看过鲁迅关于剪辫子前后风波的描写了吧，《阿Q正传》里头也有。那都是汉民，并不是满族。但是长期以来灌输的皇权思想，认为皇帝是顶梁柱，他要塌了，中国就完了。跟你有什么相干呢？你住在绍兴，他在北京城。清朝一亡，痛哭流涕啊，剪辫子？绝对不行啊。你说如果现在咱们的学生拖着个大辫子，好看吗？剪掉多好啊。所以所谓习惯势力，不要只看到老贵族，老百姓也是它的土壤。为什么项羽一呼，那么多人响应啊？不都是贵族，多半是老百姓。秦之后，楚汉之争。楚汉之争平定以后就会从这种故态中表现出习惯势力。刘邦为了稳定政权，不得不向这种势力妥协，大封功臣。在刘邦的创业史上，有这样一段故事：有一个儒生，叫郦食其，劝刘邦，说你呀该分封山东六国之后，去找燕国的贵族还有没有，立他为燕王；楚有没有，立为楚王；齐立为齐王。为什么这样呢，这样的话，六国的人都会归到你所立的诸侯的旗下，而这六国的贵族又都听你的，你一声号令，天下就可以得到了。你看它透露的信息：立了六国诸侯的后裔，当地老百姓就汇集到贵族旗下，说明当时的习惯势力多么根深蒂固。刘邦就听信了，而且让人马上去刻印章。郦食其达到自己的目的了，退下。这个时候，张良进来了。刘邦就把郦食其的计策告诉了张良。张良就说，这样的话，你将无法也无力来制辖住诸侯，尾大不掉啊。六国地方都分了，兵都分了，你刘邦就是一个光杆司令，手里没有兵权，没有财权，谁听你的？所以他得出一个结论："大王之势去矣。"您的好事儿完了。刘邦醒悟了，大骂："竖儒，几误而公事。"臭知识分子，差点儿误了你老爹的事儿。然后把刻好的印赶紧销毁。

这段故事，讲文学的不去细分析它，只说刘邦的形象，你看多活灵活现；讲历史的也不讲它。我们现在从文化学的观点看，这是一个新旧文化势力的斗争。汉朝建立了，刘邦就做了皇帝。这个时候，萧何、张良，跟着刘邦一起起事的人都已经受封，其他人，功臣、战将就情绪不安了。这些人都是农民出身，有的是杀猪的，有的是卖什么的，文化教养不高，就在外边嚷嚷。萧何来了，刘邦就问他们嚷嚷什么呢，萧何说："在谋反。""怎么谋反呢？刚刚坐稳天下谋什么反呢？"萧何赶紧给他出主意，说："你看你封的，全是我们这样的人。他们跟着你，那个时候你也不过就是一个亭长，率兵了，这些人梗脾气，有的时候跟你呛呛两句，有的时候骂你两句，有的时候你下命令他不听。他们也都立过功，封了我们没封他们，人家心里第一是不满，第二是担心，没准儿你做了皇帝，想起旧仇来了。张三骂过我，宰了。李四瞪过我一眼，发配。"刘邦说："那怎么办呢？"说："你就封他们为侯，不就安定了？""那封谁呢？"萧何说："陛下想想，你最不喜欢谁？最想惩办谁？"刘邦想了想，"雍齿这小子的脾气坏，好几次顶撞我，我恨不得把他杀了。"萧何说："你就先封他，连他都封了，你想别人不就不着急了吗？"刘邦就首先封了雍齿。这个故事实际上讲的是刘邦的让步。从稳定政权的需要，从社会需要稳定，人民需要休养生息的角度说，他这个措施是对的；但是从历史的发展趋势来说，刘邦这段时间是开了历史的倒车。有没有明白人呢？有，这就是到了汉文帝时候的贾谊。贾谊，才子啊，看出来了，所以他就建议，这诸侯国，你要削封，不然不得了。向汉文帝建议，汉文帝刚刚在动乱当中当上皇帝，他坐这把龙椅还不太稳当，没有自己的势力。因此文帝就没采纳。贾谊的一些主张、对策出来以后，那些大臣、诸侯们、列侯们能答应吗？吵吵嚷嚷，就说他的坏话。不得已就把贾谊派往长沙，做长沙王的师傅。后来长沙王又骑马摔死了，他作为师傅，没有尽到责任，郁郁而终。这之前文帝曾经召他进宫，贾谊很得意，皇帝已经向我讨计策了。没想到文帝跟他"不问苍生问鬼神"。这是后人的诗，说他这一生可怜呐，文帝很虔诚，很诚恳啊，谈到半夜，不知不觉把坐着的席垫往贾谊身边移，越谈越亲热。但是不谈正经事。为什么？文帝不是傻瓜，当时动不了手啊。我说了这么多，就是要说明一种文化的习惯势力是最可怕的。当一个新事物出来之后，不断地反对，而且多次地反复。但是大势所趋，必须实行郡县制，否则农业社会、国家稳定不了。经过这样的斗争，最后，郡县制确立了。后来还有侯的名义，不过就是几百户。这几百户也是名义的。史书上有："封某某人为什么什么侯，五百户，实封二百户。"同时侯还定期向地方官汇报，地方官可以检查他的工作，而且可以举报。不礼，皇后死了，哭得不真诚，贬！这就是一种"封"建的装潢。说到这儿，我们要说，封建的本意是分土而封，而且主要分同姓，按血缘。我们后代说的封建社会是借用当初封建诸侯这样一个词来称呼，实际上汉以后的社会已经不是原始意义上的封建社会了。这一点我们要清楚。钱穆先生有点学究气，他说现在都说清以前是封建社会。不对，从汉朝就不是封建社会了。他是把两个概念闹混了。这是我说的第四个问题。

（整理者：郭龙生）

中华文化源流概述(下)※

上一次我们把第四个问题讲完了。作为这次课的开始，我跟大家一起回顾一下。第四个问题讲的是从封建到郡县，实际上讲的是帝王和政府的关系。概括起来说就是在封建制的时代，帝王自身就是政府，到了郡县制之后，实际上起了一个质的变化。虽然政府依然以皇帝的意志为他行政的指导思想，但是毕竟帝王不等于政府了。政府的代表是谁？是丞相、宰相、国相，到清代就是内阁大学士。这样的一个变化所起到的作用是：一方面让普通市民能够有机会参与到政治上来。什么途径呢？就是第五个问题要讲的科举。这样，统治阶层可以常换常新。如果完全是照周代那样靠血缘、血统，就只能是萎缩。君子之泽，五世而斩嘛。这是一个变化。再一个变化，这批人是从市民当中升起的，他了解国家情况，也体察国家的不平衡啊，多变的情况啊，老百姓的疾苦在一定程度上能够反映到决策者那里。通观历史，并不是皇帝的某种意志都能实现的。这就是由于政府——在古代叫六卿，后来就是台、省、各个部——和皇帝的想法有距离，

※ 2000年4月26日在北京师范大学汉语文化学院的演讲，听众为汉语文化学院全体师生、中文系部分师生。

这就起到一个相互制约的作用。当然，有的时候是妥协；有的时候是宰相被罢官，皇帝的意志畅通无阻；当然也有的时候就把皇帝搞成傀儡或者搞掉了。总而言之，就在这样的一个体制下，他们上下求得平衡。这样一个相对的平衡就能让一个朝代延续。为什么中国的朝代动辄几百年呢？和这个因素是有关的。我们分析了血缘的力量在疆域扩大之后必然减弱。周代的分封是很细腻的。所谓细腻，就是所有的王子、王弟都要封。然后，王子的儿子又要封，越分越细，其结果是被分封的逐渐强大起来；周王朝的中心相对削弱。削弱之后，周之东迁。为什么秦朝实行郡县制呢？就是由于周代的教训。这一点我认为是在中国政治史上的一个质的飞跃。不要小看这个事情。我为什么在这儿强调这一点呢？因为是我觉得过去说什么统一文字啊，书同文，车同轨啊，这些讲得多，而秦始皇实行郡县制讲得少，掩盖了郡县制的贡献。这样一个新的制度自然有既得利益集团和即将凭着血缘得利益的人成为天然的一种反对力量，而沉淀在全民当中的习惯势力，就和既得利益集团以及可能得到原来利益的集团结合起来，造成历史上的反复。这就是汉初刘邦分封同姓子弟的根本性原因。但是毕竟大势所趋，郡县制以它的强大的生命力在中国的土地上站稳了脚跟，所以历代都实行的是这种制度。

五　庶士—世族—士臣

这一节实际上是讲"士"——也就是平民中的知识阶层——和政权的关系。

上次我用了一半的时间讲了一半的内容，但是从篇幅上只讲了三分之一。今天三个多小时要讲相当于上次一倍的内容，所以只好不再发挥，尽量本着我的提纲给大家说完。

和由封建诸侯演变到郡县制相应的是从秦代开始的文官制度。中国是世界上文官制度的发源地，或者说，文官制度是中国的发明。凡是我们看到古书上说到春秋时期的"百姓"，并不是今天的含义，是指的贵族。凡是进入政权，包括军事的——因为在春秋时期、战国时期，军政是不分的——都必须是贵族。所以大家看《左传》，每次打仗之前，要选上军将，上军佐，中军将，中军佐。中军是最大的，中军将是帅。谁驾车，谁做甲士，这些点到名字的人，全都是贵族。打仗的时候，任命谁做中军将，谁做中军佐，他就带着自己的家族，组成中军的两支部队。谁做上军将、上军佐也一样，都是带着自己家族的武装。至于说不在车上，在地上跑的，就都是奴隶。所以有一定职位的一定是贵族。在周代，无论是姬姓的嫡系还是庶支，都在不断地繁衍，于是大量庶出的贵族或者进入各个诸侯国的各级政权机构，或者流落到社会的底层。这就是血缘作用逐渐淡化的过程。无论是作为下层官员，还是游离在政权之外，这些人都是庶士。为什么叫"庶"？"庶"的意思是"众"。中国人的观念，除了"一"就是"多"，在观念上是三为众，三为多。因此一对夫妇生了两个儿子，老大就为"嫡"，老二就为"庶"。"二"不能说"众"，为什么老二叫"庶"呢？因为夫妇生孩子不能计划，那个时候没有计划生育，你知道他生几个？所以第一个是嫡，以后下来的就可能是二、三、四、五，就统统称为"庶"。"庶"就是"众"。所以《论语》上写孔子到了卫国，感叹："庶矣哉（哎呀，人口真多呀）！"弟子冉有给他赶车，就问他："既庶矣，何以加之？""富之。"说："既富矣，何以加之（如果已经富了，要施政的话，还要怎么做呢）？""教之。"所以首先是繁殖人口，接着让他富足，富足之后就要教之。"庶矣哉"就是"多矣哉""众矣哉"。庶士就是众多的士，继承的人是少数，其他就为庶。

　　从战国时代起就有了文官制度的萌芽。这就是养士的制度。被养的士，没有地域、国别和家族的界限，遇到知遇者，就可以为他服务。当然，被养的士这群人非常复杂，有纵横家，有游侠，也有只有一技之长的鸡鸣狗盗之徒。读过《史记》和《战国策》的都知道，这些人共同的特点是脱离了土地耕作。他们的来源也不单纯，有的是新近没落的贵族，有的如果追寻到很久以前也是王室或者诸侯的后裔。总之，这个时候的庶士、养士，是春秋的庶士的发展。开始的时候，士还不能担任官职，是被当政者养着的"帮忙"（这里我用的是鲁迅的词儿"帮忙""帮闲"）。说到这儿，我不想横生枝杈，因为时间限制，但是又忍不住。中国的语言，很有意思。看这里的构词，这个"帮忙"是什么关系？动宾？帮那个忙人。帮困、帮闲，结构相同，意义关系却不同。动补？帮了就忙，就困难，那就别帮了。这种结构，计算机无法懂。要解决，就要从语义上着手。我一下子由中国文化跳到中文信息处理啦。回来还说我们的文化。被养的士毕竟突破了没有贵族的血统就成为奴仆和只有贵族才可以涉足国家、涉足贵族家务的这种局限，为以后的士开辟了道路。

　　战国后期纵横家可以腰挂帅印，掌握国政，称为

"客卿"。这是从秦国——战国的秦——开始的，可以说客卿是文官制度的滥觞。养士的特点是备用。大家都知道毛遂自荐的故事。他就说，我就是个锥子，现在放到囊里，你用我我就可以脱颖而出。备用就是平时不用的，到急的时候才用。可是到了秦朝士就被任命为县令、县长，这个时候已经是实际用的，而不是备用的了，也不是只管某些方面的事务，而是全面负责全国或者一个地区的政务。这个时候的任命是由皇帝和国相的意志决定的，没有一定的程序和标准，也就是封建诸侯制的那种弊病还在遗传。但是不管成熟不成熟，完备不完备，文官制度毕竟已经开始了。文官制度可以吸引众多优秀人才进入政权机构。文官由于没有先天的可以依赖的特权——也就是血缘、血统，比较容易兢兢业业，体现了中国文化中伦理道德的追求。贵胄子弟很难体现这个要求。历代选举或者科举，对人的德的要求很高。虽然有很多时候是虚伪的，但是真诚的士人也不少，这就是中国的封建制度和中国文化的精神得以绵延的重要原因。所以研究中国历史和文化不能不注意中国的文官制度。我概括起来说就是，由于文官是从士里经过自己努力考上去的，不是靠着某种先天因素，又因为他们的地位可以随时被剥夺，因此就兢兢业业，同时对自己道德修养的要求很高。正是因为这样，中华文化的"德"就集中在士的身上。士不断绝，中华文化就不会断绝。我说的是这个意思还同另外一个问题有关，这就是文官承担着文化传播的任务。这个下面再说。

　　文官制度包括了官员的选择、录用、职责、义务、奖惩、陟黜等一系列问题。和文化关系最为密切的是选择录用的方法，也就是科举制。汉重新统一天下，稳定之后就实行了选举制。古书上的选举和今天我们所说的全民选举的选举完全不一样。选举制，就是由地方官在本地遴"选"人才，向朝廷推"举"，选然后举。《汉书·高帝纪》记载：汉高祖十一年，下诏命让郡守"劝有意明德者"（鼓励有意倡明道德者）到相国府报道，从家乡到首都的交通费用由政府提供。汉文帝十五年，命令诸侯王公卿郡守举贤良。"举贤良"这个词在中国用了两千年。汉武帝元光元年命令郡国（郡，指的是郡县制的郡，国，就是封的诸侯，小诸侯，在当时郡和国同级）举孝廉各一人。孝一人，廉一人。孝廉也是一个用了两千年的词。元朔五年，又下诏书，补博士弟子。大家都知道，汉代五经设博士，博士可以带弟子。弟子有多少员、多少人是一定的。这个时候增加博士名额，扩招。从汉高祖到汉武帝，古代选举的三个主要科目是什么呢？孝廉、贤良、博士弟子。你看，汉高祖是孝廉，到汉文帝是贤良，到汉武帝是博士弟子，这三个逐步齐备了。士被举荐到朝廷之后要进行策问。策就是竹策、简策，策问就是皇帝提问题，这些孝廉啊，贤良啊，博士弟子啊在策上回答。这带有考试的意思，也有征求对政府施政的批评建议的意思。有策问是从这个时候开始的，从这个时候开始就把举与考结合起来了。这个制度就一直实行到唐代科举取士才终止。

魏晋的时候形成了"九品中正"制。"九品中正"，表面上依然是州郡选而举之，把人分成九品：上上、上中、上下，中上、中中、中下，下上、下中、下下。你认为他是哪一品就推荐上去。谁来举荐呢？不是州郡的官员，是贤而有识者。一说到贤而有识者，没标准啊，地方势力、大的家族就很容易垄断，于是就变成了少数人品评所有的家庭和所有的士人。现在推荐还走后门呢,"举贤不避亲"呐,真是不避亲呐。你想想倒退两千年,会是什么样子?因此,当时流行的一句话就是:"上品无寒门,下品无世族。"当时的豪门,你推举我,我推举你,真正扛着锄头苦读的谁推举啊。"世族"这个词很重要,标题中有,是世世代代的望族,暴发的不能叫世族。这样就失去了当初选举的本意,又向着按照血缘而定世族的老路回归了。历史的道路就是曲曲弯弯的。"九品中正"的具体实施,南北朝的各个朝代有所不问,但是实质不变,直到隋文帝重新统一中国才终止。

　　唐初沿用的隋制。隋代举试的科目非常多,到唐代开元年间,乡试、乡贡的考试科目才比较完备而稳定。有关这个方面的史实,大家可以看新旧《唐书》的"选举志",如果要集中地看,可以看《通志》。到开元年间,首先在乡里考试,由乡里推荐,它不叫荐,它叫贡———一会儿我再说这个词。同时考试科目既然比较完备而且稳定了,这样就基本形成了中国一千多年科举取士的制度。以后不过是在这个基础上愈益严密而已。为什么叫科举?科是科目。这个科目不是我们考博士生要考三门课程的那种科目,是不同的专业。所以,科举包含的内容是既有继承又有发展。

　　这里要说明一个一般史学家常常忽略不提的问题,就是刚才我留下没讲的乡贡的"贡"。这个制度一直延续到后代,是人们所熟知的。可是为什么叫作"贡"呢,原来最初地方官向朝廷推荐人才是把人才和贡物同样看待的。江西专出黑骨鸡,送几只黑骨鸡,再送一个人才;山西的小米好,一口袋小米和一个出色的人才一块儿进贡。唐高祖即位以后,曾经下了这样一道诏书：诸州明经（这是一科）、秀才（一科）、俊士（一科）、进士（一科），这四类人当中，明于理为乡里所称的来考试，考中了的由州长重新复核，每年随着方物（地方特产）入贡。左拾遗刘承庆上疏："伏见比年以来（伏，表示尊敬，说我是趴着说的，我看连续几年以来），诸州所贡物元日（指正月十五）皆陈在御前（您皇帝的面前），贡人（被贡的才子们）独于朝堂列拜（在院子里列拜）。则金帛羽毛升于玉阶之下，贤良文学弃于金门之外，所谓贵财而贱义，重物而轻人。伏请贡人元日列在方物之前，以备之礼。""准奏。"从此，被进贡的人就排在了猫啊、狗啊、鸟啊之前站在第一排了。为什么我说这个故事？说明科举制度形成了，社会的观念对人的看法依然如故，还需要在以后不断地改进。士的地位不是一有了科举就一步到了天上，还需要继续往上走。电影、电视剧都说武则天怎么怎么不好，野史小说更把她骂得一塌糊涂，可是刘承庆的疏就是给武则天的，武则天"恩准"，说明武则天还比以前的皇帝好点儿，让士子排到第一排呐。后代许多的读者对唐代科举制度的完善给予了高度的评价，但是忽略了"被举之士等同于方物"这一事实似乎是个欠缺。

朝廷既然要举士，就要有标准。为了统一士子的思想，也需要有标准，因而历代都规定了考试的范围，到唐代就更规定了必读的书目，设置了官学。官学者，就是朝廷设置的学校。读书，科举，就成了平民晋身的唯一出路，士子通过科举进入政府成了朝廷官员的主要来源。社会之所以能够长期稳定，和这一制度的不断延续有着直接的关系。

现在我要说到文化的传承，就是刚才我留下的一个话题：除了文官是中华传统道德的集中体现之外，文官的一项重要任务就是教化百姓。这项工作从当时的需要看，是为了统一全民的思想，稳定国家和社会；从历史发展的角度看，则是文化的普及和传播。董仲舒早在汉代就看出来了。他说："今之郡守、县令，民之师帅（师是老师，帅是统帅），所使承流而宣化也。"[1] 实际上这是对后来的文官这项职责的定义。在科举制度没有定型之前，地方官员举荐人才的任务也属于教化之列。因为举荐谁为孝廉、贤良，等于给地方树榜样，虽然可以作假，但是宣传的时候说的是好的，反正老百姓也不知就里。比如说在家是打爹、打妈，推荐材料可以写得多么孝啊，老百姓哪儿知道他家里的事情？所以选举本身就起到一个树标兵的作用，也是一种教化。但是这毕竟不是文官自己在进行教化。等到科举定型以后，地方官就是县学、乡师的领导。县学，县里办的学校；乡师，乡间的老师，总领导就是地方官。全国各级政府是一个大的系统，政府官员负责教育的工作和教化百姓，这就使从中央到穷乡僻壤的教育和教化有了一个完整严密的系统。大家在学习中国历史或文学史的时候，常常读到历代一些大文豪做地方官时对当地进行教化的记载，或许误会为这是这些了不起的人的了不起的业绩。比如柳宗元的墓志铭，说柳宗元在柳州如何提倡教化；读韩愈的传，说他在潮州怎么样提倡办学，会以为在上千、上百个官员里就他们几个在那里办学，真了不起。其实是误会。所有的官员都得这样做，不做是要罢官的。有的人做得好，有的人做得差一点儿；有的人给他记录下

---

[1] 《汉书·董仲舒传》。

来了，有的人没给记录下来。柳宗元幸亏有韩愈这么一个好朋友，写了一篇《柳子厚墓志铭》，大家知道了。有的人没这么好的、阔的朋友，干完也就完了，顶多在县志里记上一笔。我们现在到即使是很落后贫穷的县里去，常常可以看到县学的遗迹，或者在县志当中可以看到该县历史上教育的情况或文人的事迹，就可以想见当年地方官员是如何履行这一职责的。当时许多知识分子愿意做官，不要以为他们当官就是为了发财，其中也有不少人是抱着以自己的所学教化一方的宏愿来做官的。近代一些民主先驱当年提出教育报国并且努力实践，它的源头就是来源于中国知识分子的这种历史传统。因此我们应该说，中华文化之所以达及四裔，深入人心，历尽磨难而从不中断，中国的文官制度起了很大的作用。

官学重经学，怎么也得有一定的标准，最早的标准就是古代经书，援古治今。沿袭久了，读书人一方面能够尊重正统，另一方面思想也容易走入保守——非圣人之书不敢观，非圣人之言不敢道，非古已有之之事不敢为。可是时代不断前进，学说与思想也需要不断更新，这时候就有好学深思的学人体察社会的动态，思虑天人之变。可是官学不足以回答种种深层次的疑难，于是杰出的人就创立新说。学说一出自然得到他人的呼应，于是就形成了学派；有跟着他学习研究的，于是就出现了私学。其实私学的兴起并不比官学迟。孔子授徒就是私学的典型。当时周代也有"教国子"的制度，《周礼》上有。孔子的有教无类，"自行束修以上，吾未尝无诲焉"。[①] 他的私学，也是因为

---

① 《论语·述而》。

教国子那套不够他发挥的了，一办私学，他形成了自己的学派。秦火之后，典籍散逸，汉初经书也是靠私学传授传下来的。等到经过汉武帝采纳董仲舒的学说，定儒学为一尊，这才立了博士，招收了博士弟子，这才成为官学。这个时候的官学是今文经学。到汉景帝的时候，古文经典被发现了，就形成了古文经学。可是，朝廷不承认，因而古文经学的流传一直是私学（这里我岔开一句，清朝所以小学发达，文字、声韵、训诂发达，就是因为有古文学派。如果没有汉朝的私学，就没有今天我们对经典的正确的理解）。六朝社会动荡，还没有形成较正规的官学。学术的发展和传播主要也是靠私学。隋唐时代，官学发达了，科举嘛；私学不明显或者不突出，但是也并没有断绝。脍炙人口的韩愈的《师说》和柳宗元《答韦中立论师道书》，就可以说明在唐代私学的生命力。后来，书院出现了。大家熟知的岳麓书院呐、白鹿书院呐、紫阳书院，等等，都是历代的遗迹。书院发展了，甚至可以跟官学比肩了。进私学的目的不在直接进入仕途，而在于学问的长进和道德的修养。所以能在私学里为师，最重要的是道德文章的一致，单有学问是不行的。说是某人在哪儿办了个书院，或某人在哪个书院当了山长，很多士子背着个小铺盖卷儿，夹着几本书，走上上月的路，风餐露宿，去到书院读书，在很大程度上就是仰慕这个书院山长的名，就慕他的名，一是他的学问，二是人品。一个鸡鸣狗盗之徒，虽然论文发表不少，做书院的山长，没人来。这个在封建社会是绝对的。所以到现在状元不值钱，书院的山长在今天看来他的人品全是站得住的。朱熹呀，王阳明呀，都是办书院的人。他自己的学说，他自己身体力行。这是中国历史上私学的一大特征。当然，在这个书院里受老师道德的熏陶，接受了他的学问，德才兼备了，也不排除将来进入仕途，但他的初衷不是。而且一般的书院采取的教学方法也和今天的我们不太一样：自学为主，然后同学之间研讨；教授们呐，作专题报告。所以书院并不是满堂灌，书院出来的人常常思想非常活跃。有的时候书院就成了政治上的一派。明朝的东林就是一支政治力量。有一句咱们大家都熟悉的古话，最集中地体现了私学的师生的精神，这就是"穷则独善其身，达则兼济天下"。穷，是走投无路，不是没钱。那就是首先培养自己的德与学，路走通了，我站在一定的高位，有了一定的权力了，我为天下服务，让天下都好起来；路走不通了，穷了，回家独善其身，继续修养我的道德，继续读我的书，研究我的学问。其实这个思想来源于孔子："用之则行，舍之则藏。"① 中国知识分子这样一个传统之所以能传下来，和私学有莫大的关系。做官的人有的也有这种思想，但是，私学体现得更为集中。从私学的沉浮和仕途的关系看，它和官学并不是平行发展的，但是对于中国学术思想和民族精神的凝聚与提高所起的作用看，私学反而大于官学。它在向朝廷输送人才方面也并不差。在我们考察中国政治制度的时候，特别是在考察中国政府机构的演变的时候，对私学也要给予应有的注意。进入政府的人，从贵族的下层，也就是从庶士，发展到游士，到世族，再到士臣；选择人员的方法从世袭，到选举，再到科举，这个过程不但反映了封建社会政权内部的变化和中国文官制度从发生到完善的过程，也体现了

---

① 《论语·述而》。

古代知识分子和政权的关系，以及体现了入世精神——这个入世可不是WTO啊。

我上次提到，英国的著名历史学家汤恩比，他说过："中国这种大一统的国家，治理国家的传统制度，知道让这个制度怎么样运转的文职人员，儒家思想熏陶下的贵族作为文职人员长期招募，所有这些就构成了一个绝无仅有的完整伟大的体制。这个体制的连续性即使在中华文明的其他要素发生严重断裂的情况下也没有出现过任何中断。"这是汤恩比对中国文官制度的评价，这个评价不是他个人的。大家都知道，在西方国家，文官制度首先实行的是英国。英国的所有历史学家，包括英国政府的官员都承认，英国的文官制度是从中国学去的。在这之前，英国原来是政教合一，在罗马教廷的改革之前，神职人员就是政府，就是权力的所有者。宗教和贵族互相地倾轧，今天你上来，明天我下来，一直折腾。后来开始进入资本主义社会，就开始觉得既不能用贵族，也不能用神职人员。怎么办？从平民里选。这个时候就把中国的经验拿去了。开始实行的时候，也不是现在的这个制度，和中国古代的选举制度——科举制度非常相像，后来逐步完善。我们中国呢，又要从头做起，现在又要学习人家。这是历史的必然。常有这种现象：老师有的时候要向当初自己的学生学习。这是我说的第五点。下面一个题目我们讲：

六　百家—儒家；道学—理学

我要说的核心是：主体文化和其他文化的关系。关于主体文化和亚文化，上位文化和下位文化，我在上次《关于文化》那个讲演里有，不说了。周武王，靠对天命祖宗的崇拜，灭掉了殷商，统治了天下。周天子以"受天明命"[①]和作为周的宗主享有至高无上的权威。他的权威主要体现在两项上：一是主祭祀，祭祀大权在自己手里，祭天和祭祖；二是掌征伐。周王朝衰落了，实际上是天命和祖宗的权威的下降。此后，历代皇帝依然以天命自任，其实对社会的影响力量已经越来越小了，越来越成为强加于社会的概念，成为一种习惯了。这个大家应该有实践经验。特别是从农村来的教师，年轻的时候恐怕都知道，祖母啊、外婆啊，过年过节的时候，烧纸、烧香、祭天啊，你真问她，这天是管什么的，她说不上来。天是什么样？那老天爷到底是男的女的？带胡子不带胡子？身高多少？体重多少？她也说不上来。她就是模模糊糊的。这是跟几千年的文化的沉淀，强加于老百姓的习惯是有关的。

　　天命和祖宗的权威既然不是绝对的了，于是探讨天人的关系，人和人之间的关系，这样各种思想就逐渐地出现了。在天命无常的时候，祖宗决定一切的时候，是不可能，不允许想到"天到底是什么东西？我跟它是什么关系？"等到这种权威降落了，人们才能开始探讨这些对于世界来说是带有根本性的问题。这在春秋已经出现了端倪。到了战国，周天子既然是一个虚设的象征了，各国诸侯各行其是，因此，活跃的思想有了成长的土壤，于是出现了中国学术的一个高峰，这就是百家争鸣。直到战国时代，离孔子已经有几百年了，儒家还只是百家之一，并没有特殊的地位。可是儒家的思想探讨主客观世界最为全面，它的学说更

[①]《史记·周本纪》。

具有普世性。比如，我们和现在能见到资料的农家、墨家、名家和后来的法家比较，就能明显地得出这个结论。同时，在孔子之后，儒家不断吸收其他各家的营养，让它具有了成为主流学派、它的思想成为中华文化骨干的条件。大家都知道荀子，荀子是儒法兼有。我们再看看法家的韩非，里边有很多儒家的东西，也就是各家互相吸收。但是由于儒家的根基是这样一个根基，所以它容易具备成为主流的条件。但是这个只是条件，还没有实现。这个时候出现了董仲舒。董仲舒是为了适应时代的需要才提出了他的学说。在他的学说当中，把孔子神化了，孔子成为一个人格神，有形象、有言论、有行动的一个人格神。董仲舒把孔子的学说推演为维护皇权神授的神秘的理论依据。这是儒家得以独尊，成为国家学说的另一个原因。而从文化和学术的角度讲，董仲舒的神化儒学则是一种倒退。比起我们上次所讲的孔子的"子不语怪力乱神"，"未能事生，焉能事死"，等等，应该说董仲舒是一种倒退。因此可以说，从它产生之日起就已经埋下了不能发展、终将回归的种子。可惜啊，我在看有关的文献的时候，这一点我们的学者没有谈到，我也没有时间再去深入研究。研究事物应该研究它内部的规律、内部的矛盾，我们常常归结于客观，这个是不全面的。董仲舒的学说终于随着汉王朝的灭亡而灭亡了。

接踵而至的是魏晋南北朝的纷争，天下混乱，自然给人民带来难以言尽的灾难。但是，在中国这样一个统一的大国，主体文化发达的国家，一时失去权威，反而给思想的活跃发展提供了一定的环境。现在我把南北朝分开说。北朝被非汉族统治，这些非汉族在入主中原之前已经在不同程度上汉化了。他们对汉文化的仰慕和统治北方的需要，促使他们提倡汉文化，启用汉人，特别是具有相当实力和影响力的旧族。但是，毕竟是非汉族的政权，对汉族旧族，是警惕和防备的，旧族也处于劣势的地位。对于旧族来说，他们最重要的优势是占有汉文化，最高统治者你得仰仗我。这些旧族从保持既有的地位和防止被同化出发，就要固守汉文化。这样，北朝实际上起到了保存和继续阐释传统文化的作用。今天我们所看到的，唐朝孔颖达（孔子的后人）主编的《五经正义》，除了《易经正义》，其引用的过去的解释，绝大部分都是北朝的。北朝的书都亡了，通过辑佚还能钩辑出一些来，可以想见当年北朝对传统文化的保存和阐释。南朝就不一样了。魏、晋相继亡国，宋、齐、梁、陈，皇朝交替，一方面，思想禁锢不复存在，董仲舒以来的儒学所引起的逆反让人们改向老庄等家那里寻求思想的出路；另一方面，社会的动荡，天下的事情给人以无常的认识，老、庄的学说恰好可以提供解释的理论依据。于是南朝160年（从刘宋开国至隋开皇元年计161年），如果加上东晋的103年，一共260多年，就形成了第二次的百家争鸣。玄学就成为这个时候的主流之学。玄学其实就是从老、庄那儿引发出来的哲学思辨。但是礼教——儒家的礼教之学也并没有完全销声匿迹。从儒学延续的角度看，这一时期南不如北；但是，从儒学的发展和中华文化整体的丰富、发展看，南朝有它自己的巨大的贡献，这就是突破了儒学的拘囿，思想再一次解放，吸收别家的思想。所以到后代整合的时候，再以儒家为主去整合的时候，就有了很多新鲜的东西，儒学又向前进了。没有南朝这个时候的活跃，单靠北朝那么传承是没有突破的。后世的道学、心学，其中无不有着南朝活跃的思想的影响。北朝和南朝两股文化思潮到隋唐合流，这是唐代能够出现中华文化高峰的重要原因。

唐的国力达到了中国前所未有的水平，据西方的经济学家测算，唐的GDP占全世界GDP的四分之三。到明代还占三分之一强，在当时的世界上也是最强大的。究其文化的原因，是因为它秉承了从先秦到南北朝的所有的营养，而且是融会贯通。早在汉末，佛教已经来华，但是由于中华文化重人世轻来世、重现实轻玄虚（中国人很讲实际，那种抽象的思辨我们不太喜欢。当然，这就有它的弱点，这个以前我讲过。佛教就不是这样，正是重来世、重玄虚）、重实在轻冥想（佛教是讲究冥想的，所谓坐禅入定，其实就是进入冥想的状态，最后达到无我）、重家庭轻个人——这是中华文化的特点——佛教跟这些正好相背，所以一直被和方术列在一起。方术是指什么呢？跳大神儿啊，闭着眼摸一摸，瘸子不瘸了，盲人不盲了，哑巴说话了，这些是方术。大家如果看《高僧传》这类的书，神话多了，天旱，只要他念念有词，大雨滂沱。当时西域来的高僧也用这一套，其实就是变魔术。当时中原的人就把它看成是方术，并不当成是一个宗教，所以没有产生很大的影响。到了唐代，佛教逐渐地实现了中华化，释迦牟尼的基本佛理和中华传统文化巧妙地结合起来，形成了中国佛教，这就是禅宗。同时佛教思想也为知识分子所吸收，不但为各种文化品种注入了新鲜的营养，同时也对儒学有所启发。

在这里我想举一两个例子加以说明。大家都知道，王维这个唐代大诗人，他的字是摩诘。为什么他起这样一个字呢？显然是借自己的名字叫维，而佛经里有一个菩萨的名字就叫"维摩诘",他把"维摩诘"拆成名和字。《新唐书·王维传》说:王维"兄弟皆笃志奉佛",但他的弟弟王缙是做了大官的。"贪不荤",这个"荤"我要说明一下,不仅仅是肉,也包括葱、蒜、姜等带异味性的东西。"衣不文采",你看和尚的衣服都是一个颜色,没绣花的。古人穿衣服一般人是要有色的,没有色的就没有文采。"丧妻不娶,孤居三十年。母亡",上表给皇帝,把自己的辋川闲居别墅改为供佛之所。《旧唐书·王维传》上说他在京师每天供养十几个名僧人,以玄谈为乐。退朝之后,焚香独坐,以禅诵为事。临终之际忽然要笔写和王缙告别的信,又写了几封和平生亲友告别的信,信上都是敦励朋友奉佛修心之旨,写完了,舍笔而绝。虔诚不虔诚啊!但是,这么一个人却是出名的孝子。母亲死了,他哀伤得不吃东西,哀毁到几乎要没命的程度。这种对母亲的孝和对佛的敬,在佛教里是绝对矛盾的。所谓出家就是割断了凡尘呐。看《红楼梦》中的宝玉不也是吗?剪去了那烦恼丝,什么爹妈,都不认识。我信佛,只认识释迦,其他都不认了。《杨家将》的故事里也有,到五台山去找杨五郎出来,不出来,不认识,我已经是尘外之人了。但是在王维身上,也就是在唐朝人身上,二者结合了——你可以是孝子,也可以是虔诚的佛教徒。这两年我到有些佛寺去跟方丈讨论佛学,见到年轻的法师,我就问:"回家没回家呀?""回家了。"我说:"你们回家怎么请假?""不,我们有探亲假。"好,这是佛理与中华文化的结合。我们现在来看王维的《鹿柴》。这是名句啊:"空山不见人,但闻人语响。返景(这个'景'是'影')入深林,复照青苔上。"《竹里馆》:"独坐幽篁里,弹琴复长啸。深林人不知,明月来相照。"写的什么呀?《辛夷坞》(辛夷是一种香草):"木末芙蓉花,山中发红萼。涧户寂无人,纷纷开且落。"这些诗都是写景的,这也就是我所说的情景的融合。这儿写的都是情,写的都是心,写的都是王维之心。王维什么心呢,就是当他读佛经,入禅理时,什么都没有了。看见夕阳,回照的反影,通过稀疏的枝叶,像花斑一样落在那个青苔上。深夜,独自长啸,只有明月相伴,芙蓉花,自开自落。如果大家读一点禅宗的语录、公案——语录就叫公案——就会感觉到,这不是在读王维的诗,这三首诗就是公案。整个儿写的是佛理、禅理。因为今天我们不是讲佛学,我不能太多地举证。

我们再看李白。大家都知道李白是一位浪漫派的诗人。不但他的《蜀道难》《将进酒》《梦游天姥吟留别》《行路难》《宣州谢朓楼饯别校书叔云》《庐山谣寄卢侍御虚舟》这样一些较长的诗篇有着和庄子相近的境界和想象,就是《望庐山瀑布》《黄鹤楼送孟浩然之广陵》《早发白帝城》等短篇,也会让我们联想到道家的物我齐一的思想境界。物是客观的,我是主观的。在李白的诗里常常流露出物我不分,把自己融化到自然里。自然就是我,我就是自然。咱们把杜甫和王维、李白放在一起,那么杜甫浓郁的儒家味道就显得更为鲜明。他的"致君尧舜上",宣言呐,这是《自京赴奉先县咏怀五百字》上的,他要通过自己的努力,让唐朝的皇帝达到尧、舜之上。尧、舜恰好是儒家所尊崇的古贤帝、圣帝。从他这样的一个抱负、宣言,到他思考问题的方式,以及歌颂贬斥的内容和标准,几乎无不在传统儒家的范围里。我举这三个人的例子为了什么?唐代是诗歌的顶峰时代。我们随便找这么三个诗人，是分别信奉儒释道的人，多元的倾向产生风格的多样，儒释道的思想精华提高了诗人作品的品位，这才构成了唐诗的百花园。唐代吸收了从远古一直到南北朝的所有营养，同时什么佛呀、道呀全都融合。今天来不及谈王维、李白、杜甫和比丘、道士、儒者的私人交往，只举王维的例子。以前我读王维，只读他的诗集，等到钻研佛学的时候才发现，王维为很多的高僧写过塔铭。和尚死了不是为他的骨殖建一个塔吗？少林寺不是有塔林吗？塔要有个铭啊，就像墓志铭似的要写一篇文章啊。王维干过这个。那写得真是不一般，真是佛理都参透了。这是释儒结合的形象体现。说起来，塔铭也是中华文化和佛教的相结合。你到印度找佛教的塔铭，没有。铭，人死了埋了，要埋一块石头，刻他的行状，这是中华文化。佛教来了，和尚死了也得来块塔铭——二者相结合。

另一个例子是道学。大家都知道韩愈是古文运动的主帅，并且以从孔子以来道统的正支自居。但是说老实话，韩愈（外加柳宗元等人）在儒学上并没有什么发展。韩愈曾经因为谏迎佛骨（这个佛骨就是这一次到台湾去看到的受到信徒崇拜的佛的舍利，佛指骨）被贬，所谓"夕贬潮阳路八千"。但后来，他又与僧侣往来，有题诗，甚至于给与和尚唱和诗的诗集写序。前人曾经讽刺他前后不一，也有的人为他辩解，有的人说那是假的，也有的人说，我们应该看诗的内容，而不要看他是给谁写的。我认为这种种辩护都不必，讽刺他也不必。佛教思想对社会的影响是客观存在；佛教思想严密的逻辑思维，对人世的独特的观察分析，是传统儒学所缺乏的，也是客观存在。因此佛学自有它吸引学者的地方。韩愈反对迎佛骨，是因为佛教

"口不言先王之法言，身不服先王之法服，不知君臣之义，父子之情"，因而说佛教是"伤风败俗""佛不足事"。这都是他的《谏佛骨表》上边的话。他并不是反对佛教，实际上他也不大了解佛教。一旦他对佛学有了了解，而且当佛教开始向中华传统文化做出让步的时候，像韩愈这样的儒学家，也就没有必要抵制它，甚至反而去接近它，从中汲取营养。所以我的结论是：韩愈是大学者。他不是盲目地排斥，即使和佛教接近，和佛教徒往还，向他们学习一些东西，和当初的《谏佛骨表》是自打嘴巴，他也敢于自我否定，因为它是新鲜的东西，里边有东西，要学。这就是大学者。

事实上，儒学的确从佛学中学到了不少东西。到了宋代，儒学以讲究一个"理"字而被称为理学。理学中有很多的思想与佛教一致，不同的只是表面的言辞而已。

二程（就是程颢和程颐）提出了"天理"的概念。天理，标志着理学的诞生。理学的最大特征是把儒家的注意力从主观世界和客观世界的统一上引到了更多地关注主观世界的探寻和修养，这实际上也就是佛教求得自身本有佛性学说的移植。

儒学延至宋代，演变为心性之学。"良知""正心诚意"是心性之学的核心。这与佛教的关系也是很明显的。钱穆先生说："良知之学，本是一套大众哲学、平民哲学。""这一风格，不从儒家来，实从释氏来。冲淡了儒家的政治性，渗透了佛教传统之社会性。"[①]我觉得，钱先生的说法非常好。

理学和心学，在宋明两朝都曾经成为主流文化的

---

① 《国史新论》，第 166—167 页。

核心，但是在元仁宗之前都是私学。到了 1303 年才被入主中原的蒙古人定为官学。真正成为显学，就是官学的显学，是到明朝。这是社会发展以后儒学所作的必要的调整和完善。以前我讲过，如果照这个方向发展下去，同时接受外来异质文化的挑战和刺激，逐渐地和以往一样，发挥中华文化宽容的特性，把一切于我有益的东西接受过来，相互交融，中华文化一定会进入一个新的阶段，开创一个新的局面。文化的进步与强大，也就会促进国家整体的进步与强大。可惜的是，明清两朝走了相反的一条路，以致国运日衰，从世界上最强大的国家变成了殖民地。

理学和后来的心学是怎样吸收佛学中的有用成分的，吸收了哪些，佛学又从儒学当中吸收了哪些东西，为什么儒学和佛学能有这样的结合，这种结合对传统的中华文化产生了什么样的影响，这些问题是很值得研究的。今天我们讲的是整个中华文化的源流，不可能在这些问题上展开，只好留待以后有机会再和大家一起探讨。

我说的这些问题都是当今中外学术界没有研究透彻的问题，都是我们的科研课题。

第六节我们所讲的就是从天命无常到思想解放，从周代到明代，西周衰落之后到战国，形成了百家争鸣。这里边就酝酿着儒家一枝独秀的原因。虽然这时它具备这条件了，客观条件到汉代才有。但是自汉代以来，为了眼前的需要，把儒学神化了。这样，思想禁锢了。换了一个神啊，原来是天呐，现在是孔啊，孔和天结合了。祖宗没了，天有了，天又和祖宗结合了。不是换神了，是神多了几个伙伴，换了衣服了。这样，周代式的对人思想的禁锢在汉代又出现了。等到随着王朝的破灭，权威破灭了，又出现了一次的百家争鸣。等到百家争鸣吸收了营养，储备了，一旦国家大一统出现，就出现了中华文化的，也是封建社会的顶峰——唐代。唐代的文化我们不说经济上的、军事上的，单说文化上的，它兴盛的原因，达到顶峰的原因，就是与多种文化的融合。这种融合不仅造成当代的顶峰，而且对于宋产生了非常大的影响，集中体现在理学和心学上。这是我讲的第六个问题。

到目前为止呐，我讲了六个题目：自然—人群—文化；家庭—家族—国家；宗教—礼制—礼俗；封建—郡县；庶士—世族—士臣；百家—儒学，道学—理学。这样六个题目，我是分别讲的。大家听了以后应该把它融汇起来。我实际上是讲了中国社会变迁当中的一般要素的变迁。中华文化在特定的自然环境孕育，一旦文化胚胎阶段出现了以后，它里边包含的因素，或者说就像我们现在动物、植物的胚胎里边含的基因，这基因是人和自然发生关系时产生的。然后再放大，再体现在人与人的关系上，就是家庭—家族—国家的关系。这个在基因基础上生成的东西也深入了民心，又成为民族文化的另一个基因。中国没有宗教，实际上原始的宗教形成了一种礼制，这种礼制变成了习俗，体现在所有的层面，所有的角落里。作为管辖这个社会的政治制度——从封建到郡县，为了维护封建到郡县，所以选人用人的制度必须与之相应，于是产生科举制度。我又把学术思想抽出来说，怎么从百家到儒家独尊的，儒家又有几个大的变化。大家把这些融汇起来，今后再看有关中国文化的书或中国历史、中国文学的东西，可能多一层思考或者思考的线索。

七　中华文化与其他文化的比较

比较，是认识和研究问题的基本方法。对中华文化，如果只认识和研究它是什么、它何以是什么，就还不足以认识它的特性、本质。因为本质就是此物区别于彼物的根本性特征。因此我们应该拿中华文化和其他文化进行比较。但是，这又是一个极大的课题。我是自找苦吃，在这五六个小时的讲演里把好多重大的问题，可能需要许多个学者写许多本书研究的问题，浓缩起来讲，什么都说不透彻，是不是自找苦吃呀？要把不同的文化放在一起进行比较，就需要对不同的文化有很深入的研究。我没有这个能力。在这里，我只能就几个重要问题作点粗浅的分析，谈谈自己的看法。

第一是在价值观方面。

在人类幼年时期所形成的各种文化，都是引导人们向着真善美前进的，这些真善美的主体也是大体一致的。这是人类的共性所决定的。这是各个文化之间对话、相互吸收，以至相互融合的基础。如果我们人类没有共性，各个文化之间没有共性的话，那就无法对话，无法相互吸收，无法融合。所以可以这么说，一个主体文化吸收哪一种异质文化多，有可能，不是绝对的，是它与那种异质文化的共性多，地理位置不是重要的。各个文化在这个方面的差异是大同下的小异，在共性下有小异，这小异就形成了不同的特色。

价值观方面的差异主要表现在对真善美的来源的认定、追求和维护真善美的方法，以及什么是真善美的细部。抓块泥土往下咽，哪个民族都觉得不美。大概是好看的、好吃的,这个人怎么样,各民族会有大体共同的认识。不同的是这些真善美哪儿来的,怎么去追求它?怎么去维护它?还有,真善美总的相同,到细部就可能不一样了。前面我已经说过,中华文化可以说是个没有宗教的文化。它的真善美的取向主要是通过伦理,通过个体的德,再具体说可能就是仁义礼智信,等等来体现的。在政治层面上就是我们讲过的宗教政治化、政治伦理化,在生活层面就是伦理的世俗化。在基督教(我也说过的,基督教来源于犹太教,后来又由基督教分出天主教)和伊斯兰教的历史上很长的时间里,都是政教合一的。及至现在,基督教国家和伊斯兰教国家还难以想象,如果他们的国家没有了宗教,国家将如何维持统一和稳定。这就和中华文化形成了鲜明的对照。我们难以想象,如果我们十三亿人都信一种宗教,这国家怎么办?他们愁的是我如果没了宗教怎么办?谁好谁坏呀?不分好坏,各有各的国情,但是有差异。中国人的基本观念,包括哲学观念,是从哪儿来的呢?是从人和自然、人与人的关系当中得出来的。和中华文化相反,基督教和伊斯兰教则是"天启"说,也就是世界是由神(这个神在基督教是上帝,在伊斯兰教是真主)创造的,因此人的意志、人所应该遵守的规矩,也都是超自然、超经验的神规定的,由神通过"先知"(在犹太教的早期叫先见,后来叫摩西,在伊斯兰教叫穆罕默德),由这些先知把"诫命"告诉人们,真善美的依据就是这些诫命。人们不再追问这些真善美的社会和生活的依据是什么。例如《旧约·出埃及记》第二十章:"神吩咐这一切的话,说:……当孝敬父母……不可杀人。不可奸淫。不可偷盗。不可作假证陷害人。不可贪恋人的房屋，也不可贪恋人的妻子、仆婢、牛驴并其他一切所有的。"这就是"摩西十诫"。伊斯兰教说："当时，我与以色列的后裔缔约，说：'你们应当只崇拜真主，并当孝敬父母，和睦亲戚，怜恤孤儿，赈济贫民，对人说善言……"①现在大家再想想中国古代书上劝人行善的言论，是什么呢？是你只有这样做，你才能得到道德的满足，你只有这样做别人才好，社会才好。它是从社会规律上来的。你不可随便进树林去砍树，要"以时入山林"，否则山上的树就光了；你不能随便地去捕鱼，网眼儿不能太小了，因为网眼儿太小了，连鱼苗都打光了，将来就没鱼了。这是从自然规律来的。而宗教就是上帝通过先知告诉你们，你们就这样做吧，社会的依据，生活的依据是不追求的。

基督教（以及它的来源——犹太教）和伊斯兰教都是一神论，都不容许崇拜偶像（佛教早期也是不崇拜偶像的，后来变了。基督教竖立十字架、圣母像等，是后来的事情），只有伊斯兰教到现在清真寺里什么像都没有。所以维吾尔族有句谚语，说许老师到五点半才下课，"我的肚子像清真寺了"，那意思是什么都没有了，饿了。这是谚语。因而这些宗教是绝对排他的，不许你信仰别的。大家看《圣经》里的《福音书》，若干"记"都写的是敌人打来，把本族的人杀得差不多了，由于什么，由于本族违背了上帝的诫命。他从这儿来找原因。种种诫命中最要紧的一条就是不许崇拜别的神，只要崇拜别的神准有灾难。这在《圣经》上比比皆是。正因为这样，所以汤恩比说过这样的一段话："不幸的是，基督教和伊斯兰教并没有佛教那种宽

---

① 《古兰经》第二章，第83节。

容传统。迄今为止，这两种宗教都要求自己的信徒绝对效忠。这两种宗教也都不愿意容忍任何别的宗教与自己共存。"① 而中国，以其在世界古今历史上绝无仅有的包容性，从不排斥任何真正的宗教。无宗教和容纳所有宗教是一个问题的两个方面，是辩证的统一。唯其度大能容，所以中华文化能够汇聚百川，不断地丰富。

佛教有所不同。其显著的特征是视人世为苦难，人生目的在于去蔽，求得解脱。人的感官和意识是六根，六根就染了六尘，六尘就形成六蔽，所以苦难，去掉这些蔽就解脱了。怎么解脱呢？解脱的途径在于"悟"，在于"明心"。本来是六根清净的，但是被六尘遮蔽了，也就是自身有佛性，你就需要去掉这些蔽，见到自己的本心，这本心就是佛性。实际上，用哲学的话说，这就叫作精神的自我超越。佛教也讲究普度众生，不是光自己好就行了，而普度众生的目的也在于自我精神的解脱。解脱别人的蔽，自己就升一层。这一点和李洪志不一样。李洪志是把他的"经"念多了、多出去闹事就上层次，那是胡说八道。佛教是引人向上，让别人也从痛苦中解脱出来。在这一点上佛教虽然不同于伊斯兰教和基督教，也和中华文化不同。中华文化是把利己和利人统一起来，并行不悖的。

第二个是宇宙观方面。

神创造世界说，是基督教和伊斯兰教的核心观念。在它的教义中还有一点是与中华文化截然不同的，就是契约说。契约说是从犹太教来的。犹太教认为上帝和世人立有契约，和上帝立有契约的人就是"上帝的

---

① 《历史研究》，第 265 页。

选民"。有些人误会这个"上帝的选民"的意思，以为是这些人投票选上帝呢，实际上是上帝所拣选的人，从万民当中选了一批人。《旧约·申命记》上有这样一段话："耶和华你的神从地上的万民中拣选你，特做自己的子民。耶和华专爱你们，拣选你们，并非因你们的人数多于别民，原来你们的人数，在万民中是最少的。只因耶和华爱你们，又因要守他向你们列祖所起的誓。"① 据说上帝先后和其选民中的先知诺亚、摩西、亚伯拉罕立约。诺亚就是诺亚方舟的那个人，也是订了契约的——你赶快做个船，什么时候要发大水，你坐上船之后将来你必须遵守什么。这样后裔就全是诺亚的后代了。上帝先后和他们三个人立约，这就是契约说。《圣经》旧约当中的"摩西十诫"就是摩西与上帝所定的契约，也就是犹太人世世代代应该遵守的律法。

和契约说有关的是救赎说，也就是世人生来就有罪，从老祖宗亚当、夏娃那儿就有罪，就有恶。以后也是，总违背上帝的诫命。上帝是来拯救世人的；世人的灾难是由于违背了和上帝的契约，只能用遵守律法、信仰唯一的神耶和华来赎自己的罪。《旧约·申命记》上说："你若听从耶和华你的神的话，谨守这律法书上所写的诫命、律例，又尽心尽性归向耶和华你的神，他必使你手里所办的一切事，并你身所生的、牲畜所下的、地土所产的，都绰绰有余。因为耶和华必再喜悦你，降福于你。"② 又说："我们若照耶和华我们的神所吩咐的一切诫命，谨守遵行，这就是我们的义

---

① 见《旧·申命记》第七章。
② 同上书，第三十章。

了。"① "义"，另一个版本翻译成德义。大家看，中国说"义"，义者，宜也，每个人在自己的位置上尽自己的义务就叫做"义"。德者，得也，就是自己和客观世界发生关系，从客观上所得到的东西化为内心的谓之"得"。但是，犹太教则认为只要遵守诫命了就是"义"。这个标准很清楚。在这种观念下，人是被动者，人性是恶的，人的意志、行为标准已经由上帝规定好了。所需要思考研究的只是如何领会上帝的诫命，结合眼前的现实决定自己的行动。

基督教国家比较早地实现了法治，严法而乏情，法很严，情比较薄，和中华文化恰成对比。我们是情太多了，法太不严了。这和他们的思想基础契约说是不是有关呢？这是应该研究的。我看了一些西方学者的东西，他们都没有回答这个问题。

佛教的天人观也就是它的宇宙生成论和本体论，它的基础和核心是"缘起说"。简单地说，佛教认为万物因缘而生而灭，也就是万事万物都在因果关系中。用佛经的话说，就是"有因有缘集世间，有因有缘世间集；有因有缘灭世间，有因有缘世间灭"。② 也就是说，此事是彼事的因，彼事是此事的果，我今世所为是上世的果，上世我所做的是我今世的因，今世我所做的是下世的因，我下世做牛、做马、做人是我今世所做的果。这里我为了说得简明，把它简单化了，总之万事万物都是有因果关系的。还有"此有故彼有，此生故彼生"。③ 因缘说是从对人生的观察和思考开始的，逐步推演到主观与客观的关系，最后用以解释世

---

① 见《旧·申命记》，第六章。
② 《杂阿含经》卷二。
③ 《杂阿含经》卷十二。

界的本原。在原来的因缘说基础上，后来发展出了许多缘起的理论，其中有些是中国佛教徒创立的。显然，这里面有着辩证思维；但是把世界的生成归结为"真如缘起""阿赖耶识缘起""三界虚伪，唯心所作"，则是唯心的。真如缘起，什么为真如？真如也可以说是跟佛性一样的，就是一切都是无，无也是有，有也是无，说不清、道不明的那种虚空的东西就是真如。阿赖耶识是人的第八意识，是一种潜意识，比我们所说的潜意识还潜，这个只有在禅定的时候才有的宗教的体验，产生一种在今天我们心理学上可能称之为幻觉的，那个时候的意识谓之阿赖耶识。那个时候你的那种意识是好的，你的果也是好的，那个时候是不好的，那你的果也是不好的。"三界虚伪"，这个"虚伪"也不是咱们今天说的"这个人很虚伪"的"虚伪"，是说是虚的，是假的、没有的。什么是真的呢？只有心里所想的是真的，是实在的。引用的这几个词我为什么没有注出处？是因为很多佛经都有这个话，惯常用语。佛教的真谛就在这里。在这种世界观的观照下，人生是消极的，向内的，只要求得"清净心"，也就求得了佛性，得到了正果。

第三是内外观方面。

内外观是说自己的意识、自己的行动是对自己个人还是对外界，是对自己的民族还是民族之外，是对自己的国家还是国家之外，是对自己的地球还是地球之外。

在《旧约》当中，从"创世纪"这一篇开始（就是亚当、夏娃、诺亚方舟那些传说），记载了耶和华的信徒和异教徒相互征战、杀戮的过程。犹太人去打异教徒，是要进入耶和华答应赐予他们的"流蜜和奶之地"（这就是《圣经》上常说的话，也就是今天的巴勒斯坦一带，那个地方富足，所以就是流着蜜和奶之地），要把居住在那里的人赶出去。为什么耶和华把那块地赐予他们呢？因为他们只信奉耶和华，爱耶和华。每次战争，只要耶和华和犹太人同在，犹太人就胜利；只要犹太人违背了耶和华的契约，他们就打败仗，我们再看看伊斯兰教。《古兰经》上说："不信道者，确是你们的明显的仇敌。"① "真主确已为不信道的人而准备了凌辱的刑罚。"② "敌对真主和使者，而且扰乱地方的人，他们所受的刑罚，只是处以死刑，或钉死在十字架上，或把手脚交互着割去，或驱逐出境。这是他们在今世所受的凌辱，他们在后世将受重大的刑罚。"③ "信道的人们啊！你们要讨伐邻近你们的不信道者，使他们感觉到你们的严厉。"④ 这是当初伊斯兰教徒在宗教出现后受到周围各种残酷的压迫、杀戮必须作出的一种反抗，维护自身的存在，种族的存在，有它的必然性和合理性。我们拿这些和中国古代的文化对比一下。中国古代对于异族是"怀远"的，是远人不服，则"修文德以来之"的。另外，所谓中原文化和夷狄，不是种族的划分，是文化的划分，所以在《五帝奉纪》里也有古圣帝，圣贤之帝进入夷狄，在那里生活。另外孔子也认为可以进入夷狄。所以他的学生说："夷狄之地是不是太陋了？"生活艰苦啊，简陋啊，他说："君子在，何陋之有？"这是一种文化的区别，而不是种族的区别，信仰的区别。还有《论语》上有名的话：

---

① 见《古兰经》第四章 101 节。
② 同上书，第四章 102 节。
③ 同上书，第五章 33 节。
④ 同上书，第九章 123 节。

"微管仲，吾其被发左衽矣。"[①] 如果没有管仲，咱们这个时候都穿着夷狄之服了。不愿意穿夷狄之服，为什么？这是一种文化标志啊。当然，我们如果再追问下去，《旧约》和《古兰经》之所以这样告诫信徒，是和约旦河、西奈地区的自然条件（人的生存条件）密切相关的。所以有人说，阿拉伯地区所产生的文化是外向的，他们要向外图生存。中华文化是内向的，因为我们黄河中下游的条件够生活了，不用向外，只有受到别人的欺凌才反击。时间久了，就养成了中华民族不愿意、不肯出去征服别人的习性。所以我跟外国议会代表团讲，现在有人宣传"中国威胁论"，我说这种人简直不了解中华文化。不说别的，真要中国派兵出去打这国打那国，老百姓就不干。因为中国人的哲学里就是一个"修文德以来之"。犹太教西传到希腊，进而扩散到整个欧洲，又和那里临海必须外出才有更大发展的自然条件结合起来了，所以这些民族都是外向的。这和后来的航海术，去发现新大陆、开辟殖民地又有文化上的联系了。或者说文化是其因，后来的航海占领殖民地是果。

第四是德行观方面。

中华文化重视个人道德的修养。"德"是个体与他人、个体与社会相处的时候品格的综合，是个体向自身内部，也就是向"心"提出的自我要求。德的内涵和外延是随着时代的转移而不断发展演变的。不管怎么变，都遵循着同一个原则，这个原则就是：求得个体与社会成员的和谐相处，也就是维护社会的稳定。古代也有法，虽是"私法"（这是法学史上命名的，不

[①] 《论语·宪问》。

是全民制定的，是少数人制定的），不是通过民主程序由多数人或通过代议机构制定的法，但是却和"公法"一样，只是社会对个体要求的底线；而德，则是个体自愿追求和遵守的上限。

中华传统文化经历了几千年，"德"也变来变去，但是始终可以用仁、义、忠、孝、和、智等词大体概括之。孔子说："德之不修，学之不讲，闻义不能徙，不善不能改，是吾忧也。"① 孔子对自身有四点担忧，就是：对自己心里的德修了没有，中断修养了没有；学，探讨了没有；听到一种高尚的东西，改没改自己原来的行为；我自己有不好的地方改了没有。这四点，大家看看，除了学、德、义、善，其实都是德。同时孔子还说："志于道，据于德，依于仁，游于艺。"② 道，是事物的总规律；德，仁是德的内容；艺，指的是诗哪、书哪、驾马车哪，等等这些技术。这四项里头"道"是根本的，道当中的德又是核心的，仁又是德的内容。还是回到了德。他说这些话是他对自己和学生们的要求。古人所提倡的"德"，并不是只对百姓的要求，对于执政者同样如此。比如，孔子说："慎终追远，民德归厚矣。"③ 这是对领导人说的。慎终，做事情不要有开头，没结尾。人的一生要非常慎重自己的终了。追远，是对死去的先贤、祖先，要追思，要总念着好的传统。如果在上边的人能够这样做的话，老百姓的德就都厚了，多了，沉了，重了。又说："为政以德，譬如北辰，居其所而众星共之。"④ "道之以

---

① 见《论语·述而》。
② 同上。
③ 见《论语·学而》。
④ 见《论语·为政》。

政，齐之以刑，民免而无耻；道之以德，齐之以礼，有耻且格。"① 以及所谓以德治天下，就是对当政者的要求。这是因为，在上者的一言一行对社会的影响大，用古话说就是"君子之德风，小人之德草。草上之风必偃"。② 这是说君子之德像刮的风；小人之德，像草。风一刮，草就倒。上面提倡什么，底下跟着走。这是他的观点，也有道理。为什么要求上边呢？为的是教化下边。同时他说，他也知道要求当政者做到这些是很不容易的，所以他曾经感慨地说："吾未见好德如好色者也。"③ 我没看见过好德就像好色那么强烈，那么专注的。这是对领导者的批评。德是内在的，模糊的，难以用一定的尺子进行衡量，因而又注重人的"慎独"。君子慎独，阐述最多的就是《礼记》，说君子最谨慎的就是自己一个人在的时候。想什么呢？做什么呢？大庭广众之下好办，关键就是你一个人在的时候怎么样。同时要"吾日三省吾身"。每天三次反省自己，我这一天做的哪些对哪些不对。三省不是虚数，不是多次，他指的三省是三项，即"为人谋，而不忠乎（替别人策划事情，自己是不是忠心呢）？""与朋友交，而不信乎（和朋友交往的时候是不是有不诚恳的地方）？""传，不习乎（学的东西是不是温习了）？"每天要问自己三个问题。所有的普世性宗教也都讲"德"，也都是努力让人向善。在《圣经》《古兰经》中处处可见要求信徒忠诚、友爱、正直、善良的训诫。所不同的是中华文化的"德"的依据是生活经验，不是"天启"，不是来自造物主的要求；同时中华文化更

---

① 见《论语·为政》。
② 见《论语·颜渊》。
③ 见《论语·子罕》。

看重内心的修养和行动的统一，也就是行动与对"德"的理性认识相一致。佛经中也有对人的"德"的要求，不同的是它是为求得个人的彻底解脱而修炼，而且似乎以不作恶为满足。总之，重视"德"在个人和社会中的特殊地位，是中华文化的特点之一。

八　中华文化衰败的原因

第一个问题：雅文化和俗文化的断绝。

这个观点，我还没有看到其他人讲过。我正想写一篇文章，不知道写得出来写不出来，在思考。

文化有雅俗之分。二者相和才是文化的整体。"雅"并不表示高贵，"俗"也不说明低贱。雅俗只是就其流行的范围而言，流行于社会上层的谓之雅，反之谓之俗。雅者可能比较细腻、考究，俗则相反。任何社会的文化又都不可能是纯然一体的，因为只要有阶级、有财产，社会就有上下，文化也就有雅俗。在一个理想的平等社会里，雅俗之间是互通互动的，用通常的话说就是"在普及的基础上提高，在提高的指导下普及"。

但在一个衰落的社会里，雅文化和俗文化之间几乎是绝缘的。俗文化被视为粗鄙，遭到摒弃，不能登大雅之堂，得不到提高；而雅文化则局限在狭小人群范围中，孤芳自赏，赏之者越来越少，其本身越来越萎缩。虽然这种绝缘不是绝对的，但是两方面都因此而受损则是肯定的。

在我国文化史上，有过雅俗互通互动比较成功的时候，也有因为二者隔绝而导致文化整体萎缩的时候。例如六朝时哲学中的玄学和文学中的骈文，即与市民和农民的生活思想距离太远。玄学和骈文原本都是从生活里生发提炼、精致化出来的；而一旦成为少数人独享的文化品种，它也就走向死亡了。又如唐代禅宗和近体诗，可谓亦雅亦俗，雅俗共赏，因而哺育了宋代的理学和"诗余"（词）。

时至明清，社会等级更为严格，雅者与俗者人为地不相交通。例如为后代人所欣赏的八大山人、扬州八怪等画家，在当时进不了宫廷；《红楼梦》这样的旷世之作，被排斥在上层社会之外。作为文化的底层，明代的理学、心学，越来越思辨，越来越精致，虽然其基本概念逐步深入百姓之中，"天理""良心"已进入百姓语言，但这是单向的辐射，而不是双向交流。老百姓更关心的衣食仓廪，理学、心学都没有给予回答；理学、心学已经走到了极致，也没有从现实生活中找到进一步前进的门路。所以可以说，理学、心学的精致化，也就是走向衰落的开始。理学、心学的衰落，也就是中华文化衰落的标志。

关于文化"雅""俗"的理论问题至今还没有引起足够的注意，在这个领域大有研究的空间。

第二个问题是与异质文化的隔绝。

中华文化的开放性、包容性，是它得以绵延发展的根本原因之一；反过来看，如果它变得封闭了，不能包容别的文化了，也就会停滞衰微。至明，由于施行海禁，东边和异质文化的接触没有了；西边，由于版图已经达于戈壁之西、大山之巅，再也难以逾越，即使与中亚、阿拉伯有所接触，影响也是不大的。这样就出现了以前我所讲过的，开始了长达四百多年的文化封闭。

隔绝有时并不来自地理障碍和当政者的决策，有时一个民族过于自以为是，也可以形成自我隔绝。例如现今有的国家以自己的文化为世界唯一优秀者，可以普救万国。这样，即使交通、通信空前发达，地理、政策也并不封闭，但却实质上与异质文化隔绝了。没有了异质文化的刺激和营养，也就要走向衰落了。

第三个问题是"自我崇拜"。

中国曾经几次成为世界最强大的国家。长期的稳定、繁荣，没有强大的外敌，使得整个国家，从最高统治者到一般的老百姓都陷入盲目的自我崇拜。既然自我崇拜，就会满足于现状，就会拒绝正确而从眼前看却与既有的观点相左的文化。这句话绕一点儿啊，就会拒绝什么？很正确的，但是从眼前看和过去的观点相反的文化。这样渐渐失去前进的动力，已有的成果也会以各种方式毁坏。这也可以用中国的阴阳理论解释。但是，物极必反，盛极必衰，也只是对现象的描述；究其更深的原因，就是失去了文化的自觉。这是我在上次讲演讲过的。这个道理是人类历史所证明了的。一个国家或民族的自我崇拜是它衰落的表现，谁也逃不脱这一历史的规律。我们且不说古代的希腊罗马，就看近几百年，西班牙、法兰西、大英帝国，都曾经有过驰骋全世界的辉煌，也都先后陷入不同程度的自我崇拜，因而一个接一个地日落西山了。现在有的国家也已经进入到自我崇拜的阶段。他们不可一世，从文化学的角度看，实际上是它衰落的表现，只不过是它自己没有意识到，或者不想意识到而已。历史的确会有惊人的重复的时候。当然一个强大的国家或民族，从顶峰向下走，要走到低谷，是一个缓慢的过程，也就是所谓"瘦死的骆驼比马壮"。唐代三百年才亡，中国由极盛到极衰经历了四百多年。但是，人类前进的脚步加快了，英国这个日不落帝国，从顶峰落到唯一超级大国的小伙计只用了半个多世纪。世事难说呀！

第四个问题是"外力"。

这个我也不多说了。

事物变化的最主要原因是其内因，是根据；但是外因也是重要的，是变化的条件。当一种文化拒绝异质文化，通常的交流、交融过程被截断，于是面临这样的局面：一方面拒绝异质文化的一方国力不可避免地渐渐式微，无力承受异质文化的冲击；另一方面，并不封闭的异质文化总要寻求更大的出路。两个方面遇到了，冲撞发生了，保守的、相对衰弱的文化就要受到冲击。这时异质文化以其新颖，特别是以其相对的强大，具有特殊的吸引力，而本体文化还没有来得及应对，因而它被冷落，进而进一步衰落。所以外力是文化由盛变衰的条件。

当然，这以后"阴阳"变化的规律仍在继续起作用。只要本体文化根基深厚，事物到一定时机还会再次向着相反的方向扭转。而在这时，正如以前我讲的，领袖（政治的和文化的）的清醒与自觉将起到特殊的作用。这是后话。

最后，我说说"余说"。

由于中华文化的丰富悠久和它的强大生命力，也由于它在近代和现代的命运在全世界具有极大的典型意义，所以近百年来研究它成了世界性的显学，至今这一研究的热潮还没有降温的迹象。但是，我在看了一些中外有关中华文化的研究著作之后，有这样的不满足，这就是：真正客观的，冷静的，宏观的，深层的研究太少；主观的，情绪化的，微观的，表层的研究相对多一些。这妨碍着中国人的反思，也妨碍着中国之外的世界深入地了解中国。

任何哲学社会科学研究，特别是人文性较强的学科，要让研究者一点主观色彩也没有是极其困难的。西方哲学家在很多世纪里在研究的时候都是带着对上帝虔诚的信仰与崇敬进行的。这个话不是我说的，美国的迈尔威利·斯图沃德编了《当代西方宗教哲学》[①]，是他说的。亨廷顿研究政治与文化的前提就是他对美国价值观的坚信不疑、爱之过甚；但是，我们可以要求研究者在这方面尽可能地把主观性降到最低。

和主观色彩相联系的是研究者的感情。要做到完全冷静也是不太容易的。主观色彩和感情都受制于研究者的世界观、价值观。"爱之欲其生，恶之欲其死"是研究文化的大忌。如果我们研究传统文化的时候对研究对象有所偏爱，就很难得出正确的结论。无论是对传统文化的肯定还是否定，都是如此。不管是颂扬中华文化，还是否定它，颂扬基督教文化，还是否定它，都是一样的。

对文化的深层进行研究，是指我不满足于梳理、描写传统文化的素材，也不满足于对具体文化现象规律的探索，而是要深入到文化的底层，研究表层和深层的关系，洞察文化起（兴起）、延（延续）、兴、衰的偶然性和必然性。因此，一方面，宏观研究与深层研究密不可分。唯有深入而又能跳出原来的研究范围，才能宏观；另一方面，唯有具有了宏观眼光，才能更为深入。

在这里，我想引用汤恩比的一段结论式的语言，

---

① 北京大学出版社2001年版。

来看他的宏观研究。他说：

> 超工业化的西方生活方式和中国的生活方式都潜藏着自我毁灭的因素。西方方式是爆炸型的，中国的方式——传统的中国方式——是僵化型的。但是，这两种方式也都提供了让人们安居乐业所必不可少的东西。爆炸型的西方方式，是充满活力的，僵化型的中国方式是稳定的。根据历史上类似的发展情况看，西方目前的优势很有可能被一种混合而统一的文化所取代，那么西方的活力就很有可能与中国的稳定恰当地结合起来，从而产生一种适用于全人类的生活方式——这种方式将不仅使人类得以继续生存，而且还能保证人类的幸福安宁。
>
> 西方能够激发活力或造成破坏，但是它不能造成稳定和统一。
>
> 西方和西方化国家走火入魔地在这条充满灾难、通向毁灭的道路上你追我赶，因此它们之中任何国家都不可能有眼光和智力来解救它们自己和全人类……如果要使被西方所搅乱的人类生活重新稳定下来，如果要使西方的活力变得柔和一些，成为人类生活中依然活跃但不具有破坏性的力量，我们就必须在西方以外寻找这种新运动的发起者。如果将来在中国产生出这些发起者，并不出乎意料之外。
>
> 中国似乎在探索一条中间道路，想把前工业社会的传统生活方式和近代以来已经在西方和西方化国家生根的工业方式这二者的优点结合起来，而又避免二者的缺点……如果共产党中国能够在

社会和经济的战略选择方面开辟出一条新路，那么它也会证明自己有能力给全世界提供中国和世界都需要的礼物。这个礼物应该是现代西方的活力和传统中国的稳定二者恰当的结合体。①

这是他30年前说的话，他死的时候是1975年，我们轰轰烈烈的"文化大革命"还没有结束。但是他从中国的混乱当中跳出来，观察中国几千年文化的起起伏伏、曲曲折折，得出了这样的结论。这个结论是世界文化学的结论之一，别人有别人的结论，但是他之所以能够得出这样的结论来，我认为不是出于他的信仰。这是他用客观的、没有情绪的、宏观的、深入的研究得出的结论。

我并不是因为汤恩比这些话有赞扬中国的倾向而引用。需要说明：一，汤恩比是享誉全世界历史学界的学者，他绝不会以信口之言毁坏自己的名声。二，汤恩比不是共产党员，也不是马克思主义者，甚至没有同情共产主义运动的言论和论著。他是把包括中华文化在内的人类历史作为纯粹的研究对象来进行观察思考的。三，他的这本书是1972年出版的，是在他所著12卷本《历史研究》（最后一卷出版于1961年）的基础上改编的，书中论述的也到1972年为止。大家试想，1972年的中国是什么样子？当时连大多数中国人都看不到自己国家的未来，而他却通过对人类文化历史的考察，做出了以上的论述。基于这三点，我相信他没有带主观色彩，没有受到什么偏爱的影响，因而信服他的结论。我举这个例子是想说明，有了深入、

---

① 《历史研究》，第393—394页。

宏观的研究，才有可能得出于人类富有启示的成果。世界是复杂的，世界的文化应该是多元的。中华文化作为世界多元化中的重要的一员，应该得到广泛深入的研究。现在中国所缺的正是既有扎实的微观研究、又有宏观思考的研究成果。如今社会条件已经基本具备，只要我们的学者，特别是年轻的学者努力、踏实，何愁今后没有中国的汤恩比！希望从在座的各位中能出个汤恩比。最后我要说的就是这句话了：报告到此结束，感谢大家耐心听完了。

主要参考书

1. 钱穆：《中国文化史导论》，商务印书馆 2001 年版。

2. 钱穆：《国史新论》，三联书店 2001 年版。

3. ［美］克利福德·格尔茨：《文化的解释》，译林出版社 1999 年版。

4. ［英］汤恩比：《历史研究》，上海人民出版社 2000 年版。

5. ［俄］舍尔巴茨基：《佛教逻辑》，商务印书馆 1997 年版。

6. 方立天：《佛教哲学》，中国人民大学出版社 1991 年版。

7. ［美］列文森：《儒教中国及其现代命运》，中国社会科学出版社 2000 年版。

8. ［美］迈尔威利·斯图沃德：《当代西方宗教哲学》，北京大学出版社 2001 年版。

9. 冯友兰：《中国哲学简史》，北京大学出版社 1996 年版；或《中国哲学史新编》，人民出版社 1998 年版。

10. 胡适：《中国古代哲学史》，安徽教育出版社1999年版。

11. ［美］梯利：《西方哲学史》，商务印书馆1995年版。

12. 吕大吉：《宗教学通论新编》，中国社会科学出版社2000年版。

13. 秦惠彬主编：《伊斯兰文明》，中国社会科学出版社1999年版。

（整理者：郭龙生）

中华文化的过去、现在和未来[※]

各位专家，各位同学，各位朋友：

承蒙吴清辉校长安排今天这次讲演，承蒙各位光临听讲。吴校长只是建议我讲一讲文化问题，仓促间我就报了这个题目。我当时只想到这是一个十分重要的问题，当代中外许多学者都在深深思索，文化学已经成为当今的"显学"；近年来我在文化问题上也下了一些功夫，可以，也应该讲一讲自己的想法。但是，我没有考虑到这个题目之难讲。中华文化的过去，悠悠数千载；它的现在，丰富多彩，错综复杂；至于它的未来呢，遥遥无止境。怎么可能在这有限的一个多小时里讲述跨越几十个世纪的问题呢？但是，既已报出题目，岂得悔改？我只好不沿着时间的线索作系统的叙述，而是概括中华文化的核心及其特点，对它作一次简单的历史考察，也就是粗线条地剖析这些核心内容及其特点的演变情况。

为什么说这个问题很重要呢？因为文化是国家和民族的标志和灵魂，是人的精神家园。任何一个国家和民族都要时时思考、时时注意，不如此，国家或民

[※] 此文为许嘉璐先生在香港浸会大学发表的讲演。

族就要涣散、萎靡，严重时可能要解体、灭亡；特别是在当前，经济和文化的关系越来越紧密，各国的经济已经是"文化经济"，国家间的关系究其根本，是文化间的关系。在经济全球化和政治多极化的趋势中，世界需要文化的多元化。多元文化的世界可以给人类带来各国人民之间的友好相处，给世界带来和平与繁荣；反之，则将是很危险的。

这是一次关于从宏观角度观察文化现象的讲演，由于时间的关系，不能涉及太多的具体文化事实，因此听起来可能是比较枯燥的。现在我就事先敬请各位原谅将要耽误大家的宝贵时间，甚或折磨了大家的神经。

一

首先，我要讲一讲文化的层次和类别。狭义的文化指的是人类所创造的精神领域的一切成果；最狭义的文化则专指艺术、出版等事业。按照内容分，可以把文化分为三层：表层是蕴含在人类物质生活（衣食住行）中的文化，即服饰、烹调、器皿、建筑等，这实际上是人类运用物质以满足各种需要的形态；中层是借助物质所体现的文化，礼仪、风俗、艺术、宗教、法律、制度等都属这一类；底层文化是伦理观念、审美意识和哲学思想等，实际上是包括了对待人与人（社会）、人与自然、现实与未来关系的态度。底层文化之所以为底层，是因为它为全民族所共有，不像中层和表层那样，不同地域和行业可以有自己的特点。底层文化是民族文化的灵魂、核心，它的精神总是投射到中层和表层，或者说，表层和中层总是蕴含着、体现着底层。按照组成的情况分，在民族文化中有亚文化，例如汉文化、藏文化、维吾尔文化，等等；也可以着眼于地域，那么就有江南文化、广东文化（岭南文化）、西北文化等，也还可以细分为香港文化、首都文化等，它的细胞是不同社区的文化；如果着眼于行业，就可以分出文人文化、农民文化、金融文化、商业文化、学校文化等，还可以细分为某某企业文化，某某学校文化。总之，对文化进行分类，也和给其他一些事物分类一样，可以从不同的角度做出不同的分法。需要说明的是，无论从什么角度划分，各个层次和类别之间的区分都是相对的，而且彼此之间不是绝缘的，总是相互影响着（包括相互吸收、促进，或相反，相互制约、抵消）。今天我们主要就表、中、底三层和地域文化做些分析。

二

其次，我要讲到中华文化形成的环境和条件。人类的初始文化主要是受了生活环境和物质生产条件的刺激而发生的；而一旦文化发生了，最初形成的文化底层将对尔后的文化产生永远拒绝不了的影响、打上磨灭不掉的痕迹，有的学者称这些初始文化的核心内容为文化基因，不是没有道理的。

那么中华文化初始时的环境和条件是怎样的呢？

中华文化来源是多元的。从地域上看，有陕甘地区的商周文化；有川渝的巴蜀文化，有江浙的河姆渡文化，后来又有齐鲁文化、楚文化，等等（为了不太熟悉文化学的朋友能够听下去，我在这里用了一些比较含混、笼统的名词，而不用考古学上严格的术语）。

但是，后世所谓中原文化，实际上就是商周文化，逐渐成了主体。为什么是这种情况呢？从文献和出土文物看，商周时期已经有了相当发达的农业，其水平超过了同时期的其他地区。基于农耕生产和生活所产生的文化，当然要比狩猎采集时代的文化发达，也更为精细，更有感染力和吸引力；再加上农业社会有超过日常需要的粮食和其他物品，社会分工也更为细密合理，因而在当时经常发生的部落或部族战争中容易获胜。这样，中原文化靠着文的和武的两种手段慢慢地向外扩散；在扩散的过程中，并不是单向地输出，而是随时汲取当地部落部族的文化，融为己用，边扩散边演变壮大。这就犹如黄河之水，在奔腾向海时沿途大小河川纷纷汇入，愈向东流其势愈大，遂成大河。如果我们放眼永无尽头的历史来看，就可以看出，中华文化的这一趋势至今也未中止，以后也不会终结。

现在我们来看商周文化产生的土壤。商周活动的地域大体在今河南、陕西一带，而且主要集中在淇河、沁河、渭水（包括泾水、漆水、丰水）两岸，那里是怎样的情况呢？土地肥沃，适于耕种；但同时自然灾害频仍，接近北边和西边的游牧部落。中华文化的根基大致就是由这一自然和社会状况的刺激而形成的。农业生产需要社会的稳定和氏族、家族和家庭的延续。农业的耕种和收获是以年计算的，只有稳定，才能春种秋收，才能不断提高耕作技术、提高产量，生活也才能逐渐富裕起来；只有延续，包括土地、工具的占有才能长久，技术的传承和提高才有保障。要稳定，就要人与人之间的和谐合作；要延续，就要重视血缘的纯正，要分清正支与旁支，要保持以辈分为基础的等级制。既然时时可能发生自然灾害和外来兵灾，就要与水旱风雹、虫兽疾疫搏斗，要和入侵劫掠者拼杀，灾后还要艰苦奋斗以恢复家园。在应对种种自然界和人的挑战过程中，不但磨炼了人们自强自立的意志和能力，同时也使得对自然界的观察越来越细密，天文、历法、地理、算学，动植物学、医学等都有了发展的需要和可能，因而高度发达。这样，中华文化就种下了吃苦耐劳、聪明睿智，自立自强、知难而进，崇和反战、宽容豁达，重视伦理、忠孝仁义、重实轻虚等基因。当然，与此同时也产生了上面所说的重等级轻平等，以及重义务轻权利的因素。

中华文化这样形成之后，表层、中层和底层形成了一个庞大而严密的体系。这是中华文化历久不衰的内在原因。任何文化，表层是最易发生变化的。道理很简单，因为它与人们的日常生活、与社会的物质条件关系太密切了。生产力和生产方式一经变革，人们的衣食住行就要跟着变化。中层变化的速度仅次于表层，随着时代的变迁，随着中华文化与异质文化交融的加深，礼仪、风俗、艺术、宗教、法律、制度等也必须相应地演变。表层与中层文化的每一次演变，也就是向前进了一步。唯有底层文化，因为经过了数以千年计的表层和中层的反作用而不断地"修订"、加强，已经深深根植于民族的血液中，所以极难改变。但是，既然表层和中层对于底层有着反作用，所以表层和中层变得久了，也就要动摇底层文化。

三

接下来要谈到中华文化的成长和细密化过程。

众所周知，商周都不是严格意义上的集权政权，而是靠着"天命"和血缘("祖")维护的宗主制国家,帝或王虽然可以册封和征讨不听命的诸侯,但他的最大特权却是主持祭祀,祭天与祭祖。对于诸侯统辖区域内的事物,王或帝并没有指挥权;也就是说诸侯可以自行其是。因此与后代皇朝比,当时天下的思想和学术并没有那么高度统一,还是比较活跃多样的。

商周的这一情况到了东周时期,特别是"三家分晋"以后,也就是战国时期,发展到了顶点。王权衰落到极点,各地思想空前活跃,这就是人们熟知的"百家争鸣"时代。后来成为中华文化核心的儒家学说,这时还不过是"百家"中的一家,并没有后代那样显赫,更没有独尊的地位。

但是,慢慢地儒家有些突出了。从其学说的内容寻找原因,一是儒家学说直接研究如何治理国家、如何处理诸侯国之间的关系,而这正是当时社会上层所注意的。二是儒家注重家庭人伦关系,这是农业社会所有成员所十分关注的。这两点说明儒家是入世的,是抱着积极的人生态度的。三是其学说归纳了很多大自然和社会的基本规律,这些规律可以说带有相当的普世性。这一点说明,儒家在观察主客观世界时虽然是从现实出发的,但是其思维却超出了现实的范围,已经涉及本体论和方法论。从学说的传承看,由于其学说具有很强的实用性和普世性,所以追随的人多,涌现的大师也多,因而在传承过程中得到较好的丰富和完善。丰富、完善的渠道之一,是儒家不断吸收融合其他学派的营养。到秦始皇焚书坑儒时,儒家已经比大多数学派引人注目了。

到汉代,在经过了依据黄老学说休养生息之后,国家要发展强大,就需要统一的理论体系。于是汉武帝实行了"罢黜百家，独尊儒术"的政策，不仅把天下的思想归于一统，而且与神学相结合，神化了孔子，当然也就神化了汉家天子。学术似乎有着这样的规律：一种学术，在发展到一定阶段就要产生不同的学派，可以说产生学派是学术达到一定水平的标志；不同学派之间既争论，甚至相互攻讦，同时彼此也在从其他学派那里，特别是从对手那里学到东西，用来丰富自己；如果一旦一个强势学派淹没了或压制了其他学派，变成"只此一家，别无分号"，学术的进步也就放慢，甚至中止了。儒家在汉代就陷入了自身发展的这一悖论。在东西汉共约四百年的时间里，儒家学说在义理的研究上可以说几乎没有多大的进展，渐渐走进死胡同而不能返，因为它已经蜕变为一些文人谋取仕途的专用工具，不能容许任何变革了。这一来倒是有了一个意外的收获：逼出了一门后世国学不可须臾离的工具性的显学——训诂学。这是题外话。物极必反。唯一的学术权威消失了，就要出现百花齐放的局面，因为人类的思想什么时候也不会停步。汉亡之后进入南北朝时期，前后不到三百年。这一时期如果把魏蜀吴三国算上的话，共出现了二十几个皇朝。旧有的儒家理论已经无法解释国家四分五裂、征战不已、社会动荡的现实，也不能回答在这种情况下如何处理人生问题；同时，现在既然没有一统的皇朝，也没有了唯一的权威学说，人们在感慨世事无常的同时，也在展开思辨的翅膀翱翔，出现了可以说是又一次规模较小的"百家争鸣"局面。大体而言，在北朝儒家学说居于绝对优势，但并没有多大的建树；在南朝则老庄一系的思想占了上风，这对道家思想的发展丰富有着极大的好处。在我看来，这一时期最大的作用是鼓励了人们大胆怀疑的精神，吸收了儒家之外其他学派的长处，为尔后学术的更大发展打下了思想和方法论的基础。与此同时，在文化的其他层面和品种上，由于与西部民族共处或交往甚多，也吸收了不少异质文化的内容和形式。

隋朝时间虽短，但是依我看，在发展中华民族文化方面的功劳却不小。择其大者而言之，一是在吸取了历史的经验教训之后，建立了世界上最完备的文官制度，这是在中层文化中做的一件很了不起的事；二是在南北朝学术歧出的基础上进行整合，既以儒家学说为主，又兼容百家。这两项，于近期，为唐代的鼎盛作了准备；于长远，则此后一千余年，一直得其润溉。但是，因为唐代太强盛了，对中华文化的贡献方面太多，成就太大了，因而有隋一朝的功绩犹如明月旁边的星星，不为人所重了。

唐代是一个值得大书特书的皇朝。我们都知道，汉代是中国第一个真正意义上的封建王朝，文景之治为汉代打下了牢固的政治和经济基础，国力十分强大。但是唐更为强盛——当时的生产总值占了全球的3/4，科学技术——当然是农业社会的技术——和艺术成就，例如文学、绘画、音乐、建筑，等等，都达到了空前高度。在各个领域的创造发明也更多，对后世的影响也更大。可以说，唐代是自汉至清两千多年封建社会历史里国力最盛的时代。有一件事情应该在这里提出来特别说一说。唐代在隋朝的基础上进一步确立和完善了文官制度，包括科举取士的制度，形成了极其严密的官僚及其培养体系。虽然自秦汉起，已经在探索、建立这样的制度，但是不但粗疏，而且与贵族掌权制也没有完全断绝关系，这一制度的最终确立应该是在隋唐。文官制度的意义在于，使政府相对独立于皇家，官员可以来源于民间，不但要比皇家子弟勤奋、了解民情，而且随时可以撤换，不会因世袭而陈陈相因，又因为是由于"为人谋而忠"的儒家传统和对知己者的感恩，所以比贵族更忠于社稷。这件在今天看来是理所应当的事，在当时却是极大的首创。这一制度不但为以后历代皇朝所沿用，而且传到了西方。西方的文官制度，就是首先由英国从中国学去，然后不断完善，并传遍西方世界的。唐朝的法律体系也是最完备的，是中国此后一千多年封建社会法律的楷模和基础，这也是了不起的事，在这里就不多说了。

　　唐代对异质文化的气度也要比汉代大得多。汉代吸收了当时从西域传来的艺术、音乐、服饰、器皿等表层和中层文化成果。但是如果和唐代比起来，后者吸收的异质文化更多，而且涉及了底层文化。唐代的强大，是中华文化以其博大的胸怀广泛吸收来自各方面的异质文化，并在此基础上不断创新的必然结果。

　　在这里我只举两件突出的事情。

　　一件是佛教的中国化。据说佛教最初是汉末传入的，但是一直不能被广泛接受，因为佛教的教义中有许多内容和中华民族的传统是绝对不能相容的，例如必须苦行，要与父母家人断绝关系，就是中华民族不能接受的。即使唐三藏（玄奘，600—664）千辛万苦取了真经回来，又带着学生埋首翻译了不少经卷，朝廷又一再提倡，可是仍然传播不开。又过了不久，六祖慧能在南方（今广东）巧妙地把佛教教义中可变的部分，如修行的方法、修行与现实的关系等和中华民族传统文化融合起来，禅宗这才在广大民间普遍开花，也就是为整个中华民族所接受，从而成为中国佛教中的最大宗派，一直延续到今日，而且很早就传到已经接受了儒家学说的韩国和日本，又成为那里的佛教主流。与此同时，儒家学说也从佛教那里学到很多东西，尽管二者之间存在着激烈的对立和斗争。前面我们说过，南北朝时期儒家学说并没有多大提高，进入唐代，受到佛教的启发，就开始了较大的演变，特别是通过哲学思辨形成对宇宙本体和认识方法的新结论。唐代是儒、释（还有道）相互影响的阶段，当时还没有结出太大的果实，到宋代，儒家学说达到新的高峰，也就是出现了新儒学，这就是通常所说的宋明理学。我们可以说，禅宗是在适应了中华文化后形成的中国化的佛教，宋明理学则是吸收了佛教一些内容和形式后禅化了的儒家学说。儒释的相互影响和吸收，对中华文化的丰富和提高起到了极大的作用，这段历史是十分值得深入研究的。

另一件是唐的对外关系。先看西部。大家都知道，丝绸之路的开辟可以追溯到汉代；隋朝向西的通道共有三条，隋炀帝于公元609年还曾经到达今甘肃河西走廊的张掖，接受西域各国的朝贡，并在武威置高官接待西域来访的使者和君长。不妨把河西走廊看成是1400年前的开放特区。到唐代，多次反击东、西突厥的进攻骚扰，打通了天山南北两条大通道，使得丝绸之路更为畅通稳定。中国与中亚、中东各国建立了良好关系，与该地区乃至欧洲的文化交流比以前规模更大、更全面。文成公主、金城公主出嫁吐蕃，促进了西藏地区的文化发展，为以后西藏成为中华民族的一员打下了基础。再看东部。唐和朝鲜、日本关系密切而友好，交往频繁。以玄奘为代表的多批僧侣西去取经，带回了大量南边的天竺（印度）文化。

总之，唐代是极为开放的时代，中华文化之所以如此博大，对世界影响如此深远，与唐代的强盛、开放和文化的细密有着极大的关系。此后，五代又陷入相对比较混乱的时期。入宋，基本承接了唐代的余荫，虽然也有不少创造和发展，但就其总体而言，已经远远不如唐代了。

四

人类文化有其共性规律。任何文化，如果长时间不和异质文化接触——包括交流、摩擦、冲撞，从异质文化中汲取营养，单凭自己的内部动力，是难以有大的发展的，通常还要萎缩，甚至衰落；而在与外来文化接触时，如果自身底蕴不足，则可能被异质文化淹没，也就是被同化，没有了自身的文化，民族也就在实质上灭亡了；虽然文化会随着生产力的发展而自然发展，但是如果能进入自觉状态，情况就不一样了，文化的建设将是主动的，更为积极的，已有的文化动力将更大，方向更明确，进展更迅速。

由明代晚期到清代，就是中华民族从开放走向封闭，从先进转向落后，从奋扬变为衰落的时期。在这一节里我就谈一谈历史趋势的逆转。

15世纪，西方发生了文艺复兴，人们的思想开始从中世纪宗教的禁锢中解放出来。人本主义的复兴为经济和科学的发展扫清了道路，从18世纪起，英国开始了工业革命。工业生产以农业生产无可比拟的速度增加着社会财富，并且结束了冷兵器时代，火器成了战争的主要武器。与此同时，中国是怎样的情形呢？明代禁锢人们的思想，后来为了防止倭寇入侵实行

"禁海"政策，没有禁住外寇，却把自己禁住了。本已停滞的中华文化从此又与异质文化断绝了来往。与西方正在进行工业化建设的国家相比，一消一长，其势已经可危。入清，如果及时改变明朝的策略，开放改革，中国还是可以继续走在世界前列的，可惜，由于清皇朝是少数民族执政，对汉族地区一直保持着高度警惕，自然更不敢向世界敞开大门，也不敢让国人走出去，于是继续着自我封闭和逐渐衰落的进程。"百足之虫，死而不僵"。虽然直到清代康乾时期号称盛世，中国的 GDP 还占着全世界的 32%，但是，用《红楼梦》里的一句话说，却是"内囊已经尽上来了"。中国犹如一棵千年老树，虽然枝叶还郁郁葱葱，但是树干已经朽空，木质已失去韧性，只待一阵飓风吹来就要干折叶落了。这阵飓风果然不久就来了，这就是 1840 年的鸦片战争。

西方列强用工业化生产的先进武器，填装着中华民族发明的火药，打开了中国古老的大门。19 世纪，是各国列强瓜分欧洲以外地区，具体地说，即瓜分亚、非、拉几大洲的高潮期。随着 1842 年丧权辱国的《南京条约》的签订，各国列强相继到中国来要求分一杯羹，于是中国被迫与美国签订《望厦条约》（1844），与法国签订《黄埔条约》（1844），与英、法、俄分别签订《天津条约》（1858），与俄国签订《瑷珲条约》（1858），与英、法、俄分别签订《北京条约》（1860），等等。中国的主权几乎丧失殆尽，各种赔款转化成人民的沉重负担，自明朝开始出现的民族工业的萌芽，遭到毁灭性的打击，国家积贫积弱到了极点。

面对民族危亡、人民涂炭的严重局面，中华文化中的基因起到了极大作用。中国人，以先知的知识分子为代表，没有消沉绝望，没有丧失勇气，纷纷探寻救国救民的道路。一百年中，无数先驱前赴后继，屡败屡起，愈战愈勇。其间，康有为、梁启超发动的戊戌变法、孙中山领导的辛亥革命是这一时期影响最大、成效最著的里程碑。（康、梁、孙恰恰都是广东人，这恐怕不是巧合，其所以然应该从文化学角度进行考察。）

文化的冲撞并不只有相斥的一面，绝对的抗拒只能加剧民族文化的衰败。特别是像中华民族这样源远流长、博大精深的文化，更应该在对抗中认真学习对方文化中先进和优秀的东西，以充实自己，发展自己。我们学术界的先驱者们就是这样做的。从19世纪后期起，介绍欧洲文化学术的译著，用当时新兴方法研究中国问题和自然科学的著作如雨后春笋，接连问世。新的思想必然受到旧思想的抵制，两相冲突，于是爆发了著名的"五四"运动。"五四"运动的精神可以概括为爱国、科学、民主，求实。这正是中华民族传统文化精神和当时时代特色结合的集中体现。

回顾整个20世纪的中国历史，应该说，这是中华民族从封闭保守、消沉萎靡到猛然觉醒、振衣而起的历史，是用鲜血和生命探索救国治国之路的历史，是文化逐渐自觉、传统文化与现代社会结合的历史。

到今天为止，这一过程还远远没有结束。那么，就中华文化而言，我们应该怎样建设它？它的未来会是怎样的呢？

五

前面我说过，按照人类文化发展的规律，民族的文化自觉是决定文化走向和建设得快慢、质量高低的关键。所谓文化自觉，指的是认识到文化发展演变的规律，主动地总结过去的经验教训，思考文化表层和中层怎样建设和发展，底层文化应该有哪些改进。我们所说的文化自觉并不是指13亿人都明白有关文化的道理。受教育程度有高低，从事的专业有不同，所在的地域环境有差异，怎么可能所有人都对同一件事情有同样的理性思考呢，文化自觉主要还是由知识界，特别是学校系统深思文化问题，达成共识，并把这种自觉向全社会扩散；同时，文化自觉还有一层含义：知识界本来就是新知识的创造者、新文化的传播者，因而应该本着自己对文化的理解，为社会贡献更多、更好的文化产品，特别是有关中层和底层文化的产品。

　　学校，从来是文化传承的主渠道。但是如果我们考察一下人类的教育史，会发现这样一个历史现象：在现代社会之前，无论东西方，学校所给予受教育者的都是两类知识和技能，一类是关于如何处理人和自然的关系的，也就是关于生产的知识和技能；另一类是关于如何处理人和人的关系（包括与人的群体即社会的关系）、现实和未来关系的。人与人的关系主要体现为社会生活规范、伦理道德；现实和未来的关系则是包括宗教关于终极关怀在内的对于主客观世界的深刻思考。自工业革命以来，学校过于偏重了前者的教学，而削弱甚至没有了后者。从文化学的角度看，这是一个很不好的偏差。虽然社会上宗教、社区、团体、传媒可以给人们后一项内容的补充，但是，那毕竟是不系统的，不全面的，是否是研究的最新成果也是难以保证的。因此，文化自觉以后对于学校的要求更高了。

文化总要与不同时代的生产方式和生产力的水平相适应；一个国家或民族的文化要与该民族的生产方式和生产力水平相适应。现在世界已经进入知识经济阶段，以信息技术和生命科学为支柱的现代科学技术在有力地提高着社会生产力。适应这一时代的文化到底应该是什么样子，至今还是全世界人们苦苦探索的问题。对于中国内地，研究这个问题更为急迫而困难。这是因为，中国内地正处于转型期、过渡期，31省市自治区的发展很不平衡。凡是处于这一时期里的社会、文化也带有转型、过渡和不平衡的特点。例如，在小农经济环境下形成的生活习惯、观念意识大量存在；很多人感到了文化迷失和失落的惶惑；计划经济的影响不仅仅存在于文化事业之中，在人们日常生活表现里也时时可见；"以阶级斗争为纲"思想的阴影还不时冒出头来……越是激烈变化的时代越需要文化的整合，而变化当中的文化又是难于整合的，这是一个悖论，也正是知识界责任格外沉重的道理之所在。

江泽民先生提出了先进文化的观念和课题。我想这先进文化，就是民族的传统文化与现代化有机结合的产物。有的学者认为，促使人们做出各种努力的最终动力是希望获得他人的"认可"，我则认为这动力应该是对美好生活的向往与追求，到生活达到一定水平之后，获得他人的"认可"也不过是美好生活的一个组成部分而已。今后内地的文化，恐怕也要遵循这个规律，追求真、善、美（真是普世性的，而善和美则带有民族特征），追求符合人们这种愿望的表层文化、中层文化和底层文化。

那么，现在应该做些什么呢？我不是民族文化的设计师，不可能提出系统的计划或意见；我也不能对三个层次文化的所有现象,例如电影电视、音乐舞蹈、社团宗教、礼仪风俗等——涉及,看来只能说一说思虑所及、现在可以着手做的几个问题:

1. 对中华民族大家庭中各个民族的文化遗产进行保护和抢救

文化在其相互接触时,弱势文化总是要向强势文化靠拢,虽说不同文化是相互交流的,但往往强势文化主要是输出者,弱势文化主要是接受者。怎样在不同文化交流中,不使多元文化沦为单一,怎样使各个国家和民族的文化在向前发展演变的同时,依然保持住自己的特色,是要特别注意的问题。当前,在中华文化中,原有的民间传统文化是弱者,经济发达地区的文化,特别是城市文化是强者;汉民族文化是强者,少数民族文化是弱者,弱势文化虽弱,却是中华文化中不可缺少的成员;它们是构成中华文化的源头之一。如果任其在经济发展大潮中不断削弱,不仅广大农村和城市人民将陷入文化失落、文化贫困的境地,而且整个中华文化将没有了继续补充以发展丰富的营养源,那将是贫血的文化,苍白的文化,失去活力的文化。

为什么要提"抢救",因为民间的、少数民族的有些文化品种已经濒临灭绝。保护是不是要原封不动地留在人们的生活中,不。文化是一种社会选择的现象,是否能继续活跃于社会,要看它是否符合人们的需求,是否在文化竞争中占有优势。那么抢救和保护的意义在哪里?意义就在于这是在抢救和保护中华民族的历史,在那里面镂刻着中华民族从远古走到今天的足迹。它可以让我们以及后代子孙知道我们是从哪里来的,将要走到哪里去。如果让这些文化灭绝,中华民族就成了无根的、迷茫的人群。

现在已经由中央政府拨款100亿元人民币，各地政府再相应配套投入资金，开始实施民间传统文化抢救保护工程。几年内，将对全国民间传统文化进行普查，搜集有关文物、艺术，把它数码化，全国2400多个县，每县出版一本民间传统文化集，虽然每县只有30万字，但是合起来将是7亿多字的大丛书。与此同时，许多学者将依据搜集到的材料进行大规模的深入的研究。这是一项自古以来罕见的文化建设工作。我希望香港学术界的朋友们也能参与到这项伟大的工作中来。

2. 鼓励发展雅文化

所谓雅文化，是指在表层和中层文化中经过更多加工、比较细腻、涉及人较少的文化。雅文化与俗文化也是相对的。今日之雅文化几乎都是以前俗文化的提高与升华；今日的俗文化有许多是过去雅文化的遗留。就文化的发生看，俗文化是源头；就文化的发展看，雅文化带动整个文化前进的动力要超过俗文化。因此，鼓励雅文化的创作、发展和扩散，包括鼓励学习俗文化中的内容和形式，进而提升为雅文化，再返回到民间。鼓励雅文化就是鼓励文化不断提高，引导社会不断向上，追求更高层次的文化。鼓励雅文化并不等于轻视俗文化。俗文化存在并活跃于整个社会，拥有最多的群众，满足着绝大多数人的需求，必须为俗文化营造它所需要的环境。鼓励雅文化，也就是从根本上帮助俗文化的发展。

3. 建设好大学校园文化

既然大学是文化传承主系统中的带头者，大学的校园文化自然就是至关重要的了。大学校园文化中有些内容和形式固然可以流散到社会上去，对整体文化起到注入新鲜营养的作用；但是就其主要功能看，校园文化的意义是用具有不同学校各自特色的文化陶冶学生，使他们成长为社会所欢迎的栋梁，把他们在学校所得到的文化修养带到社会中去。例如学校形成研究问题进行创新的氛围，学生有了创新意识和习惯，随着他们一届一届毕业，就会影响社会观念的改变和进步。

大学校园文化也有表、中、底三个层次。从表层入手，着眼于中层，沉淀到社会的共同底层，就是对社会的巨大贡献。

4. 建设好地方文化

中国幅员广大，由于长期处于农业生产状态，交通不便，各地的文化分别遵循着文化发展的规律向前发展，由于受到多种因素的影响。久而久之，就形成了各具特色的地方文化。例如客家文化、闽南文化、潮汕文化、山西文化、陕西文化、四川文化，等等。地方文化的生成演变规律有的至今人们还不太了然，为什么这种文化只在这个地方出现或盛行？为什么不能移到临近的地区去？这中间总有其深刻的原因，需要学者们探究。

地方文化是该地人民在长期与客观世界相处过程中逐步形成的、特别适合表现当地生活和情趣中的细微之处，所以深受当地人们的喜爱。但是如果其形式和内容长期没有变化和发展，就会失去群众，不敌外来文化，社会和个人生活的多样化要受到严重损伤，人们细致丰富的感情难以寄托和表达，其结果当然是自身受损，社会受损。

有些地方文化堪称世界级的文化精品。例如昆曲，曾经为许多种戏曲输进宝贵的艺术血液，现在"南昆"被联合国教科文组织定为人类非物质文化遗产，这说明，民族的、地方的，往往是全国的、世界的。

现在广东省、浙江省已经先后提出建设文化大省的战略，其中就包括了对已有地方文化遗产的搜集、保护和弘扬。随着其他省份经济实力的增长，还会有更多的省、市、区努力把自己建设成为文化大省，地方文化将得到越来越高的重视。

各位专家，各位同学，各位朋友，到现在为止，我已经把准备要讲的内容讲完了。我没有想到大家能这样耐心地听完这样乏味的演讲。这说明香港学者、学生和各界朋友对文化的关心。我在这里遇到了知音。这是让人十分高兴的。香港作为我国的特别行政区，也有其独特的文化现象和文化问题。现在很多香港学者热衷于文化问题的研究。我在这里找到了同好，这是让人十分高兴的。让我们携起手来，为中华民族的文化复兴贡献我们的智慧和爱心。

再次谢谢各位。

中华文化漫谈

大家都是人文学院的，我估计可能更多的是古籍研究所和中文系的老师和研究生。有关语言文字的问题，你们在杭大基础上建立的浙江大学人文学院里学习工作，受到了严格的训练和浓厚的学术氛围的熏陶。我如果在这里第一次就讲语言文字问题，很可能露出马脚，同时你们也会感到很疲劳。因为昨天和今天上午还在那儿翻语言文字的东西，今天又来听我饶舌，会很烦人。因此我想，今天离开这个领域，讲一讲其他。

在讲"其他"之前，要先给大家介绍一下我这些年来在学术这条路上，在"不绝如缕"的自我要求下，做了些什么。

确如刚才胡校长和查良镛先生所说，我出身于文字、声韵、训诂。本来在年轻时所受到的训练是从《说文》开始，继而音韵学，继而训诂学。我的老师是章太炎先生的再传弟子、黄侃先生的得意门生陆宗达先生。先生告诉我，文字与音韵如鸟之两翼，只有训诂学才是这只鸟的主体。学语言学，特别是关于古代的语言，首先应该为读古书、传承古代文化做些实实在在的事情。我知道先生的这番意思来自他的恩师，也理解；他的意思是要我沿着章、黄这条路走下去。他并不是反对音韵学和文字形体之学，他早年在这方面下了很大的死功夫。他是认为单纯地研究音韵学或者是单纯地研究形体之学，虽然有它的认识价值，也有辅助人们传承文化的作用，但是毕竟距离文献和社会需要远了一点。先生的这个意思，是他自己的见解，是不是那么科学，别的学者同意不同意，另当别论。但是我从此就秉承着先生的教导，在训诂学上用力更多。我在实践中亲身体会到解释古代文献时的确训诂最重要；要运用训诂的方法，就需要熟悉文字的形体和声音。可是我发现这些都用上之后，有的语言现象仍然解释不了。究其原因，古今文化的隔膜是重要的一条。这在先生那一辈也许感觉不敏锐，因为他们自幼熟读古书，许多古代文化现象，他们如同亲历。而我们就不一样了，需要从头了解。于是，我就又去探索古今文化的差异。这是很费时间的活儿，因为材料分散，搜寻费力；漫无纲要，梳理费功。时做时辍，虽成果不多，但我心稍安。如此过了不少年。

  1988年末到1989年初，国务院有意调我到国家语言文字工作委员会，当时我十分恐惧，于是用了一个巧妙的方法把这一成命推掉了，并且自我十分庆幸。政府五年后又换届了，没有想到这个任务转了一圈又转到我的面前。这时我为难了，不单是恐惧。在这里我不必详细地给大家汇报思想斗争的过程，反正就如事后所发生的那样，我接受了任命。这对我的学术生活不啻为一个极大的转折。从不愿意去，不想做这方面的工作，很快就变成了热爱这个工作，全身心地投入了。因为到了国家语言文字工作委员会以后，才真正了解到了这个部委所承担的是什么任务，而这又和我们国家的进步多么息息相关。恐怕是中国知识分子的共同的习性催动着我，发现它对于我们国家、对于人民有用，于是就拼命做起来。

我早就是国家语言文字工作委员会的兼职委员，也帮助它做了一些事情，但是那时毕竟我是站在岸上，给水里面游泳和划龙舟的人呐喊，现在自己下水——可不是"下海"——是到了这只船上了，这才真正了解它所做的事情。这样一个小小的部委，任务很多，归结起来是这么几条：第一，规范全国的语言文字。第二，为了规范，要制定国务院的行政法规以及相应的规章和标准。第三，要负责计算机所显现的语言文字的规范化。第四，少数民族语言文字的规范化和信息化。但是在我接任的时候，语委只做了前两件事情，对于中文信息处理，几乎没有做，社会上也不大承认；少数民族语言文字方面的工作也没有做。一种使命感催逼着我把这两项工作抓起来。

大家知道，中文信息处理，这是一个文、理、工相结合的领域。比如说，电脑能够把汉字显示出来，是中国的计算机专家和文字学家奋斗了十几年，到1980年实现的。这之前，在国际会议上，欧美的学者非常高傲地讲，计算机不是为你们中国人制造的，你们的汉字和汉语永远不会和计算机结合。是我们那个时候的文理两科的专家发奋，又有工程人员的参与，终于打掉了欧美学者的傲慢。我哪里懂得理、工？大家可想而知我要抓这项工作该多吃力。现在说到具体工作。从最简单的说起吧。大家在用电脑的时候，无论是用双拼智能ABC输入法，还是五笔字型输入法，所用的字库标号是GB2312.80，"GB"就是"国家标准"，"2312'是它的编号，".80"表示是1980年版。

这个字库共6763个字。今天我们用的时候会发现该有的它没有，不该有的一些"死字"和一般人不用的偏旁部首它却有。怎么这样呢？要知道这是12年前的产品。自那时候起一直到现在，我们的计算机仍然停留在字处理阶段，用电脑的时候，只能一个字一个字往外调。即使利用联想的功能，有些词组往外跳，还可以自定义词组，似乎是对词组（短语）进行集体处理了，但是对于计算机来说，还是在进行字处理。例如，计算机把"浙江大学"这四个字就当成是一个字。因为它的肚子里，"浙江大学"这四个形体用一个内码来代表，和一个字是一样的。换句话说，我们的计算机到现在还没有进入语言处理阶段。何谓语言处理？不成句，不成为语言。三岁的娃娃，开始学习语言，"背背、抱抱、果果、妈妈、街街、帽帽"，他还没有掌握语言；当他说"宝宝要吃苹果""妈妈给我戴帽帽上街街"，这就是语言了，成句了。计算机对于语言进行处理，最小的单位是句，再扩大是句群，再扩大是篇章。

今天所能预想到的语言自动化处理的前景应该是什么呢？我们把书面语言和口语分开来说。书面语言在计算机界叫做真实文本，是相对于你击键击出来的文本说的，它是真实的、客观存在的文本；人们口里说的叫自然语言。真实文本的处理应该是这样的：一篇文章，两万字，书前需要一个摘要，或者是杂志上的文章，图书馆要做个摘要，现在是人工做，需要把两万字反复读了以后，择其要点；如果是智能化的计算机，也就是对语言进行自动化处理的计算机，就可以按照指令从两万字里自动生成五百字、四百字、三百字的摘要。又如，现在因特网上的信息，90%以上是英语。对这种情况，搞文科的，特别是研究中国学问的人不大计较，因为上面与中国学问有关的资料相对较少；但是搞理科、工科、医学的很注意这个问题，大量的外国文献看不了，精通英语的人毕竟有限。理想的境界是从网上把文章调出来，让计算机翻译成汉语；反过去说，写了文章，要参加国际会议，给它一个指令，翻译成英语。当然，在这里我要做个注解，所有的译文，不可能一个指令就翻译得那么好。语言太复杂了，包括翻译家也不是每篇都翻译得那么好，也有失误或者不通的地方，何况是没有脑子的电脑。因此计算机翻译之后还需要再加工。这种加工，在计算机界叫"人工干预"。即使还要进行人工干预，但是毕竟省事多了。对于我们专业工作者、政府的公务员，对于同学们，还有一个最需要、计算机应该具备的功能，就是资料的搜索。大家要知道，现在网上的信息是海量的。每天就有四亿个文件上网。一条消息也是个文件，一篇文章、一本书也是个文件。单是有关喉头癌的论文就有十几万篇，其中关于治疗的就有四万篇。怎么找到自己所需要的资料？一篇篇调出来看？现在中国的数据库差得远了，大多数报纸、杂志还没有上网。我们的教授到图书馆去找资料，麻烦不麻烦哪？哪里知道某个同行在哪一个杂志上写了文章了？单学报就是几百种。将来应该都进入一个数据库，你调吧，一调就可能发现，有关俗字俗语的，在这一个月里就出现了二百篇，你都看吗？在这种情况下最好就是自动搜索。现在已经有了不少搜索引擎，搜狐的、google 的被称为是最好的搜索引擎，但是，还是利用关键词进行搜索。其效果怎么样呢？香港大学做了一个试验，搜索日本的"和服"，成功率只有1%，因为"和"字和"服"字的组合能力很强，它们与其前其后的字可以组合成别的词，例如平和、祥和、服从、服装等，计算机分辨不了。最成功的是什么？"旗袍"。什么原因？"旗"与"袍"的组合能力较弱，作为词开头的语素或结尾的语素的机会少。当然如果遇到"中国旗袍"，计算机也可能会理解为"中/国旗/袍"，但是毕竟少得多。我再举一个很简单的例子吧。法轮功，现在主要靠网站发 E – mail 来兴风作浪，如果用关键词（例如用"法轮功""法轮大法"）来堵截它，会因为李洪志的"经文"并不是每篇都有"法轮功"而拦不住。用"法轮大法"吧，可能成功，但是把"北大法律系"也拦住了，"浙大法律系"也拦住了，因为"大""法"二字连着；用"圆满"呢？"祝会议圆满成功""这件事情做得很圆满"也截住了。靠关键词搜索就有这个问题。在 google 上搜索王云路教授的信息，我就担心所获得的信息远远大于真实的信息。因为什么呢？广州有个"白'云路'"，只要"云""路"二字挨着，它全出来。最好的办法是智能型的搜索，我要的是这个内容文章中的这种倾向的文章。对"法轮功"，我要搜索拦截的是一个宣扬荒唐"道理"、邪恶理念的邪教的信息，于是把它的特征交给计算机，它就可以成功地堵截了，凡是批判法轮功的文章就放行，宣扬的截住了，再不会把"北大法律系"也截住。十几万篇关于喉头癌的文章，我只需要关于手术治疗喉头癌后用化疗的文章中有关化疗副作用如何进行消解的文章。给了计算机相关指令，于是它进行分类、筛选，最后可能只找出二百篇来。这就是智能型的分类、智能型的引擎、智能型的屏蔽。这是现在和未来天天离不开的工具。

　　我到国家语委后了解到中文信息处理工作关系到

计算机的普及、关系到我们国家现代化、关系到我们各个学科学术与工程的进步，还关系到我们国家安全，这让我着迷。于是，我从 57 岁开始钻研计算语言学。

太难了，为这个我生了一场病。因为我们公务员是坐班制，下了班以后回家吃饭，吃了饭立刻坐在计算机前查东西、看东西、写东西。由于长期没有最起码的活动，吃了饭就肚胀，于是改吃稀饭；吃稀饭也肚胀，后来晚上就只喝水，喝水也肚胀，肚胀到不能穿衣服，衣服碰我的肚皮就疼。但是还要上班。也怪了，若干天没吃什么东西照样上下班。长此下去当然不行，大好的时代，我们的农业产品相对过剩的时代，想吃什么都有，都便宜，我什么也不能吃不是太亏了吗？（笑声）于是去看病，一个老中医给我看，一下就说对了，说我是过分劳累，缺少活动。这期间我也吃过西药，国产的、进口的，都吃过，没有用。哎呀，祖国的医学了不起啊，一号脉，开十服药，四毛钱一服，便宜吧？当我吃到第五服的时候，开始打嗝，肠子蠕动，能听到蠕动的气的声音，十服还没吃完就好了。这是插曲，不说了。

虽然我不可能像现在年轻学生那样系统地、从基础到应用深入地学习计算机科学，只能学其梗概、原理；但是有一个效果是非常明显的，这就是越学越觉得这项工作必须加强。于是，国家语委建立了一个司——中文信息规范管理司，把华中师大的副校长李宇明先生，现代汉语的著名中年教授，调到北京作司长。这以后的事就不说了。

说到此为止，总结一句就是：我从训诂学横着跨了一大步，大约有五千公里，跨到了中文信息处理。1998 年，我卸去国家语委的工作，但是这条线并没有断。除了继续完成国家社会科学基金"九五"重大项目"面向中文信息处理的现代汉语词汇研究"之外，现在又开始了863项目"中文信息处理应用基础研究"。

这些年里，除了语言学这根线我没断外，还有一条线，是不知不觉沾上的，这就是中国的教育问题。因为20世纪80年代末我做北京市政协副主席时分管教科文卫，做第七届、第八届全国人大常委的时候是教科文卫委员会的委员，后来到国家语委也和教育有关。这期间当然要关注教育。1998年以后，用在教育问题（中、小、幼、特、成、职）上的时间就更多了。在接触社会的基层、接触学生和教师的时候，有一个问题非常尖锐而严肃地提到了我的面前，这就是我们的娃娃们怎么了？我指的当然主要是大中城市里的娃娃。在这之后，素质教育的呼声起来了。我今年有一本教育论文集出版，叫《未安集》，心里不安么，就叫"未安"。哪位如果有兴趣，看语言学书看累了，不妨翻翻。在那里面没有专门讨论素质教育的文章，为什么？我觉得几句话说不清。教孩子唱唱歌、跳跳舞就叫素质教育，我始终不敢苟同。我得出这样一个自认为正确的理念，就是自己民族传统文化与时代精神的结合是一个人素质的根本。如果说唱歌跳舞再加上什么就是素质的话，那么我们所有大大小小的歌星应该全是素质最高的了。我这样一个理念对不对呢？这促使我去思考，去研究。

就在这不久，另外一个刺激来了。这就是经济全球化，我国要加入WTO。WTO是2000年加入的，实际上在这之前我们已经做了十几年的工作。风越来越猛，在这阵风当中，也夹杂着"文化一体化"的喧嚣和行动。在这样的背景下我读到两个东西，一本是哈佛大学的教授亨廷顿的《文明的冲突》；另一本是加州大学伯克利分校教授列文森所写的《儒教与中国的现代化》。前者的一个基本观点是：未来世界的命运决定于几大文明的冲突，伊斯兰教文化和基督教文化必然要冲突，但是它还不是决定世界命运的；印度教和伊斯兰教也会有冲突，那仅仅是局部的；唯有中国的儒教文化与基督教文化的冲突将要决定世界的命运，其规模、深度超出其他文明之间的冲突。他的著作一出版，引起了轩然大波，全世界从事历史、文化、哲学的研究者纷纷批评。本来亨廷顿写的是一篇文章，因为反对他的多，于是他于1999年又出了一本书，同名的书。第二本书的作者列文森是费正清的高足，西方称他为天才历史学家。他的基本论点是：依照中华文化的传统和发展的走向，按照它内在的逻辑与哲学，永远不可能进入现代社会，中国之所以进入现代社会，是西方人给中国人送来的。照此逻辑，我们就应该对西方列强给我们送来鸦片、用洋枪洋炮屠杀中国人民、把中国变成半殖民地感激涕零、顶礼膜拜了？这两本书对我的刺激太大了。看看国内的报刊，反驳他们的文章不多，而且在我看来，也没有驳到点子上。我决定自己思考这个问题。于是比过去更多地关注起文化问题。好在这与训诂学并行不悖。

我钻研起自己又不熟悉的一个领域，从文化学到民族学再到宗教学，以至于西方哲学，广泛地去涉猎，慢慢地，形成了自己的一套观点。

刚才我说我在语委时横着跨出一步，跨度是五千公里；现在我又纵向地跨出了一步，大约又是五千公里，跨到了历史学、宗教学、民族学、心理学、哲学、文化学交叉的这样一个领域。回过头一看，天呀，离训诂学那么远了，我怎么串呀串呀串到这里来了？但是自己感到很充实。大家再想想，我是怎么迈出这两步的？是社会推动的，是社会现实把问题提到了我的面前，我以自己的责任和良知，主动去接触它的。这样跨来跨去有一个好处：我的知识面扩大了，对语言学与文化学之间不可分的关系有了更深的理解。所以在张涌泉教授问我今天讲什么的时候，我既然想别再讲语言学问题，于是说就讲中华文化的发生、发展与传承吧。我是想——用港澳的话说叫"和大家分享"，我不用这个词——把我自己的心得作为一块砖抛出来，请浙大的老师、同学们鉴定其正与谬在哪里。当然我选这样一个题目，还有一个私下的动机：事先我没有准备。这个题目比较宏观，比较抽象，可以不用讲稿，和大家聊天式地谈谈。

前面这么一大串话，全是为了我下面所讲的做铺垫。为了节省时间，我写了一个纲，我就按照这个纲来把握时间，免得"开无轨电车"，耽误大家的时间。

我想讲五个问题，第一个问题：

定　义

对这个题目还需要做点解释。在汉语里，"文化"与"文明"很难界定、区别，在英文里也一样。现在在翻译的时候，把"文化"翻译成"culture"，把"文明"翻译成"civilization"，其实追溯这两个词的广泛性，找各种大型词典看，二者是交叉的。我想我把文化界定为"人类所创造的一切物质的和精神的产品的总和"。说它是文化也行，是文明也行。

在这个定义中，首先限定在"人类"之中。黑猩猩、小猴子、毛驴沾了颜色在画布上打滚，那不叫文化，人类才谈得上文化。其次文化必须是人类创造的。比如我们一两岁的小孩子，为了让他安静，给他几只画笔，他在纸上乱涂，这也不是文化，孩子这时还没有创造的意识。再次，文化是物质的和精神的产品，因此，谈文化应该把物质文化和精神文化区分开。但是二者又难以严格地区分，下面谈到文化的层次时还要涉及这个问题。

定义里的"中华传统文化"指的是什么？一说到"中华传统文化"，我们很容易想到所熟悉的四书五经、二十四史，一直到清代的小说、戏剧，还有后来逐渐被重视的俗文学。其实，中华传统文化是一个总称，它里面还有亚文化，这就是汉文化、蒙古族文化、维吾尔族文化、藏族文化，等等；同时按地域分，还有我们江浙文化、南粤文化、川渝文化，等等；再细分，江浙文化下面还有浙东文化，浙东文化下面还可以细分，一直分到社区文化，等等。此外还有行业文化。在这里我要强调一下，谈到中华文化不要忘了五十五个少数民族。五十六个民族的文化汇聚起来才是中华文化。如果自古以来没有少数民族文化，也就没有现在的中华文化。当然，不可否认，汉文化是我们中华文化的主体。在汉文化当中，儒文化又是它的主流。

文化是分层次的。不分出层次来不容易观察得准确，分层次和分类一样，是科学研究的第一步。层次，从不同角度可以有不同的切分。刚才我所说的亚文化，包括民族文化、地域文化、行业文化，等等，是就着中华传统文化的构成说的。现在我再按文化的表现形式和深度分。第一层，我叫表层文化，指的是物质文化，主要是有关人类衣食住行的。例如平时人们所说的服饰文化、饮食文化等。现在，清朝皇帝占了屏幕上的大部分时间，皇帝出来坐轿子是文化，坐骡车也是文化，划龙舟也是文化，是物质文化。下面一层，更深一点的，是中层文化，或者叫精神文化，主要指宗教、礼仪、风俗、制度、艺术。艺术，不管是文字的、形体的，还是靠着色彩的，都包括在内。这两层文化的不同是：对表层文化，人们追求的是物质本身，在这个前提下加上一定的审美价值；第二层则主要追求的是精神，但是要借助物质体现。比如宗教，原始的佛教、犹太教和伊斯兰教都是反对崇拜偶像的，原始佛教没有佛像，犹太教也没有耶和华的像，伊斯兰教更严格。可是现在佛教、基督教都有偶像了。这偶像就是借助物质体现精神。现在只有伊斯兰教还保留着没有偶像，所以塔利班要把大佛炸掉，因为他们认为凡是崇拜偶像的都是恶魔，要借助炸掉大佛强调他们的"原教旨"。但是在他们炸大佛的时候，也要借助于炮弹、炸弹这些物质体现精神。在人们的日常生活里也有借助于物质表达精神的情况。例如同学们回家探亲，总要买点杭州的特产带回去吧？本来你回去，爸爸妈妈就很高兴了，礼数已经到了，为什么还要买点东西呢？实际是要借助物质表达自己的情。文化的第三层，我叫做底层，也可以称之为哲学文化。哲学从古至今，西方从亚里士多德、柏拉图开始，中国从老子、孔子开始，写了那么多的书，出了那么多的哲学家，他们要解决什么问题？不外乎三样：人与天（也就是自然）的关系，人与人的关系，现世和来世（现实和未来）的关系。所有的哲学万变不离其宗。这三个问题所体现的是什么呢？人与天的关系，就是世界观；人与人的关系，扩大了就是人与社会的关系，是伦理观；现实与未来的关系，则是人生观。

我把文化分成这样三个层次，是简化了的，实际不那么简单，三者交叉，彼此之间很难严格区分，可是作为研究，我们必须大略地分开。

第二个问题：

中华文化的发生

什么叫文化的"发生"？我没有用"产生"这个词，"发生"指的是当人之所以成为人那一瞬间，他受主客观的制约与刺激所出现的协调主客体的一些原则和办法，这个阶段谓之发生的阶段。在这个阶段之后，就是发展，发展和传承是一个问题的两个方面，发展着眼于一个事物在其延续的过程当中相对于原来的出发点增加了什么、变更了什么，传承是把一个动态的东西变成静止的、一代代地延续下去的问题，所以说是一个问题的两个方面。

世界上所有古老文化的发生是一样的，就是当人彻底脱离了猿的阶段以后，在自然条件不很优越但是又不十分恶劣的条件下出现了文化，这时的文化极其简单质朴，但是却为一个民族以后的文化长河种下了基因，或者说播下了种子。世界最古老的文化之一——两河流域文化，其发生地的自然条件并不好，而且开始发生并不是在海边，是在砂石地区。伊斯兰文化、犹太教文化都发生于此。这些文化站稳脚跟后逐步向哪里发展呢？迦南地区——巴勒斯坦的南部，条件也并不好；希腊文化发生在希腊岛上，希腊岛的自然条件也并不是很好，一半是山，另一半是平原，山区也是很苦的；印度最初的文化不是产生在恒河沿岸，而是在北方邦，或在尼泊尔境内，等等这些地方。

我们中华文化是多源的，有黄河中游的文化，有蜀文化，有楚文化，有吴文化，追溯一下，像河姆渡，发现了六千多年前的稻种，有些文化甚至可以上推到八千年前。不管哪一种文化，从它发生之日起，脱离了猿阶段的人在调整主客体关系时就开始形成了一些原则和方法，这些就成为民族文化的种子或基因。中华五千年文化的种子或基因是哪里形成的呢？不是吴文化，不是楚文化，不是巴蜀文化，而是黄河中下游的文化。黄河中下游是什么条件，我们先说中游，就是今天的关中一带，八百里秦川，后来是我们国家的粮仓之一。但是我们最古的文化不发生在秦川的黄河沿岸，而是发生在黄河支流两岸，黄帝陵离黄河远着呢。黄河下游的文化也并不发生在胶东半岛土地肥沃、地势平坦的地方，而是在鲁西南，即莒县附近，那里是丘陵地带，既受到黄河的恩惠，又远离它。为什么？这就是文化发生阶段的一个基本规律：原始人要战胜自然，或者说要在残酷的大自然面前生存下去，就要不断地接受大自然的刺激与压迫，并对这种刺激做出本能的反应。大自然对人是一种压迫，火灾、洪水，野兽、毒虫，病了、死了、掉到河里、摔下悬崖，种种刺激多得很。当对刺激做出反应，对压迫进行有效反抗之后，才获得了生存的可能性。由于人已经脱离了猿，能够直立行走，解放出两手制造工具，于是要想方设法对付客观，"想"和"设"，就是创造的开始。同时黄河中游，南有大河，西有高山，北有大漠，在这个范围里，基本上雨量足够，土壤肥沃，适于农耕，所以中华民族在全世界是最早脱离游牧进入农业社会的。从采摘食物到狩猎为生，再演变成耕种，人的生活产生了质变，这就是开始依附于不可搬动的土地。采摘果实不存在这个问题，这片摘完了再摘那片。游牧，逐水草而居，也是不断迁徙的，因此对土地没有留恋。从事农业生产，春天耕种了，秋天要收获，人一迁徙收获就没了；今年把这块土地种熟了，明年还要种它，这要比重新开垦容易得多，效益高得多。农耕与土地相连，土地把人稳定下来。人一定居下来，稳定的社会就出现了，人在处理主客体关系问题上就开始复杂了。农耕生产对人的要求是什么呢？第一，稳定；第二，传承。一块土地，今年结的果，就是明年的种；今年耕作时候所遇到的问题变为农业知识，要传给儿子。最初的耕作可能就是拿一个木棒挖一个坑，然后放上种子，拿脚踩一踩，因此在耕作的时候，就不能一个人干，要求人与人的合作。人类组织的最小单位是家庭，家庭既可以解决劳动力的合作问题，又可以解决生产资料、生产果实和生产技能的传承问题，因此农业社会就特别重视家庭。《诗经·大雅·公刘》上说"十千维耦"，就是两个人踩一个耜来种地（耦耕），漫山遍野的都是。为什么要耦耕？耜是木头的，一个人踩不动。有了家庭，家庭繁衍形成家族，家族的扩大就是部族。刚刚种下粮食，这个家庭和那个家庭打起来了，地里的农活无法进行；种下的粮食快收割了，附近的部落来抢，也不行。所以，农业社会的人就天然地做出一种反应：家庭要和谐，家族要和谐，部族要和谐，和其他的部族最好别打仗。我们中华文化的很多种子和基因就是这时种下的，所以中华民族特别重视家庭。等到有了儒学，就是所谓父父、子子。这是生产力、生产关系所决定的，对内对外都讲究"和"。

人类学和人类文化学提出一个重要的观点，就是任何民族文化的产生，都与宗教有不可解之缘。这话是对的。为什么？当原始人不理解客观和主观的变化的时候，都归结于一种超自然的力量，慢慢地就形成万物有灵论，什么都有神，泛神。但是中华民族很早就开始从事农业生产，农业所进行的生产及其产品在一定程度上是人可以控制的。今天在这块土地上种了五棵粟，它就长五棵，我种十棵长十棵，不会是种两棵长一百棵，更不会没种就长出来。人可以决定一些客观，这个观念可以从农业生产里获得。狩猎不行，来了一大群鹿，我射死了，这是我祈祷的成功，容易归之于神；没碰上鹿或没射中，是我不虔诚，还是归之于神。所以，中华民族在经历了原始宗教——泛神论之后，形不成一个像佛教、犹太教、伊斯兰教那样的宗教（西方宗教学、人类文化学把这些宗教称为高级宗教）。其结果是什么样子？到战国和秦王朝，开始提出人定胜天，而在其他所有宗教都是神决定一切。

如果大家看《圣经》的"神"本，里面谈到上帝的时候就是神；在"主"本里，谈到神就都是"主"。有一次，我看了一眼清朝的宫廷戏——我几乎不看电视，偶尔一瞥，所以说"一眼"——全天下只有皇帝一个人是主，其他人都是奴才。大臣回到家或者是王后、王妃回到后宫，是主子，"主"加"子"，以区别于皇帝，其他人是奴才。这不就是犹太教、伊斯兰教吗？只有那个虚无缥缈的"主"是"主"，其他人都是奴仆。而在宗教的影子下，人间所有应遵循的一切都是上天的启示，在神学上叫"天启说"。犹太教、基督教所遵守的是摩西十诫，摩西是一个先知，是他看到了上帝，听得到上帝的声音，于是跟上帝订立契约——我遵守你的十个戒条，你就把那"流着奶与蜜的土地"（指迦南地区）赏给我——以色列人。如果以色列倒霉了，让别人侵犯了，那是以色列人违背了"主"的诫命，一切归之于主。至于"主"为什么这样定，没有论证，他的"because"就是"主"说的，在"so"后面就是要这样执行。在《圣经》里大量充满"主这样说了，我就这样行"的原话。中华民族呢？是从大自然当中，从应对大自然刺激过程中得出来人所应该遵循的一切，人和人之间要相和，父母要爱子女，子女要爱父母，兄弟姐妹之间要和谐，人和自然也要和谐。一个人要讲究德的修养，只有你修养了德，社会才接受你。大家都自我修养，社会才平静，才能发展。修德不仅仅是在学校、在众人面前，自己独处也这样，所以《礼记》上说"君子慎其独"，都是从生活里总结的经验。一个是从生活，特别是生产实践当中接受了客体的刺激和压迫做出本能的反应，最后摸索出了规律，形成一个民族所遵循的原则；另一个是生下来就要遵循"主"的教导，不能违背主的意志，违背了就要倒霉，后来开了一个后门儿，违背了"主"的意志上教堂忏悔就算完事。

可能同学们会产生一个问题：长江三角洲这样的肥沃，风调雨顺，为什么没有从这个地方产生中华文化的主干，没有从河姆渡产生一个什么样的学派成为中华文化的主体？这是因为，当文化发生初期，这个地方条件比黄河流域恶劣。现在都是高速公路、良田了，那时都是草莽、沼泽、毒蛇、蚊虫。当时条件太恶劣了，人刚刚学会用石制工具耕种，是无法应战的，还没有能力对刺激做出应有的反应。如果不自量力，就会被大自然吞噬。如果自然条件过于好，撒下种子，不用管它明年全长起来了，到处是可吃的东西，是不是能创造出先进的文化？也不行。为什么？种完了地、找到了食物就去玩呀。刺激少了，人死于安逸。所以可以得出一个结论，就是开头我说的，中华文化和其他古老的文化一样，是在人成为人之后，接受了大自然适度的刺激，并做出适度反应的过程当中出现的。这种文化是根深蒂固的。为什么黄河中下游的文化，最后吸收了巴蜀文化、楚文化、吴文化，形成中华文化？因为当时吴、楚、巴蜀这些地方在农业生产上是落后的，文化也是落后的。耕作技术、由农业所产生的手工业，以及由农业、手工业进一步产生的天文、气象、地理、数学，等等，也是在刺激适度的条件下最容易发展，而在这种条件下产生的文化包容性也最强。这样，其他的文化不断地融进黄河中下游的文化，就像黄河、长江，在向东流淌的过程中，无数支流汇合进去，最后形成它的浩浩荡荡。我再次强调这一点——刺激要适度。北极发生不了文化，南太平洋发生不了文化，只能接受外来文化。北极环境太恶劣了，南太平洋太富了，石斑鱼就往岸上跳。比如说基里巴斯，岛上没有一寸土地，全是石头，不耕作，也不出去打鱼，一退潮，小港湾里有没跑出去的鱼，鱼不多打，不储存，为什么？明天还有。在这种情况下怎么产生不断前进的文化？

下面我要谈到第三个问题：

中华文化的发展

如果我们要在发生和发展之间画一条线，把二者切分开，怎么切？很难切，人的历史很难切，甚至当妈妈的也说不出自己的孩子是从哪天由婴儿变成幼儿的。历史也一样。为了讲述方便，我们不妨把有文字和实物可征的历史称之为发展阶段，没有文物，没有可考的那段历史称为发生阶段，这和人们所说的文明时期、野蛮时期还不完全一样。

如果从有实物和文字可征的时代算起，中华文化的发展当然是从夏朝开始。可惜，孔子都说"文献不足故也，足则吾能征之矣"。[①] 但是从后代的传说和片片段段也许是信史，也许不是信史的记载中，我们慢慢地勾勒，应该说，夏、商、周——现在叫王朝，其实就是部落联盟——的文化是多源的。同时，夏、商、周的文化又是不同的部族文化轮流做主体文化。从夏到商，商继承了夏的，又融进自己带来的；周灭了商以后，接受了商的文化，同时加进了周部族原来的一些东西。所以夏、商、周阶段是多条的发源支流汇成了一个稍稍粗一些的文化的河。我曾把中华文化比喻成黄河、长江，现在通过航拍、实地勘测，已经知道长江发源于哪里，距离长江口多少公里。其实这是人定的原则，长江源头哪止一个，只不过这一支长一点。夏、商、周文化基本就是这样。

以后的历史大家都熟悉了，周王朝建立，可以说是空前的强大，地域也空前地扩大。周是一个什么政权形态？摆脱了部落联盟，建立了天子诸侯制——封建制，封土建侯。而这位天子不过是靠着他的血缘关系——嫡传，维持着若干相对独立的诸侯国之间的松散联盟，其权威还不如查先生（金庸）笔下的那些

---

① 见《论语·八佾》。

"帮主"。周天子集中了最肥沃的土地,那块土地(西北地区),现在看来不肥沃,可是在古代是开发最久的。把吴太伯封在苏州,那时苏州远没有关中富。据说是他自己跑去的——谦让。谁知道是怎么回事,恭维之词只能听传说。周天子自己占了最好的土地,面积最大,有最多的军队。所以,当诸侯不义的时候,他可以下命令大家一起征讨。平时呢?不管。诸侯有权自己发布政令,因此全天下政令不统一,唯一统一的是祭祀,祭天祭祖的权利是周天子的(中国的祭天有一个优点,没有把天形成一个人格神,只是朦胧的天。"祖"本来也没有偶像,不过是一个石祖,就是一块石头,其实这块石头最初是生殖崇拜)。但是,诸侯及其属下、他的奴隶、他的亲属,也同样要对自然的刺激做出反应,要生存,要开垦,要畜牧,要养殖,这样有的诸侯慢慢地强大了,周边一些小的诸侯不服就去打——时间一久,血缘关系就淡漠了,彼此只在口头上说你我是叔侄、舅甥关系,其实早就是斗争对象了。于是大鱼吃小鱼,小鱼吃虾米,弱肉强食,慢慢出现一些强大的诸侯国。各个诸侯要和自然作斗争,要和其他的部族作斗争,就需要发展武力,当分封的诸侯——一个个附庸,变成一个个蔚然大国的时候,就尾大不掉了。周天子还有什么?祭天是他的专利,祭老祖宗是他的专利,可是如果诸侯不高兴,该陪天子祭天了,他说我有病,不来了,我就祭我这一支的始祖了,周天子也无可奈何。这种情况就是孔子所说的"礼崩乐坏"。礼是什么礼呀?归根结底,就是一个尊天尊祖的礼。诸侯们彼此征战,周王干预不了。以后进一步发展,诸侯不断地侵犯宗周,不得已,周天子迁到河南。因此,《左传》上有这样的话:"我周之东迁，晋郑焉依。"——咱们周王室往东迁，依赖晋国和郑国。晋国、郑国是谁呢？是周天子当年分封的儿孙。

周的统一的文化的中心是祭天和祭祖的文化，讲究忠孝、仁义这些内容。在春秋不断出现霸主的情况下，周王室失去了权威。没有一个统一的权威了，天命就开始在人们心里动摇了。这个过程开始得很容易，上天授命于周天子，可是同姓的不听，异姓的也不听，天命不就没用了吗？所以，中国人的天命观不牢固。权威逐渐丧失，就给有文化的人进一步思考深刻的问题提供了一个环境。因此，战国时期百家争鸣局面的出现，其种子、其萌芽是从春秋开始的，没有春秋的混战，没有周天子权威的丧失，就不会有诸子百家。

诸子百家全面探讨了人与人的关系、人与天的关系、现世与未来的关系，除了墨子信神信鬼，剩下的，包括儒家，"未知生，焉知死"[①]"未能事人，焉能事鬼"[②]"子不语怪、力、乱、神"，[③] 基本上是唯物的。这个唯物观念的基因在哪里？在文化发生的时候。进入文化发展阶段，开始成套了。

战国时期的好处是很多学术思想显出了火花，呈现出中国历史上从没有过的思想活跃和对一些哲学问题、现世问题深刻的、理性的思考。如果说在这之前主要还是凭经验的话，那么这个时候是理性主义的开始。坏处是什么？莫衷一是。诸子百家适应的是当时战国那么多国家分立争斗的环境。当天下统一了，思想上还那样纷纷攘攘就不行了，因此这时其实已经在

---

① 见《论语·先进》。
② 同上。
③ 见《论语·述而》。

酝酿着秦朝的"焚书坑儒"了。

"焚书坑儒"烧的不仅仅是儒家的东西，也包括百家的东西，除了方术的、农业的，全烧。可这不是个办法，对思想问题不是烧和杀能解决的。所以等汉王朝取代了秦王朝，惩于亡秦之弊，就不能再采取这种手段。采取什么手段呢？从诸子百家中找出一家来做"帮主"。这时，一个穷学士董仲舒出来了，灵机一动，写《春秋繁露》，上策皇帝，要独尊儒术。独尊儒术可不是把其他的"术"都杀掉、埋掉，而是允许其他"术"存在，但是我官方提倡儒家，给儒家以名禄。董仲舒是第一个把儒学确定为中华文化主体的人。鲁迅先生说，孔子是在身后才阔起来的。孔子发家的历史应该从汉朝算起。孔子是老子的学生，不是曾问道于李耳么？儒家和墨家什么的是平起平坐的。所以孟子说："孔子，圣之时者也。"① 圣人多得很，他不过是圣人里走运的，能和时代结合的。今天，虽然名家的书不存了，农家的书不存了，但是墨家的还在。我们把诸子的那些只言片语拿来看看，如此全面地分析人类的社会、人和天的关系以及现实和未来的关系，并把这些世俗化，用世俗化的方式表达，真让两千多年后的我们吃惊、敬佩。但是那时的学问抽象性不足，哲学味道浅。这个特点也影响了尔后的中华文化。

《论语》和后来传说是孔子所作的一些其他的书，全面体现了儒家思想，而这些东西是多少代人从现实中得来的，其中有许多是后代人在实践中验明有用的东西。到现在我们还说"学而时习之，不亦说乎"②

---

① 见《孟子·万章下》。
② 见《论语·学而》。

"有朋自远方来，不亦乐乎"①"三人行必有我师焉"②，等等呢。这都是生活的规律。儒术之所以被独尊，首先是孔子的学说有作为中华文化主体的条件，董仲舒只不过把孔子往前推了一步；但是在推的同时，也把孔子神化了，变成了一个人格神。汉武以后，儒家不得了，河图洛书的神话也出来了。儒学思想的普及，极大地促进了中华文化的发展，但是董仲舒埋下了一个祸根，这就是把孔子神化。当人们对这位人格神的信仰破灭了的时候，儒学也就垮台。这就是到东汉古文经学的兴起和吃香的原因。整个汉代，官学是今文经，古文学一直是私学，最后迫不得已立了一个博士，这是学术上的。政治上，就是酝酿着西汉的灭亡。西汉亡了以后，刘秀出来，利用谶纬，这是受董仲舒的启发；当谶纬失灵的时候，出现了汉末的混乱。当然社会的动荡归根结底是阶级压迫造成的，是生产力和生产关系矛盾的结果，这些就不说了。

　　三国时谁都顾不上学术了。三国之后，晋临时统一了中国，但是它先天不足、后天失调，没有维持多久，西晋变东晋。东晋之后，南北朝开始。不要小看了南北朝。现在我们谈这段历史、谈这一时期的文化喜欢谈宋齐梁陈，这有点偏颇。从中华传统文化以及它的主体文化——儒文化的传承来说，北朝起了关键性的作用。为什么这样说？鲜卑族在入主北方的时候已经在相当程度上汉化了，可是毕竟它是外来的，是落后的，想在北方站稳脚跟，就要依附世族，世族为了生存要依附政权。刀把子、财政、马匹在鲜卑人手里，世族有什么？不过是城堡里有点粮食，唯一能显

---

① 见《论语·学而》。
② 见《论语·述而》。

示自己优势的，就是知书达理，熟悉经典。北方世族为了保持住自己的这唯一优势，于是注重对经书的阐释和传承。因此儒家经典的流传主要是在北方，这是无心插柳柳成荫吧。但是学术上没有什么突破，因为当时的社会没有提出这样的要求，也没有适当的条件。北方还有一个好处——从《世说新语》里可以看得很清楚，接受了北方的一些文化、宗教、艺术，又保留了汉文化的主体。这时的南朝呢？社会的动荡让士子们觉得人生无常，其他都没有意思，于是老庄吃香，发生玄学——清谈。后人只说玄学清谈误国，很少想到这是董仲舒所塑造的儒家权威文化之后的又一次百家争鸣，学人的思想十分自由。玄学家虽然打着老庄的旗号，其实看看王弼的注释，和老庄是不一样的，那是他自己的哲学，他应该是哲学家，不是注释家。这样，在老庄的旗帜下其实有着五花八门的思想。南方是解放思想，穿着木屐到处跑，养了一批名士，诗文有了极大的发展，所以等到隋统一的时候，南北合一，齐备了。隋朝所建立的朝廷的制度是非常完备的，如果看看《隋书》的《礼仪志》《百官志》等篇，要想省事和进行对比，翻翻《通志》《通典》也行，就可以看得出来。以后唐朝全盘接过来，修修补补，就成了唐制。入唐，几百年培育的文化开始结果。唐朝人博大的胸怀、对异质文化主动吸纳的品格，历史学家说唐朝强大之后才有，其实南北朝时就有了，就培育了。

这下不得了，出现了中国几千年封建社会的顶峰。从唐以后中国就开始走下坡路，即使有起伏也是在唐的高峰下的小起伏。由于唐有如此丰厚的文化基础，又有博大的胸怀、强大的经济做后盾，因此唐代重新整合了中华传统文化，同时广泛吸纳异质文化——主要是中亚的文化和西域的文化，西域文化里主要是佛教文化。

佛教从汉桓帝时期就开始传进来，一直到唐代的三藏取经，都是原始宗教经典的照搬。原始佛教的基本理念跟儒文化、汉文化是相抵触的，比如唯识宗，从哲学角度说它是很细致的，但是与中华文化抵牾，再加上不通俗，所以难以普及。因此从汉末到三国时期的佛教被看成是方术——装神弄鬼的！直到达摩来到中国。达摩在少林寺面壁三年——我就不信他坐三年不吃不喝能活下来，这都是传说——他的大弟子（也就是二祖）断臂，他才被感动，收为徒弟。这不是方术嘛？邪教啊！（众笑）在科学不发达的时代，宗教在传播过程中常常需要采取宣传超自然的传说的办法，在《圣经》的《旧约》《新约》里有许多比达摩更神奇的事，这些在当时并不会给人们带来危害，所以和今天的邪教不是一回事。从达摩往下传了几代，佛教吸收了中华文化的精髓，中华文化也接受了它。刚才我在前厅看到了（郭）在贻先生手抄的王摩诘的诗，在我们读王维的诗的时候是不是有一种空明、参禅的感觉？他的字是摩诘，名和字合起来是"维摩诘"，就是《维摩诘经》啊！附带说一下，当我们读李白的诗的时候，甭管是《梦游天姥吟留别》还是《蜀道难》，有没有一种飘飘欲仙的感觉？李白接受了道教的影响。读杜甫诗的时候，是不是使人感到孔子又活了？这三大诗人其实分别侧重于释、道、儒。这正是唐人什么都能容纳接受的写照。到宋代，儒与释的相互吸收更为明显，例如苏轼的诗里禅理很多。佛教思想要想在中国大地生根，就必须和中华文化相融合，从文化学的角度说，它必须对中华文化做出妥协与让步。比如佛教的教义是只知佛，要脱离尘世，断绝六根，什么父母呀，不过是借你的躯体生我而已，要脱离苦海，就不能管父母，管了就是"蔽"。可是中国人讲"孝"，不要父母怎么行？于是佛教改变规矩：尊佛祖同时敬父母。佛教讲究苦行，释迦牟尼出走后，他父亲要他回去，他不回去，老婆孩子都丢掉，要苦行，只有苦行才能参悟，只有自己参悟了才能普度众生啊！这就是"出家"。中国是农业社会，只要有收成，就能过下去，"老婆孩子热炕头，三十亩地一头牛"。你非让他出家，不干。于是佛教让步：没关系，在家修行，将来也能成佛。佛教经典和礼仪是很烦琐的，谁也没有工夫钻研这个，耽误生产。没关系，六祖慧能提出来"顿悟"说，主张人人本有佛性，坐卧行吃都可以参悟，这下省事多了。可惜慧能先生在世期间他的"顿悟"没有太风行，最后还是要靠神会北上到洛阳讲法，打破北方正宗佛教的保守，才得以普及。为什么中国佛教那么多宗派，唯有净土宗和禅宗长流不衰？就是因为它简便，生活尊教两不误，佛教和儒学两不扰——这当然是粗略地说。

中亚文化、佛教文化进来，表面看是佛教在中国历史的生根；拨开来看，从此以后中国的佛教就不再是原来意义上的佛教，不是印度的佛教，应该说是中国佛教了。中国佛教由于带进来印度佛教关于生与死、苦与乐、现实与未来等成套的理性的思辨，很吸引人哪，中国人缺的就是思辨哪！于是儒者就大量地从佛教中汲取营养。最早的比如说韩愈，作《谏迎佛骨表》，为这个"夕贬潮阳路八千"。可是你再看看《迎佛骨表》，他反对的并不是佛教，只是反对如此痴迷地去迎佛牙而已。在《韩昌黎集》里可以看到韩老先生与佛僧的唱和，唱、和、序都有。应该说，韩愈虽然提倡古文，是古文运动的主师，而且自认为是儒道正统，但是他在儒家学说上是没有什么建树的。他的功劳在于当人们承袭六朝之风、忽视儒家文化传统时，力辟社会的风气，提倡"文以载道""非圣人之书不敢观"。在他之后，儒者开始从佛教里大量汲取营养来丰富儒学，二者融合的结果是出现了宋代的"程朱理学"。也可以说，如果没有唐代的佛教中国化，就没有宋代的"理学"。从总体说"理学"把儒学推到了一个新的阶段，用现代的话说就是宋代出现了新儒学。理学当然有它的弊病，但最重要的一点就是汲取了禅宗的"悟""反求于心，止于至善"。他们还不够完美，所以到了明代又出现了王阳明的"心性之学"。"心性之学"汲取佛教的东西就更多了。

　　宋也是一个先天不足的王朝，这时候的任务是如何对付北方的侵略以及如何稳定动荡已久的社会。朱熹所走的就是要"人人自修其心、人人自修其德"这条路。这本来是汉文化发展到这个阶段所必须进行的调整、修补与发展。这时，如果给汉民族以时间，"程朱理学"继续发展，把儒学更加严密化、精细化，同时把"知"与"行"合一，中华民族可能在宋以后再上一个台阶。可惜没有来得及做充分的调整，北方的蒙古族就入主中原了，整个的儒学体系被打破了。

　　这次打破有一个好处，就是儒家文化的主体地位受到动摇后又一次失去了权威，随着这个权威的消失，包括在原有权威观照下的诗、词、赋等文学形式也就被冷落了。可是人民群众天生需要娱乐，要"手之舞之，足之蹈之"，要"歌言志"，于是民间的小曲儿就被一些文人收集起来，加以整理、提高，编成散曲，再弄段情节，摘个小剧。元代为什么散曲、杂剧风行啊，那是因为蒙古人的铁骑把近体诗、古体诗、骈文、精致的古文统统给踏碎了，反而推动了文学的前进。奇怪的是，就在异族占领中原、异族文化摧残汉文化的时候，元仁宗竟以朱熹的《四书集注》为官定课本，要来考那些想谋得一官半职的士子。这下又把朱熹给神化了。孔夫子之外又添了位朱夫子，朱夫子说的一个字都不能动。明代出现的八股文是在形式上固定化，思想的固定化从元代就开始有了。本来可以为适应刚刚出现的商品经济而进行调整，还没来得及调整的时候，就出现了北方文化一方面扫荡旧有文化，另一方面又僵化思想的局面。

到了明代，居然也宣布沿袭前朝的办法以《四书集注》为标准课本，而且形成八股文，更进一步禁锢了人的思想。王阳明培养了很多人，但他一直是私学，始终不能成为官学。他是思想家，也是思想和实践相结合的大家。私学只是在书院里讲讲课，生活虽苦，但也都不愁吃不愁穿，所以慢慢延伸出明人的"空疏"，于是"满嘴仁义道德，一肚子男盗女娼"——这话就是从那儿来的。所以后来顾炎武惩于明代的"空疏"误国。但他只看到了学术和思想的一面，而明之亡还有政治的、经济的、阶级的等等方面的原因，他不可能认识到。明代倭寇不断入侵东南，于是实行海禁，坏了！外面的东西干脆不知道了。

入清，换了天子，换了朝廷，你倒是重开海禁啊，不行，拖着个辫子要想统治这些知书达理的读书人，只能是高压统治，朕即天下，连明朝顾宪成所说的"家事国事天下事，事事关心"、顾炎武所说的"天下兴亡，匹夫有责"全都否定，你有什么责啊？你关什么心啊？天下有事是我皇帝一个人负责，只有我一人是主子，你们都是奴才，奴才负哪家的责！清朝在明朝禁锢的基础上又加上一个"想都不许想""想了不许说"。全社会只有一个脑袋，不等着挨打还等什么呢，在这种情况下，一种民族的盲目的自我崇拜再一次出现在中华大地上。

历史有一个规律：任何一个民族，当它进入一种盲目的自我崇拜的时候。上自最高统治者，下到老百姓普遍弥漫这种思想情绪的时候，就是衰落时期到来的时候。这是可以用学术的眼光，透过华丽的外表看出的本质。明王朝的时候，中国的 GDP 是全世界的一半啊！即使到了 1800 年还占世界的三分之一呢。明朝初叶的时候，根据李约瑟先生的考据，中国是全世界最大的科技国。但这是一时的表面现象。自我崇拜了，自我迷信是中央之国了，就已经开始衰落了。历史的发展有惊人的相似啊！四百多年之后，在地球的另一端又出现了一个自我崇拜的民族。它强大，它的产值只不过占全世界的百分之二十六，比我们的老祖宗差远了。我们老祖宗由于自我崇拜、拒绝其他文化而衰落，现在的自我崇拜者正在走着这条老路，同样唯我独尊，同样以自己的文化为最好的文化，拒绝其他，已经衰落了而不自知。

就着整个中华文化的发展过程，我要提出两个问题。一个问题是中华文化在发展过程中当然要有百川汇入形成浩浩荡荡的大势，但异质文化并不是自然流入的，常常是中华文化和异质文化发生接触和冲撞后融入的。中华文化所受到的大的冲撞是两次，一次是在五胡乱华，另一次是南北朝时期。五胡都是游牧民族，中原是先进的农业文化。最初，游牧民族对农业社会除了掠夺没有别的，等到站稳脚跟之后，不能就只是掠夺了，还有羡慕，由羡慕而模仿学习，这样落后的文化慢慢地就被先进的文化吞食了。从清末开始，我们被西方的洋枪洋炮打开了国门，这个时候西方的工业文化，如同钱塘潮，哗——都流进来了。是不是进来的都是先进的呢？未必。它的先进生产力、先进工业并不等于先进的文化。中华民族博大精深、源远流长的这条文化大河，在这样一个冲击的过程中，鉴别、分析、吸收异质文化、发展自己的过程，从清朝开始到现在还没结束呢！1917年俄国革命的炮声送来了马克思主义。我觉得也可以说是我们找到了马克思主义。马克思主义也是西方文化，同样是异质文化，要和中华文化产生接触、交融和冲撞，必须经过一个中国化的过程，这就是从毛主席到江泽民同志所提的马克思主义普遍真理和中国实际相结合。我想我们应该以唐朝人的那种气度，以我中华文化为基础，充分接受异质文化中适合自己的东西。在西方所有的文化当中，我认为只有马克思主义正确把握了人与人、人与天、现实与未来这些最基本的东西，但是可不能照搬。从文化的角度看，这个问题很清楚，很简单。

　　第二个我要说的是，在文化发展过程当中，同质文化不同层次之间也会发生接触和冲突，但是它们本质上是互动互制的。文化的问题很多，很复杂，其中有一个问题应该引起注意，这就是雅文化与俗文化之间的关系。今天来不及详细阐述我的一些基本观念，或者说我思考的结果，只说一点：雅文化和俗文化是一个民族文化主体观照下同一个层次中相对的两方，本来应该互动互制，如果出现了雅文化与俗文化的隔绝，这个文化就要崩溃。随便举一个例子，《红楼梦》这样伟大的作品，在当时其实是俗文化，桐城派才沾上雅文化的边儿。《红楼梦》问世后，不能登大雅之堂，朝廷命官要看，得放到袖子里拿回家悄悄看。《红楼梦》的命运说明，当时雅文化和俗文化之间是隔绝的。老百姓不懂八股文，念八股文的那些秀才——范进们、孔乙己们不懂得民间的小曲儿和人民的喜怒哀乐，这样的文化肯定要崩溃。

以上是我谈的第三个大问题：文化的发展。

第四个问题：

中国文化的继承

由于中华文化根植于原始农业，农业对人和天的关系作了特有的昭示。一方面，向人们展示了现实和可见的未来，告诉人们今天的努力可以创造明年的收获、明天的价值，扩而大之，人们更注重现实，注重继承，主动地在现实的基础上追求和创造未来。在这种文化背景下，中华文化的传承主要靠两个渠道：一个渠道是家，"忠厚传家久，诗书继世长"。这就是为什么中国人家家都好好教育自己孩子的原因（到今天基因有点儿变异，这就是"望子成龙"而产生的畸形培育）。中国人在孩子身上倾注的心血，全世界第一。现代教育学才提出母亲是孩子的第一个老师，其实中国人早就懂得；现在又发现怀孕以后要听美妙的音乐，不要生气，这在我们的《礼记》上也早写了。刚才我说由家庭扩展到家族，为防家族大了彼此不能相认，于是要修家谱，这也是中国特有的，是农业社会的遗留，因为农业社会财产的继承是靠血缘、分长幼嫡庶的。这是家庭的内亲。男大当婚，以便家庭和家族延续。结婚以后呢？一结婚就有外亲，外亲又有自己的内外亲。这样靠血缘和家庭就织成了一个大网。家有家规和家风，一直传到每个细胞。另一渠道是师。老师是没有血缘关系、引导个体从家庭走向社会的中介所。一个人品德再好，孝顺父母、兄弟和睦，也只是家族成员，想走向社会，成为社会成员，还要靠老师，通过老师指点，学到更多的知识到社会上去谋职。由老师那里又织成一个网：老师有师兄弟，师兄弟又有他的学生，自己有同门，同门也有弟子，这不是个网吗？这个网把许多不同血缘的人织到了一起。师生网并不是农耕经济特有的，但受农耕的影响而加强，即所谓"师生如父子""一日为师，终身为父"。现在我们学术界也有啊！一说，他是谁谁的学生，噢，好、好，来吧！感情就不一样了。血缘的一张网再和没有血缘关系的师生关系织成的一张网连接起来，就形成了一个可以把整个国家笼罩起来的大网。师传什么？传道、授业、解惑。在中国古代，师首先是当地人的父母官，其次才是请的教师，官名叫教谕、教授，等等。在中国，最偏僻的县也有"县学"，柳宗元被贬到柳州之后，首先办的一件事就是兴学；韩愈有《师说》，他所说的"师"是普遍的，不是学校里的"师"，而是"人人可得为我师"的"师"。人们在家受到传统文化的熏陶，以后进学又受到这一文化的系统训练，然后到社会上做官，一做官又通过血缘和老师两种关系扩展，通过两个渠道传播文化。这样就织成了一张无边无沿的文化的网。血缘和非血缘的网与文化的网大体重合，重合起来是什么？国家。你看，我们称这个网的实体是什么？　　"国"——country；

"家"——family。国与家加在一起以称这个实体，只有汉语是如此。这个词的组合情况也说明，在中国，国就是放大了的家，家就是缩微的国。所以说县太爷是父母官——还是家庭啊！

最后一个问题：

中华文化的未来

文化的发展是一个漫长的过程，文化的衰落也是一个漫长的过程。比如唐王朝在"贞观之治"时期是顶峰，它的衰落经过了二百年；刘秀的政权和刘彻（汉武帝）时没法比，但是它也有二百年。罗马帝国的覆灭，希腊城邦国家的覆灭，都经过了好几个世纪。现代社会步伐快了、节奏快了，但是"日不落帝国"衰落也用了半个多世纪。它真正的衰落是从1918年开始的，即使衰落了，"瘦死的骆驼比马壮"，它的财力、军力在世界上还是比我们强得多，所以我所说的"未来"是一个漫长的过程。今后的具体情景我无法描绘，但是可以说有这么几点是谁都回避不了的，中华文化今后要保持、要发展，也不例外。

1. 形成中华民族的文化自觉。

所谓文化自觉就是站在历史的高度，观察中华文化所发生的规律，根据这个规律分析现状，预测未来，决定今天的行动。要让十三亿人都达到文化自觉，是不可能的，今天不可能，再过五百年也不可能。文化自觉集中体现在知识分子和执政者身上。现在我们看出了非常好的苗头，看到了一系列巨大的动作、措施，这就是江泽民同志提出的"先进文化的前进方向"，这是文化的民族自觉。先进文化的前进方向，就是中华优秀传统文化和现代化的结合。又提出来"依法治国"的方略和"以德治国"的方针。"依法治国"是现代国家的共性；请大家注意，"以德治国"在全世界二百多个国家里却只有中国提，也只有中国的典籍里能找到自古以来就以德治国的传统。别的国家兴"以'主'治国"——以《圣经》治国，或以神治国——原始宗教神与酋长常常难以分开。所以我开玩笑说，"9·11"事件之后，布什在教堂里悼念，美国每艘军舰上都有好几个神父。但我们不是，遇到这种事我们会开追悼会，然后军舰上派政委、指导员，和他们不一样，是"以德治国"。"以德治国"的提出和"以法治国"的方略，刚好是中华传统文化和现代文化的结合。我们几千年来从不是"依法治国"，"依法治国"是工业化社会提出的，现在我们确定了"依法治国"的方略，这是中华文化的发展；"依法治国"又和"以德治国"相配合，岂不是传统文化与现代化的结合吗？

2. 要注意文化的层次性。

现在人们很重视文物、重视文化建设，各界的呼吁不断。这是好事。但是我认为还不够。我们现在往往只着眼于表层文化，雷峰塔倒掉了再建一个，建成了也不过是物质文化，雷峰塔所体现的中层精神是什么？底层的观念、意识、哲学是什么？有谁想过？修了一个寺院马上和尚进驻，当然我也赞成，需要扩大宗教活动场所。可是佛教的教义是什么？又有多少人了解？人们两块钱烧炷香祈求一家都平安，求儿子考上北大，也太便宜了吧！其实，这是违背佛教教义的。只限于表层，将要妨碍深层文化的普及。谈文化建设必须分层次，从表层入手，最后追求的是底层。而这不能要求全民族都做到，于是知识分子一马当先，因为师是文化传承的主要渠道之一。同时要重视社会的细胞——家庭。现在重视学校中的德育了，社会上也为少年儿童建设了很多设施。可是家庭如何教育？"好好念，不然将来怎么怎么样"，这不是中华文化。到现在中国也没有一门家长教育学。从这个角度说，在座的老师、同学，也包括我，都承担着在与现代化结合的过程中传承和弘扬中华优秀传统文化的历史责任。至于官员，也是从我们当中产生的，只不过是权力不一样而已。

3. 一定不要拒绝自己主体文化和异质文化的交融，没有这种交融，文化就要萎缩，要衰亡；但是也不要以为什么都是别人的好。

我们中国民主促进会有一名普通的会员，叫冯小宁，著名导演，《红河谷》就是他导演的。他答记者问时说过一句话："对美国无须仰视，平视就可以了。美国的花是香的，美国人放的屁也是臭的。"我觉得就是要有这种精神——平视。你的工业是发达的，但酝酿着民族的癌症。

不要隔绝了同质文化内部的雅文化和俗文化，二者隔绝了文化也要衰亡，要自觉推动雅俗文化的互动。这也是社会上目前存在的一个问题。小姑娘、小伙子追的那个F4还是4F？（众笑）噢，F4。别笑我，在座有的先生可能比我还孤陋寡闻，祝先生，你知道F4吗，你看，他连F4都不知道，我还知道个4F哪！（众笑）有的歌星敞着怀满场飞舞、狂叫，把那些小姑娘、小伙子弄得迷迷瞪瞪的。我们的雅文化呢？我们的引导人向上的俗文化在哪里？中华民族这么深厚沉淀的东西不欣赏了？乃至于知识分子所喜欢的一些高雅的歌曲，民族唱法、美声唱法，孩子们说听这个干什么？

如果老这么下去就危险了！我认为俗文化有俗文化的好处，俗文化里可以有真正民族的东西。一味追求俗是不对的，完全拒绝俗也是不对的。我向大家坦白，我喜欢听刘欢、毛阿敏、韦唯的歌。在他们的歌里时常有中华民族的昂扬之气、温馨之情，有时听了让人想到生活的美好，而不是使人萎靡。可能大伙儿又要笑话我，我还爱听邓丽君的歌，因为从她的有些歌里我听出了传统文化的旋律和中华民族普通人所共有的那种情。她的有些歌体现了台湾岛上两千三百万人和大陆隔绝，在国际政治风雨中飘摇的那种乡愁，有时候唱的是爱，是你离我而去，或者我离你而去，其实是在影射，寄托的是另外一种感情——故国之思，有时候唱的是昨夜星辰，那是回想过去逝去了的欢乐。现在社会一定要想到俗雅交融，这不但对家庭、对社会有好处，就连代沟都没了。所以我说雅俗要从各个层面互通、互动。

当然中华文化的未来，不是我这几点就能解决的。这几条也不是我的发现和发明，也不是中国人的发现和发明，实际上各个民族的文化都是这么走过来的，汉、唐都是这样。现在人们都喜欢学日本，这管理模式、那管理模式，尤其上海有些人特别愿意上日本去讨生活。但是人们忽略了一点，日本的文化主要靠中国文化才从它的原始状态成长为现在的日本文明的。日本文明的特点是什么呢？就是把中华文化吸收之后让它适合国情。唐朝的时候，大量派出遣唐使，什么都拿过去，开始也是生搬硬套，没有文字就用汉字写汉诗，言必称孔孟。到了894年，日本停派遣唐使。从9世纪末10世纪初开始了日本文明化的过程，他们最响亮的口号是"汉才和魂"。从圣德太子鼓励引进中国的文化，到平安时代进行日本化，经过了几百年的摸索。到了明治维新的时候，又大量地吸收西方的东西，西方的东西同样逐步日本化。但是日本怎么变还是日本，不会美国化，为什么？"和魂"哪——大和民族之魂。因为它是岛国，必须吸收各种文化，但是一定以"和魂"为主。日本古代最早的重要文献之一紫式部的《源氏物语》，其中有这样一句话："凡人总须以学问为本，再具备和魂而见用于世，便是强者。"在稍后的源隆国所写的《今昔物语》里有这样一句话："才（汉才）虽微妙，但若无一点和魂者，可以说此心幼稚如死也。"日本民族就是牢牢地把握住了日本原有的"根"来广泛汲取包括我们中国的种种异质文化。我觉得学日本就要学这个东西，这个东西学到了，什么都来了。

刚才我说了，我说的这三条，不过是一个笼统的设想，很可能有第四、第五条，但是我的才、我的力就到此为止。

开头时我说这个讲演要回避难点，不谈语言学，既是怕露马脚——露寡陋的马脚，又是想和大家交流。我觉得在这样一个时代——转型的时代，也是文化冲突很激烈的时代，我们首先应该成为中华文化的自觉者，并且通过我们的教育和笔墨唤醒更多人的自觉，让我们的"华魂"和"西才"更好地结合起来。只有这样，中华民族才能实现伟大的复兴。我有一句极端的话：无科技无以强国，无文化（自己独有的文化）足以亡种。我经常用这句话警策自己。如果这话说得对，那么就希望同学们在这样一个共识下，为我们的共同目标努力。

说得不对的地方请多多指教。

谢谢大家！

神秘—生疏※

——中华文化解读

主席先生，各位贵宾，女士们、先生们：

我相信在座的各位，很多人没有去过中国，即使去过，所停留的时间也很短暂，一个星期，或者10天。因而即使零距离地接触了中国，可是总觉得中国是一个神秘的国家，特别是它的文化。我想今天我的演讲，就是要努力地给大家揭开这个谜团。下面，我就来解读一下中华文化。我准备讲这样几个问题：第一，我们感到一件事物很神秘，真正的原因在哪里；第二，觉得中国问题很神秘，那么我们把它解剖一下。我把文化分成不同的层次，既然分成层次，我就先从文化的底层说起，说清楚了底层，反过来我们再来说中华文化的表层和中层。最后我要得出自己的结论：神秘和生疏说明不同的文化之间需要对话。这个问题，是当今全世界的普遍性问题。

现在我先讲第一个问题——神秘感的真相。神秘感来自何方？其实是来源于距离远处，或者是由于从未接触过而第一次看见。举例子说，龙卷风对我们来说是神秘的，即使今天可以预测龙卷风形成的大约时

※ 2008年5月5日在加拿大埃德蒙顿孔子学院的演讲。

间，但龙卷风内部是什么样子，到现在人类还没有解开。那是因为我们没有办法钻到龙卷风的核心里面，现在拍摄龙卷风都要冒很大的风险，恐怕还没有人愿意为了揭开龙卷风的真相，而想办法让自己被龙卷风卷到当中，即使能卷到当中，也无法观察，即使观察了也不能奉献给人类了，因为当他下来的时候可能已经离开人世了。很多中国人信佛教，对于释迦牟尼，以及释迦牟尼所描绘的彼岸世界都抱着一种神秘感，这也是因为我们距离他远。从佛经上看，释迦牟尼的弟子对自己的师父从没有神秘感，这是因为在2500年前他们生活在一起，他们离得近。

对于初见的东西第一次看到也会感到神秘，例如我两次去非洲肯尼亚的野生动物公园参观，每次给我开游览车的司机，他对那个动物园丝毫没有神秘感，因为他天天生活在这里。哪里有长颈鹿，哪里有狮子，它们经常活动在哪里，哪里有老虎，老虎喝水在什么地方，他一清二楚。有一次他开着游览车进到野生动物园里边的一个小园子，开开铁门进去了，这时候突然两只豹跳到我们的车顶上——那是一个帆布顶的吉普车，为了让我们观览，所以篷的下面两边没有帆布。这豹子就把它的一只脚耷拉下来，我的头在哪里，那只脚就在哪里，全车的人都十分的紧张——最紧张的不是我，而是我的警卫员，但司机并不紧张，他跟我说这两只豹子是他的朋友，他每次来都给它们带吃的，所以他一来它们就要欢迎他，还让我去拉拉豹子的脚。这件事对我们是第一次，但对他已经是很熟悉了。下面我们言归正传，神秘本身如果用美学的观点看，它是一种审美中不可缺少的因素。现在在艺术界，流行一种朦胧美，不知道在座的各位知道不知道这种朦胧美，朦胧就是不清晰，就是神秘，就像中国的黄山、张家界、九寨沟，那里除了山川的奇特、多彩、幽美之外，还有雾气，会让你感到神秘，也就是让你感到一种特殊的美。在座的朋友们如果没有去过这三个地方，希望大家将来一定要去看看。我总结一下，神秘感的神秘真相来源于距离得远、第一次见，而在神秘中有一种审美的欲望和审美中收获的体验。下面我们用这个观点来看中华文化。

  在讲第二个问题之前，我给大家看一些图片，右上角的是中国式的释迦牟尼的造像，大家看这个造像，是不是艺术家已经赋予释迦牟尼一种神秘的感觉？比如我们去看这尊像，你会发现释迦牟尼的眼睛总在注视着你。我们从这个角度来看，他的眼睛在注视着你，走到另一个角度，他还是在看你。这是中国佛教造像的一种特殊的技法，目的是让你感到神秘，感到一种庄严，感到一种美妙。左下角是一个佛教寺庙里正在进行宗教仪式，披着红袈裟的就是中国佛教协会的副会长，他是我的好朋友。这张照片是他在做法事的过程中被抓拍下来的，他要走到我们图像左边的地方，转过身面对佛像举行仪式。但是，大家看到他的表情是一种肃穆、冥想的，他在想什么，我们不知道，仪式现场再加上佛教音乐就会给人一种神秘感，我想各个宗教的教徒们在宗教的场合举行宗教仪式的时候，都会有这种神秘的体验。中国的道教，右上角三张图片，就是道教所崇拜的最高的三个神，左下角一个道士正在做法事，他们的法事就是宗教的仪式。这位是中国道教协会的会长，和我同岁，但是他比我多了一副漂亮的胡须，他也是我的好朋友。他也是很慈祥，很肃穆，在他的身后坐的都是道士，这种宗教的气氛也让你感到神秘。这是中国伊斯兰教的几张照片，右边的这个照片就是北京的伊斯兰教的教堂。左上角是另外一个地方，左下角这是中国最大的阿訇，伊斯兰教协会的会长陈广元，也是我的好朋友。这是北京的天主教堂，两个都在北京城区的西门。这是北京的基督教的教堂，左边的教堂也在北京的西部，我小的时候大约是10岁或11岁，曾不止一次地到这个教堂参加弥撒和礼拜的仪式。但是，我不知道是不是我的遗憾，我没有接受洗礼，我也在那里领过圣餐，但终于没有成为基督的人。右边这个图是在改革开放过程中，在中国的高科技区域北京海淀区新建的纪念堂。在谈神秘感的时候，我为什么还列举出天主教和基督教的宗教场所呢？大家注意没有，佛教、道教、伊斯兰教的图片中都有人像出现，他们都是我的朋友，而天主教与基督教却没有。那是因为中国最大的天主教主教去年不幸去世了，他是我20多年前结交的要好的朋友，新的大主教我不熟悉。基督教的大主教居住在南京，我不敢称他为我的朋友，我应该称他为我的老师，今年他93岁，我不止一次地向他请教基督教的教义，以及对《圣经》的理解，他现在只能靠轮椅生活，时而非常清醒，时而已经不太认识人了。他们两位，一位是刚刚去世的朋友，另一位是将不久于人世的老师，我不忍心把他们的照片放在这里。

在我所见到的中国五大宗教里边，特别是佛教、道教和伊斯兰教，他们的塑像、他们举行的宗教仪式都有一种神秘感。我列举出这五个例子要说明什么？我想以我为例子，说明在全世界都非常独特的一种现象，就是我作为一个无神论者，居然在各个宗教当中都有非常要好的朋友，而且我们可以在一起探讨神学、探讨宗教。这里由我给大家介绍一下中国宗教信仰的情况，有一种现象已经引起美国哲学界、神学界的重视，并且正在开展研究，这就是为什么中国人中同一个人可以有多种的信仰。比如，他可以是一个儒家，但是同时他是一个基督教徒，甚至他也经常出入佛教的场所。扩大来看，一个家庭，有可能父母亲信主，儿子是儒家，娶进来一个儿媳妇又是信佛的，这三种信仰在一个家庭中和睦相处，到星期天父母亲要到礼拜堂去，那么家务就由儿媳妇完全承担起来，儿媳妇在释迦牟尼的生日那天，要到庙里去朝拜，父母亲替她管孩子、做家务。这就是中国文化的神秘之一。

由这个个体家庭我们再放大来看，又产生第二个神秘，这就是自佛教传入中国，到现在差不多应该是两千多年——据历史记载公元前2年佛教传到中国，大约在汉末中国的道教正式形成，公元7世纪的时候基督教传入中国，曾经在中国流行了120年，以后慢慢地衰微，在这前后，伊斯兰教传入中国——除了局部地区曾经因为居民之间发生过肢体的冲突，就全国范围来说中国从来没有过宗教战争，人们没有因为不同的信仰而付出过鲜血和生命，几大宗教都共同地维护和发展这个社会，都在中华文化成长的过程中做出了自己的贡献，这又是一种神秘。至于有些朋友对中华文化感到神秘，是因为中华文化太丰富了，这不在我讨论之列。因此，归结起来，我想提出的一个问题是：为什么中国人可以多种信仰并存，而且从个人到家庭到整个国家都是如此？答案是什么，我暂且放下来不说，而开始我对第二个问题的讨论。

文化是分层次的，它的最表面的，让人们一看就感觉到的是物质文化，所谓物质文化，就是人们的物质需求以及上面所附加的一些东西；中层是制度和艺术；最核心的、最底下的是一个民族的精神，这些精神概括起来无外乎伦理观、价值观、审美观，现在的哲学其实研究的就是这几个问题。具体来说就是要解决人和人的关系，包括个体的人和群体的关系，群体和群体的关系；人和大自然的关系；现实和未来的关系，也可以说此岸和彼岸的关系。

首先，我们从中华文化的底层说起。中华文化的底层有这样几个最重要的特点：

第一，中国人所有的事情都希望和谐。首先，人的自身要和谐，人自身和谐就是指人体各个部分之间的和谐。这个问题当然各个民族都一样，比如我们强调运动，运动除了给我们带来健康之外，还有一个就是肢体的协调，反应的灵敏。但是中国人所讲的和谐不止这些，最重要的体现在中医身上，下面我们还要涉及。其次，人与人要和谐。再次，人与自然也要和谐，这个"自然"中国人常常用一个"天"来代表，这里产生了一个翻译的问题。很多西方的著作谈到中国人对天的概念，都用一个 Heaven 来翻译，这样翻译不对，中国说的天既包括大自然也包括宇宙。另外，就是现实和未来、今天和明天要和谐，这个问题其实就是各个宗教的终极关怀问题。

为什么中国人形成这种和谐的观念，请允许我离开我的讲课提纲说点眼前的事情。我今天中午还问一些加拿大的朋友，去过中国吗？对中国的饭菜喜欢不喜欢吃？给我的一致回答是，都非常喜欢。那么，为什么中国菜好吃？因为中国人把人和人的关系，跟吃饭联系起来，中国这个"和"字，原来的意思就是五味调和，酸、甜、苦、辣、咸，搭配在一起就成为美味，后来就把用在食品上的这个词用到人身上。怎么形成的呢？由吃的东西我就要带着大家进入到我的想象当中。根据中国的考古和文献证明，至少在1万年以前中国就进入到了比较发达的农耕生产阶段，中国没有游牧的历史，它是直接从采集和狩猎阶段就进入圈养和驯养的阶段，然后同时发展成农业，不久就产生了手工业。在这样长的农耕社会当中，人深入地体验人和人的关系、人和自然的关系、今天和明天的关系，以及人自身的关系。这种体验从哪里来？它是结合着对大地、天空、森林、河流、家庭的细致观察，比如，什么时候草发芽，发芽之后它是互生的枝叶还是对生的，这种叶子在出生的时候什么味道，长成时候又是什么味道……经过这样的观察就发现，这种植物在它幼小的时候吃了以后对人身体有什么好处，成熟了以后再吃却没有那个好处了，在这样细致的观察中中医就产生了。

只有体验，只有观察是不行的，还经过了长期的、一代一代的总结，为了说明这个问题，请大家看几张图，这是浙江省余姚市河姆渡古文明遗址。右上图左边是一个兽骨所做的掘地的工具，那个圆图里面是稻谷，6600年前的稻谷。它下面的圆图是刚刚发现的稻谷的留存的情况，上面这个已经清扫了一些废物，不是三粒、五粒、十粒、一百粒稻谷，而是一个小小的谷仓，说明6600年前这个地方种植水稻已经成为主要的食物来源，很发达。这是在河南省登封县（今登封市）的一个观星台，也就是古天文台，这个建筑物是正南正北，上面有一个洞，垂直下来在里面有一个长条的由石头和砖所砌的东西，怎么观星呢？方法就是白天看中午12点的时候，太阳光穿过这个洞落在地上的长条上，在一年中天天这个时候来观测，于是就发现阳光照在这里，影子是来回移动的。当这个光向最这边的时候记下来。这一天就是冬至，也就是太阳和地球的斜角最小的时候，说通俗一点就是太阳离我们最远的时候，然后继续观察，这个光越来越短到这里了，第二天又回来，最短的时候就是夏至，那一天白天最长，黑夜最短。根据这两个距离，就可以把一年四分，春夏秋冬就定出来了。所以在1000多年前中国人确定春天到来、夏天到来的时候，可以测出是哪一天几点钟，多少分、多少秒。当然和今天格林威治天文台以及各国天文台所测的相比还有误差，但是大家要知道古代中国人是靠这个技术观测的，而观测的结果几乎接近现在的结论。

以上我说的是中国人在长期农耕文化中的长期体验，这些体验靠的是细致的观察，接下来是长期的总结。请看这张图片，图片上的这本古书是集中了中国文化精粹的书之一的《史记》，它记录了公元前3000年到公元前122年的情况，一直流传到今天。从那以后，每一个时代都有每一个时代的历史著作。孔子就曾经整理过周代的历史，这部历史到现在还完整地保存着，叫做《春秋》，因为在当时的中国文化中一年只有春秋两季，用春秋代表历史。在《春秋》之后，就是这部书——《史记》，《史记》的作者司马迁，他是公元前145年出生的，什么时候逝世的没有考证，考证不出来，这是公元前2世纪写的历史。《史记》是中国第一部给重要人物写传记的历史书，也是第一部给当时的朝代写大事记的历史书。从《史记》开始，到1911年清朝帝王统治结束，中国正式写的历史书有25部。我曾经用过13年的努力，组织了200位学者，把从《史记》到明朝的历史，也就是到公元 1644 年的历史，共 4900 万字，把它翻译成了现代汉语，翻译完是 1.3 亿字，前几年已经正式出版了，这 25 部历史书只有清代历史没有翻译。已经翻译出来的 24 部历史书就是从公元前 2 世纪到 1644 年中国人经验的总结，是长期的、不断的、反复的总结。总结了历史做什么？司马迁这位伟大的史学家，在他《史记》序里说了这样一句话，就是我写这部书我要探究人和天的关系，也就是人和宇宙的关系，我要沟通从古到现在的社会的变化。后来所有的历史，都是本着这两句话来做的，一代的历史有一代历史的任务，有一代历史的局限性，但是探究天和人的关系，打通古代和现在之间的变化则是一贯的。这是我所说的长期总结，总结之后所得出的结论，就是应该把和谐作为个人和社会追求的目标。

中华文化的第二个特点，就是重圣轻神，非常看重圣，对于神不太重视。"圣"是什么？就是一个人的道德修养达到最高的地步，是一种人们不断的追求，但却永远到不了的崇高的道德境界。这个道德的构成首先是"仁"，非常不好翻译，具体说"仁"就是要爱他人。"义"也非常不好翻译，我们姑且说就是自己在社会上、家庭中是什么地位，就在这个位置上竭尽自己的全力做就是"义"，对妻子，对孩子，对父母，对朋友，对社会，尽自己的力量去做。"礼"是社会生活规范，非成文法，全社会心里达成共识，什么是好的，什么是坏的，在法制上约法是约束社会生活的最低限，犯了法就要受惩罚。这个有的时候人们用道德干预，礼和道德不一样，因为礼是一种道德规范，同时它还有一些形式上的东西，提醒人们要这么做，有的还有一些仪式。"智"就是智慧,当一个人,仁义礼智达到人们最理想的高度的时候就是圣。

孔子学院以孔子命名,这是因为过去的中国人,和现在的中国人都把孔子尊为圣人。但是,孔子不承认,如果孔子活到现在,他一定会在报纸上发表声明,拒绝这个称号。因为在孔子弟子收集他的言论的书——《论语》里面就记载着:"孔子说,圣和仁我是不敢当的,我只不过是不断地学习,不断地提高,天天做,天天用我的理解去教导人,死的那天才是我这种行为的结束"。所以他认为自己还没有到圣人的地步。但是,我们认为正是因为他意识到这点,而且直到他去世仍然在追求,用这点教育人们,所以他是圣人。中国人对自我的要求,主要是对内心的要求,内心的要求又要体现在实践当中,行为当中。因而中国人给自己提出一生中要立德,树立一个德的榜样,人们去争做榜样;立功要做具体的事情,要为百姓,要为国家建立功勋;还要立言,要留下自己的思考,自己的智慧,把它写下来,一代一代地总结下去。

对于神呢,从孔夫子开始,就不很重视。所以还是那部《论语》上记载的,"敬鬼神而远之",对鬼神要表达一种虔诚尊敬,但是你不要和它太近,应该远远的,保持着神秘感。这里我要说,鬼与神在中国古代区分的是很严格的,鬼指的是自己先人死后的灵魂,神是指万物的灵魂,比如山有山神,河有河神。中国古代是万物有灵的。《论语》中还特别强调,孔子的学生从孔子的口中没有听到过他谈论奇奇怪怪的事,比如,某一个老太婆通过水晶球可以看到某一个人的未来,这类怪的事情孔子绝不说,暴力他不说,社会上的那种不遵守社会规范、扰乱社会、扰乱政权这样的事情他不说，还有一个，他口中也不提神，因为他敬畏神而远之。

　　由孔夫子就给人们种下了注重人的事情，社会的事情，而不是十分看中彼岸的事情，这就成为了中国人的文化基因之一。这张图片中的地方是很多朋友，特别是孔子学院的工作人员和我们的教育官员去的地方——山东曲阜的孔府和孔庙。大家看看，右面的图，下面是孔子的像，和庙宇里的佛像格局是一样的，人们对他也进行朝拜，但是在中国人的心里孔子绝不是神，而是伟大的人。他的上方有两块匾，有八个汉字，上面的四个字"万世师表"是说孔子是历史上最伟大的老师和表率，下面"斯文在兹"用了《论语》上的词编撰的，是说中华的文化就在这里，就在孔子这里。这两块匾是历代的皇帝写好以后送到这里挂上的，他们是把孔子当作为人的老师和表率，文化的巨人，而不是神。

　　中华文化的底层的第三个特点在哲学上是一元论。正因为不重视神，所以不认为世界上有一个造物者，其他是被造物者，这种二元论的观点，认为造物者和被造物者之间是绝不相通的，因为被造物者成不了造物者，造物者成不了被造物者。而中国文化则是一元的，什么叫一元呢？我举老子的一个典型的话来进行说明，一元就是指人类宇宙最初是一个混沌的东西，时间久了开始分化，分化成两部分，一方叫阴，另一方叫阳；这两部分之间是互相转化的，不是一个战胜另一个，而是没有这个另外一个就不存在了，这个增长起来了，那个就消减了，但是过一段时间那个增长起来了，这个就消减下去了，相辅相成。这样说就像夫妻，两个人组成一个家庭，有妻子才有丈夫，有丈夫才有妻子，如果一个未婚的人他既不是丈夫也不是妻子；但是他们可以互相转化，有的时候丈夫忙一些，妻子就多做一些家务，妻子忙起来，丈夫就多分担些家务，有的时候丈夫在外面遇到一些事情脾气不好，妻子忍耐，再过一些天，妻子在外面，或者在孩子身上有一些不如意的地方，丈夫忍让一些，此消彼长，但是夫妇一结合，一般都有笑脸。所以混沌的就是一，分成两个就是二，一生出二来，二在一起就生出第三个来，有了三就可以生出万物来。

在中国人看来，一分出两个来，这两个之间有巨大的中间地带。比如我们生活当中，特别是夫妻两个吵架，吵架就是争是还是非，是是一端还是不是一端。其实世界上的事物，有更多的事情是，是也是，不是也不是，说它是就是，说它不是就不是，没有严重到是与不是对立当中来。所以我的生活经验就是，在家里凡是我太太的意见和我意见一致的时候，就听我的，凡是我们两个不一致的时候我就听我太太的。表面说起来，好像是以我为主，但是大家一听就知道，我的太太也是满意的，我为什么甘于做这个，我认为在家里有的事情是对的和错的的分别，有很多事情说不上对，也说不上错。比如过上几年，大家家里都要重新装修，是用暖色，是用冷色，冷色里是浅蓝的，还是浅绿的，这有什么对和错，你喜欢什么就是什么。你们两个意见一致就听丈夫的，两个意见不一致丈夫不要说明，听妻子的，OK，问题解决了，女士们好像对我的话更为赞成（笑——掌声）。中国人的观念就是一生二，二生出三，三生更大，因为两夫妇可以生出八个孩子，八个孩子作为一个整体是第三，正因为有两端，又有中间，就把万物都包含在内了，所以三就生出万事万物。

中国人总是认为天地事物都是混沌一体，合的久了必分，是动态的，分久了一定又合起来，一个事物可以分成两半，这两半还要合起来成为一个，这就是中国人的哲学当中一和多的关系。在座的我相信有很多是对哲学感兴趣的学者和老师，一和多的问题，中国从公元前7世纪开始，一直到今天还在研究，西方从柏拉图开始，到海德格尔尚且都在研究一和多。不要小看我刚才说的这几句话，这是哲学的核心问题，根本问题。说到这里，我们再回想刚才我所说的中国人为什么可以有多重的信仰，因为中国人从不同的宗教中汲取对于能帮助处理人自身各个部分的关系、人和人的关系、人和天的关系、现实和未来的关系的最好的营养，因为他对神轻，因为他更重视的是从宗教中吸取智慧。这个就是中国宗教三大教派——儒、释、道的外观。我表述完中华文化的底层了。

我们现在拿一元论、重圣轻神、和谐这些观点再看看中国的制度、艺术，看看中国的表层文化。首先看制度和艺术。这张图片中是大家都知道的中国书法。最下面的是篆书，是公元前5世纪到公元前3世纪中国战国时期流行的字体。左上角叫隶书，是下层官员写的，流行于公元前2世纪以后到公元5、6世纪。右上角的是楷书，从公元5、6世纪一直使用到现在。左边的这个是清朝的一位著名的诗人、画家、书法家写的词，不是写正规的文章或者给皇帝信件用的，而是平时用书，我们叫行书。右边那个是草书，写得快，文字已经变了形体。这是书法字体的演变情况，现在我们来看一下这些书法作品，是不是无论它是一个圆的，还是一个方的，还是一个扇形的，它的字的安排都是非常匀称的。像左边这幅是刚刚去世的一位北京的书法家写的，他一共写了八个字，他写的是什么呢？写兰花的香气，竹子的筋骨，人的胆和人的心，但是都只用一个词来形容它。兰花的香气随着风吹来，竹子本来是枝干，但是有一节一节的很坚固，就像有骨气的人的筋骨；人的胆略如剑一般的坚强锐利，无坚不克，而自己的心是很宁静、很悠扬的。写的是草、花、竹子，但是写的又是人，他把人和物融合在一起。再看看他的字，八个字，平分这个方纸有九个格，于是书法家又写了过去古代贤人的名言，然后签个名，地方还有空，空下来不好看，用一个印，好了，这样全纸就和谐了。

　　这幅是元代的国画，是13世纪时期的作品，画的是山水、风景，而画风景的时候，画的山、树和真实的山、树有点距离，比如说左边这棵树长得奇怪，这样的树有没有呢？有，但是很少见到。为什么画家要画它呢？再看看中间一幅山也有点奇怪，这是因为中国的画家在作画的时候，就是在画自己的心。用画来表达自己的抱负、心情和对现实的看法，因而可以说在作画的时候，他把自己和自然融为一体了。刚才我说，我建议大家去九寨沟、黄山、张家界等地方看看，我说你去了这些地方，再看中国画你就看得更明白了。画家是融入了自然，又从自然中出来，有的自然中包含了自己，所以画了自然就画了自己，这就是人和天的关系，人和自然的关系。

　　下面这幅书法作品是中国最最著名的一幅作品，是公元5世纪的王羲之写的，这个作品已经不在世上了。流传下来的是唐朝的四位大书法家临摹的，那个时候作品还在，后来再也没看见。为什么知道这是王羲之写的呢？因为四个人临摹的是真的，临摹的都大体差不多，就证明大家是照一个模子写的。据说这幅字是唐代的第二个皇帝，也是最有作为的皇帝，他非常喜欢的书法作品，临死的时候告诉后人，把这幅字和我一起埋到坟墓里，现在他的坟就在陕西省的咸阳市，坟还在，所以很多的书法家、考古学家就希望能够通过考古，把它挖出来，这样一来这幅字就见了天日了。但是，我反对，因为现在我们人类的技术还没有达到这种程度，就是如果真有这个东西在，一挖出来的几毫秒之内就必须采取技术措施，让它不风化，不然只要一见空气，这些东西就都化为灰尘了。与其这样，不如留给我们的子孙，那时候科技更发达了，也可能从100米之上通过地表探测找到它，注射一针就保存了，现在做不到。为什么大家这么看重这幅字？因为后来写的楷书和行书，最初的源头就是这些字。

　　我现在要说的是这幅字体现了中国人的人和人的关系，人和自然的关系，现实和未来的关系。这幅字是怎么回事呢？浙江绍兴有一个县，在一个山区里有一个风景秀丽的地方，这个山上产中国人非常喜欢的兰花。公元5世纪的时候，文人在那里修了一个亭子，命名这个亭子为兰亭。当时到中国的三月份，也就是相当于现在的4月下旬，这个时候风很轻柔，天气暖，植物复苏，是风景最好的时候，人们脱了古代厚重的衣服，很愉快，就到这里来赏景喝酒，中国古代文人凡是有这种聚会，每人都要现场写一首诗，把这些诗都写好了以后，装订成册。然后推选在这个集会当中，文采最好，年龄最大，道德最好的人写一篇序。这个序就记叙这次的聚会，同时加上自己的评价，这幅字中的文章就是那个序，这个集会本身是人融入大自然，享受大自然，他这篇序就把大自然和人融为一体，把人和人的关系写得非常好，人和自然的关系也写得非常好，同时写的字没有任何的做作。可能大家觉得左边这幅字很好，右面的字也可能不错，下面的字虽然不认识，但知道是中国的字，写得像花一样，可能也不错，但是在我看来这些字都不值钱。因为这些字是写者坐得好好的，在桌子上构思，看纸这么写，然后很严肃认真地一笔一画地写，自己的本性这个时候被掩盖了，是为了写字我才写字，虽然也在表达人和自然的关系，人和人的关系，但表达得不充分。而这幅字是大家已经喝得迷迷糊糊的时候推举这位老前辈写，哪还能想我现在要写了，而且要好好写。自己的一切本性，一切的感受就在他的笔端迅速地流露，来不及做作、处理，所以说书法极品就在这里——当然这要求字写得好。这说明书法在于自然，很自然地写，宝贵就在这里。

中国的戏曲艺术和上面所举的书法、绘画，都属于中层制度和艺术。中国的戏曲是什么时候产生的呢？比莎士比亚稍早一些。这幅图片是当时的一部戏曲，是写一个年轻的女子，非常的贤惠，但是被人冤屈，被丈夫家里人诬告，说她杀死了自己的丈夫，同时又碰上了一个糊涂的法官。这个女子叫窦娥，窦娥相信司法可以给她清白，没想到碰上一个糊涂的法官就判定是她杀的，于是就要判处死刑。冤屈啊，再没有地方可说了，法庭都判了，那么窦娥就寄希望于大自然。中国古代死罪其中一个刑罚就是砍头，就是跟欧洲中世纪斩头一样，与《巴黎圣母院》所写的斩头是一样的。送到刑场即将砍头，她这个时候忽然喊起来，窦娥就说了：我是清白的，如果上天你觉得我是冤屈的，那么就请你这个时候下一场大雪。这个如果在一个月前并不奇怪，但这时候是在六月份中国的南方，已经穿短袖衬衣感到热了，这不是痴人说梦吗。说完以后，刽子手把她的头砍下了。说也奇怪，一砍她，很明亮的太阳被云遮住了，天马上像黄昏了一样，接着纷纷扬扬地下起了大雪。

这个戏听起来非常好，因为唱腔设计得非常好，演员表现得也非常真诚，这个我们不去评论。我说这出戏本身就是剧作家、演员把人的道德、诚信提到最高的位置，同时认为人和天是互相感应的，虽然带有神话色彩，但是他这样来处理是利用了中国人天人合为一体的这种思想。所以尽管看的人知道不可能六月下雪，但是明白了窦娥的冤屈，她是清白的，这就是我所说的底层的东西在艺术里的表现。我们刚刚看的是中国戏曲的形象，现在听听它的唱腔。

大家所听到的这首乐曲非常轻快、愉悦，是不是这个感觉？这个戏叫《女驸马》，就是女的做皇帝女儿的丈夫，注意不是"同志"，是中国在古代妇女追求平等，一个女孩子，化装成男孩子读书，同时考试，最后到京城里由皇帝来面试，成绩非常好，就让她做了全国的第一名。皇帝有个女儿没有嫁，正在给她找丈夫，既然有这样一个才子，皇帝就问"你结婚了没有？""我没有。""有女朋友没有？""没有。""那正好，你就做我的女婿。"就这样要成亲，这就麻烦了，如果一旦被发现她是女人，这是欺骗了皇帝，那是有罪的，这个矛盾非常的突出，但她毕竟是全国第一名——有智慧，最后想了一个办法，解决了这个问题，皇帝满意，皇帝的女儿满意，自己当然也可以找自己理想的丈夫去。

现在我给大家听另外一首曲子，这是另外一种风格，沙哑，而且声调高亢。这是一个将军在唱，大家看我所配的图，右边这个舞着红绸子是在舞蹈，赤膊着就在田地里狂舞，再看看左面的是一层层的山峦，赤裸的黄土地，下面这个图就是远看的一层层田地，图左下角是当地人所居住的房子，这种房子是在土上掏个洞，然后用砖把它砌好，叫做窑洞，刚才最后的曲子现在还在中国的陕西流行。陕西的地貌就是如图上显示的，这种荒凉、苍茫造就了当地人的这种奔腾性格，唱出的歌就是这样的。刚才我们听的这首曲子，你看看，女驸马就需要女的来扮演，多秀气，音乐柔和而欢快。这是在安徽省的黄山脚下，就是我开始演讲的时候给大家介绍要去看风景的地方，那里风景也好，山川也好，生活也富裕，不像西北陕西那么贫困，于是造成了两种不同的风格，它们各自的声调、曲调、旋律、乐器都和当地的自然环境有着直接和间接的关系，体现了人和自然之间的沟通。

那么现在请大家听一段著名的乐曲，用二胡演奏的，可能有朋友已经听到过。我现在给大家讲讲这首乐曲的故事，这首曲子叫《二泉映月》。人们不知道，现在很多中国人也不知道，"二泉"不是有两个泉，是"天下第二泉"，在无锡，到现在这个泉还留着，一个池子，泉水从地下涌上来，被古代的文人封为"天下第二泉"。当月亮当空的时候，在水里照出月亮的影子，这首曲子就以此命名，它的作者是一个道教徒，他有自己的爱情，但是，在中国的40年代，一个穷道士，连自己都生活不下去，怎么可能跟自己心爱的人结合呢？两个人没有成为夫妻，而他生活不下去了，平时他参加道教的音乐表演，二胡拉得非常好，就像昨天我们那位家长演奏得一样好。他自己做的这首曲子，这首曲子诉说的是什么呢？诉说自己坎坷的一生，诉说自己生活的艰难，前途的渺茫和对人生、对艺术、对音乐的酷爱。他后来沦落到讨饭，就用二胡拉音乐乞讨人家给一点钱，同时染上了肺结核，身体很虚弱，这首曲子就是他表演向人乞讨的曲子。

　　1949年中华人民共和国成立，给他生活费用，把他接到北京，给他治疗疾病，同时在他拉自己的《二泉映月》和别的曲子的时候就把它录音，但是他的肺结核太重，当时的科学技术治不了，所以他1951年去世了。这首曲子从此就在中国大地上流传。我告诉大家，我所了解的情况，中国的留学生，到了加拿大、美国、英国等国家留学，时间长了还是思念家乡，思念祖国，他们就用两支曲子不断地听来告慰自己的思念之情。一首曲子是《梁祝协作曲》，另一首就是《二泉映月》，因为这两个曲子的旋律最能表达他们留学生此时此刻的奋斗、艰难，但是勇往直前的信心和对父母、兄弟、姐妹的思念，在座有很多的中国留学生，和加拿大的人民一起，为加拿大的发展做了实实在在的事情。我请问一下，在座的留学生朋友们，你们是不是也把这两支曲子作为思乡之曲，请举手。哎呀，太多了，谢谢你们！

　　这首曲子后来被改编成小提琴协奏曲，著名的指挥家小泽征尔就用了这首曲子。有一次他在北京演出，指挥纽约爱乐团和中国交响乐团合作演出这首曲子，听得很多人流泪了，他自己也是指挥得流泪。然后中央音乐学院的教授们，把他请到中央音乐学院，就给他放了40多年前用钢丝录音机录下的作曲家拉的原始曲子录音。出现一个什么结果呢？小泽征尔听完这首曲子以后，泪流满面，跪倒在地，他说这不是人间的音乐，这是天上的音乐，如果我早听了这原始的录音，我就不敢指挥这个协奏曲。这是因为作曲家阿炳在拉的时候，不但旋律，而且他的力度、颤、功法都是他那个时候的心情的充分体现，这个音乐的效果是不可重复的。这就是他把地上的泉、天上的月、泉旁的我、我心中的不得不分手的爱人、社会的现实，以及自己将死的身体全都融合在里面，这就是中华文化的天人合一论，一元论，重和谐论。但是人们不能永远在哀伤、凄凉和感叹的主题下生活，也需要……（音乐播放中）（笑），这是什么曲子？题目是《春节序曲》，中国最盛大的节日就是中国的新年，这首曲子写的就是中国人过春节的情况，全家团聚了，一年结束了，高高兴兴地要迎来新春，大人笑、喝酒，小孩子跳、放爆竹，这是把季节，把一家的团圆作为音乐的主题，还是求和谐。

刚才我说的是艺术的意思，现在我说制度。中国第一个统一的大帝国是秦，这是著名的秦始皇的像，他叫始皇就是第一个皇帝，他希望自己的子孙万代都做皇帝。蓝线所圈的下面黄色部分就是当初秦的疆土，在秦之前是周的一个一个诸侯国，就像是 17 世纪至 18 世纪德国的情况，全是城邦国家。秦始皇把它统一了，统一以后中国这么大的土地怎么来管理呢？不能再有诸侯，于是开始设省和市，古代叫郡和县。所以把一个国家自己的国土分为州、分为郡、分为省是从中国开始的。这就是中国文化底层反射到制度上的一个必然，最后要归为一统，合久必分，分久必合，合成是一统，但是这个"一"不是一个声音，一个人，而是大家生活在一个共同体里。这里我要说说长城，很多朋友去看过长城。初去的人只看它的雄伟，想象2000多年前的人民修长城多么地困难，没有起重机，没有汽车，甚至没有路，都不知道一块几十斤的砖，五十公斤的砖怎么从远处运到山上去。其实很简单，是靠山羊驮和人背的，山上是没有路可以走的。同时有的认为长城是中国保守的象征，把自己圈起来，与外隔绝，其实不是，因为有了长城中国才能长期地稳定，才能统一，才能够把周边的民族吸引到自己这边来，大家共同建设家园。为什么？因为长城修的时候在隔一段地方就留一个关口，就在长城的两边设立了市场，允许长城外面游牧民族用马匹来交换。如果没有长城，游牧民族过来就把农耕社会给破坏了，社会要倒退，而游牧民族也进步不了，因为抢了就可以有享受，享受完没有了再去抢，他进步不了，他只是消费者，不是创造者，不是生产者。留下关口你去可以买，你羡慕的话可以从我这里招工匠，招老师教你。果然，经过了几百年，长城外的部落、部族也进入了农耕社会，慢慢和长城里面合二为一了。这个也是制度，是艺术。

秦始皇设置了郡县制，那么谁来当省长，谁来做市长，谁来做官吏、教育局长？当时没有选举，没有这种投票选举，2200多年前还没有选举这么一说。那么就只有通过考试，考试正式开始是在秦始皇之后，完善是在公元7世纪唐朝，如何读书，如何考试，如何录取，如何供政府选择人员、派遣，派遣以后对官吏的管理，以及官吏业绩的考核都有完整的一套制度。所以中国在世界上最早实行文官制度，18世纪英国人到了中国，那个时候英国还是贵族统治，虽然天主教逐步地已经退回到意大利和法国，但是英国人发现了中国的文官制度，就把它学去，开始实行文官制度。

当然，英国在工业革命之后，把文官制度进一步完善，细密化，又成为现在全世界文官制度最严密、最完善的地方，包括秘书也是英国培养得最好。现在中国又要回过来学习英国的文官制度，来改变我们自己的公务员制度。世界文化就是这样，按照中国人的观点，今天此涨彼消，明天彼涨此消。中国原来文化制度走在前面的，英国人学了，学了以后向全世界推广，越来越比我们先进了，那我们再来学习，争取我们再往前走。

孙中山先生，孙逸仙先生，是他率领中国人民结束了帝王的统治，他总结了中国几千年的帝王制度，并向西方各国学习，把它融为一体。他提出了中国新的制度的构想，新的治国的方略，其中很重要的一点，他提出中国的各个民族，要形成一个中华民族，说"民族"这个词在中国有两个含义，一个是中国有56个民族，另一个是56个民族合成一个中华民族。最初提出来的是清末的思想家、保皇派梁启超，但是把中华民族这个词发扬光大使全国人民都知道、让全世界都知道的是孙中山先生。所以现在西方有些媒体说中国民族主义情绪上升，我们中国人看了觉得真是笑话，中国是国家意识、大民族意识，民族主义那就是维吾尔族、回族、纳西族。中国在国际上所表现的是国家意识，因为我们这个民族包含着严格意义上的56个民族。这56个民族是人种上的，中华民族是文化上的聚合体。

中国的底层观念在中层体现得最为完善的是中医，中医对人体的观察是整体论，人是一个整体。因此牙疼中医不采取在牙龈上打一针，或者把牙拔掉，而是用针灸，在腿上给你扎一针，不疼了，因为整体。中国人的耳朵有耳疗，如果大家到中国去旅行，会发现街上有人耳朵上贴了很多小胶布，其实每个胶布下面有一个针，就是医生根据他的疾病在这里找个穴位给他贴上，因为扎在腿上你不能上街。扎在耳朵上要用胶布粘一天两天，扎耳治全身的病。请大家回去之后把耳机摘掉，互相观察，如果谁的耳垂出现了斜的明显的纹路，心脏一定有问题，要注意了。中医讲究动态论，身体是不断发展的。因此，中医问你，这个病最初发病是哪一天，什么时候，他看好是春天、秋天、夏天；在什么地区，是在湖南潮湿的地方，还是北京干燥的地方，根据这个来判断，这就是和谐的，人和自然的一个关系。乃至于中医的药，某味药一定要四川的，某味药一定要云南的，某味药一定要宁夏的，都是有一定地点的。换一个地点也可以，但疗效就不行了，同样一个物种在四川也有，在山西也有，在山东也有，治某一种病要用四川的，治某一种病也是这个药材就要用山西的。这大家感觉很神秘啊，是因为我们远距离地看，学它就不神秘了，我给大家讲一个故事。

　　中国中医科学研究院院长，是一位中年的医生，但是医术非常高，他给人看病，从来不让病人说你有什么不舒服，不要讲。然后他请病人吐出舌头来看一下，结果什么地方舒服，什么地方有病，全说准了。因为一个人有病在他的面容上，说话上都会表现出来，这些病人得的是常见的病，是我们一年不知道看多少次的。我一看他们的头发，一看他们的眼，一看他们的面色就可以做出判断了。因为中医认为人体是整体，内中的病要反映在其他部分，当然这需要经过认真的学习和摸索。我这里说得很好，哪位朋友想让我看，我看不出来，你还是找医生去。我希望将来加拿大的朋友，多了解中医，首先从针灸多了解一些。

　　现在我们看文化在表层的体现。大家都知道这个是旗袍，"旗"是清朝按照军队的编制，每一个单位叫一旗，一杆旗。贵族所穿的衣服经过改良形成现在的旗袍，这个旗袍也是体现全身的和谐，衣服和人的和谐，要体现女性曲线的美。现在大家看，我们吃的东西，我不说烹调，左边的三个图是有医疗效果的菜，里面有一些药材，但是绝对好吃，在中国人看来，我们的各种粮食和各种菜，以及各种草都可能成为药，有不同的成分会互相搭配就能治病。但是正式成为药材之后就不再做饭了，现在反而拿来烹调菜肴，吃了以后又可以满足对美味的追求，又对身体有好处，还可能治疗某种病。右面的图片，不是健身的、保养的，是火锅，到中国去一定要吃火锅，下面烧火，上面水沸腾了把各种东西放在里面煮着吃，有调料。白色的是不辣的，红色的是辣的。这两个是水火不相容，但是中国人就想解决全家或者朋友吃饭不同口味的要求，于是就把当中隔开，这个也不是习惯。朋友们可能想，为什么不弄两个锅呢？不，一起吃饭要用同一个锅，但是不会不卫生，因为两边的水是不互通的，分开也可以，一个锅隔开也可以，起名字叫什么名字呢？鸳鸯火锅，鸳鸯这种可爱的小鸟在中国人的眼里是情侣的最好比喻。因为，据说鸳鸯从来成双成对地生活，一旦有一只被别的猛禽吃掉了，那另一只是终身不娶，或者是终身不嫁，所以中国人特别喜欢鸳鸯。后来经过科学家的观察，原来鸳鸯也不那么忠实（笑），不仅仅是一个去世之后另一个也在找，这比较符合人性，而且是妻子还在窝里呢，这一只就跑出去偷情了。科学是科学，人们对它的感情是人对它的感情。这个火锅起名鸳鸯火锅表示情投意合，哪怕不是男女朋友大家吃了也高兴。这就把食物和人的关系，和动物界联系到一起了。

大家都喜欢吃中国菜，这次来有些朋友讨论中国的菜系，我说中国最著名的五个菜系中淮扬菜最好，为什么？因为那是我的家乡菜；第二山东菜叫鲁菜；第三广东菜；第四川菜；第五湘菜，就是湖南菜；其他小的菜系多得很。不管哪个菜系都是很好吃，合起来中国有多少种菜，全中国最高级的国际大师也说不准，太多了。那么，为什么中国菜好吃？就是我刚才开始讲"和"字的时候说的，五味调和。说老实话，西餐也很好，像今天的牛排等也很好吃，但是我最吃不惯的是美国和欧洲的鱼，多好的鱼烤熟了，蒸熟了，把刺都去掉，一段肉，端上来，怎么吃？盐、花椒粉等调料放一点，吃鱼很好，但味道不如我们中国的。中国做鱼不管是五大菜系哪一个菜系，酸、甜、辣、咸，以及其他都要调味，那么有什么区别呢？调味的重点不同，烧的时间不同，味道也就不同。但是每一种菜都是各种味道，糅合到一起来成为新的味道，这就是中国菜的奥妙之处。

衣食住行是表层的，物质的，也是中华文化底层的体现。说到这里，我想中华文化的神秘问题应该不存在了。那么我今天介绍这个是为什么呢？我真正的目的是主张不同的文化之间需要对话。所谓对话第一要尊重对方；第二要反省自己，我有什么不足；第三既然自己有不足，看看对方有没有长处，要学习对方；第四要不同的文化一起合作共同前进。

美国的著名神学家 John Berthrong，我们翻译成白诗朗，他说我同意汉斯·昆的观点"只有宗教之间获得和平，才有国家之间的持续和平"，这句话已经被联合国采纳，已经是自 1989 年以来，世界著名的哲学家、人类学家、史学家、神学家共同讨论的问题。白诗朗还说：通过对话，我们所有的历史文明，可能获得新生。因为在白诗朗他们看来，我们正在丢掉自己的传统，各个民族、各个文明都是如此，通过对话可以唤起我们对自己传统的记忆，让它获得新生。这张图片中是当今美国两位著名的哲学家一个叫戴维·埃拉霍夫，另一个叫沃勒车·胡贝尔安妮斯。他们说，我们生活在一个危机的时代，一个精神分裂的时代，20 世纪过去了，20 世纪是一个充满大屠杀、血腥、暴力和恐怖的世纪。我们需要一个不同的世界，我们正在经历一场哲学的革命，在这个革命过程中，中国哲学起到了重要的作用。他们还说孔子的思想可以帮助当代西方人更好地理解语言本质和社会实践。语言的本质和社会实践就是哲学研究的内容。美国的狄百瑞教授，可惜他已经故去了，他在 1970 年和朋友说过这样一段话：越来越多的西方学者，正在认真地学习儒家思想，儒学将从其传统的东亚故乡转移到太平洋和大西洋的两岸。1970 年狄百瑞说的，许琳来履行了狄百瑞先生的设想，孔子就从传统的东亚故乡到加拿大来建孔子学院了，为的是发现哲学全球化之一部分的新的生命。美国的科迪亚教授说，儒学是一个超过 2500 年之久的传统，以往就曾经经历过许多生死存亡的关头，儒学不仅在过去历经多次的考验，当面对社会、政治、经济和文化的各种形式的挑战的时候，它一直显示出变革和转化自身的丰富的能力。英国著名的历史学家汤因比在他的《历史研究》中说过这样的话："中国有可能自觉地把西方更灵活、也更激烈的火力与自身保守的、稳定的传统文化熔为一炉。如果这种有意识、有节制地进行恰当的融合取得成功，其结果可能为文明的人类提供一个全新的文化起点。"合起来就是西方文化有西方文化的优点，中国文化有中国文化的优点，但是我们大家都各自有自己的不足，这是当今社会动荡、不安宁、不安全的根源。现在需要的是不要隔绝，要对话，中国要学习西方人，西方人要从中国的古老智慧里汲取营养，有可能到我们的子孙的时候出现一种全世界的比较共同的新的文化，拯救人类，拯救地球。

  我非常赞成刚才这些西方学者所说的意见，于是我就开始从事不同文化之间的对话，上面一幅照片是不久前我在澳门组织的一次对话。有我在上面，我很怕朋友们不能欣赏我的照片，所以我介绍一下，上面这幅画最右面的一个人就是我，然后距我最近的是一位台湾的学者，他在这个对话里代表儒家。穿黄衣服的就是刚才大家看到的，中国佛教协会副会长，我的好朋友；最后这边的，就是那个老道，长胡子老道士的助手，中国道教协会的副会长，也是我的好朋友。我把三种信仰的人叫到台上，由我主持，让他们对话，互相了解，这仅仅是开头，下面就是我们四个人的合影。这仅仅是开始，明年我们想在香港举行，同时我正在筹划明年在山东举办一次国际性的不同信仰的对话。我计划想让儒家首先和基督教的代表人进行对话，基督教的代表人我准备请美国的天主教，这边请著名儒家，两个人对话，促进互相的尊重，互相的学习，深入的合作。由宗教领袖、学术界的精英带头，在这里慢慢地发扬光大，促进广大社会各个层面的交流，各种不同信仰之间的尊重、相互学习。实际上我们孔子学院就是在起这种日常对话的作用。中华文化和不同文明的对话早就开始了，这块石碑就是公元7世纪，刚才我所说的基督教传到中国，在中国流传的时候的一个记载。这个碑是8世纪的，现在保留在西安，当时的基督教叫"景教"。这是在中国土地上保留的犹太人的墓碑，到现在还完好，经常有犹太人亲属、朋友来吊唁。这照片中是七八百年前中国的《古兰经》，《古兰经》也一直在中国流传。

最后我想得出三条结论来，和朋友们研讨：第一条，世界需要不同文化的相互沟通、尊重、学习，文明之间不应该冲突，应该积极地对话，只有这样世界才能和平，人民才能幸福；第二条，中华文化作为世界多元文化的一员，应该参加到这一文明对话的洪流中来，作为一个积极的参与者；第三条，2000年来中国成功地和不同的文化对话、交融，在全球化的时代，中国人一定会从各国学到优秀的文化，同时愿意把自己的智慧奉献给各国人民。

我的报告就到这里，谢谢大家！

历史的嘱托　现实的任务[※]

其实，就在中午的时候，我都不知道下午应该讲些什么。这是因为我们这次会议，各位专家所奉献的卓见实在太丰富了。参加我们会议的，有一位在大陆、在台湾地区都很著名的电影导演，也是我们中国民主促进会的会员冯小宁先生，我现在把他介绍给大家。他这个人有一个特点，不拍低价的电影，我所说的"价"是价值的价，他都是用最小的成本拍出最精美的、最能震撼人心的电影。大陆的专家可能对我下面的话比较容易理解。台湾朋友中可能有人看过《北洋水师》这部电影，把甲午海战之前的前哨战和最后的海战——北洋舰队的覆灭，如实地表现出来，那就是他的杰作。他是舞美出身，因此，电影里的所有军舰炮火的模型，都是他自己制作，因为他制作得最好，同时也可以省下经费。《黄河绝恋》《红河谷》《嘎达梅林》，都是他的杰作。不久前在美国举行了首次中国电影周，选了几部电影，其中有三部是他的。当年，他的《黄河绝恋》在好莱坞上演的时候，连他自己的票都让出去了，仍然不能满足需求。美国的法律规定，

[※] 2005 年 10 月 6 日在第三届海峡两岸中华传统文化与现代化研讨会闭幕式上的讲话。

不能站着看电影，于是就有人要求进入放映场，躺在地板上看。就是这样一位著名的导演，刚才跟我说："在这个会上我一句话都没有讲，因为各位专家的发言太高深了，不容置喙。"我想，这是他从一个文艺家的角度看待我们这次研讨会的水平和内容。同时，他也感受到了两岸学人对于祖国从秦汉以来的文化的热爱和对于和合文化的深刻理解。他说："我汲取了营养。"我接着说："可能今后在你创作的时候，这种营养就会迸发出来，渗透在你的作品里。"他同意我的说法。我说这番话的意思是，我不知道说什么好，就像小宁先生一样，觉得会议内容太丰富、太博大了。

按照惯例，最后一个讲演的人，应该对会议的内容加以总结。我想前面三位小组发言人已经作了很好的、客观的概括和介绍，至于我们所研讨的内容，我们是不能作结论的。学无止境，学术的研讨也没有止境，今日以为是者，明日或以为非。研讨刚刚开始，任何人无权也无威，可以在这里作出结论性的断言。

但是话还是要说的。说什么呢？那就根据我们既定的两个议题，根据我所听到的学者的高见，阐发一点儿自己受益之后的想法。

第一个问题，谈谈秦汉文化在当今现代化过程中的地位和作用。

首先，我觉得秦汉给中国这块土地、给中华民族做的最大的一件事情，就是统一。统一自始皇始，完成于汉代的早期。高祖没有最后完成，因为他必须从诸侯分封制逐渐过渡到始皇所设计的郡县制。始皇就是过于急切，把承袭了几百年的贵族的权力全部褫夺，再加上过度地使用民力，以及只讲法、不讲德的残暴统治，所以造成了倾覆。于是，刘邦就采取了臣下的建议，先封异姓王。可是，异姓王封多了就会尾大不掉，同姓王封多了，也必然会造成贾谊所谓之痛哭流涕者。因此后来就逐渐削藩，直到后来晁错的理想实现以后，这才皇权稳定。皇权稳定就是国家的一统。就是这样一个过程，奠定了中国版图的基本格局，并且强化了中国人心里国家应该一统的观念。此其功不在小。我们生活在统一的国家里太久了，久而不闻其香，没有对比。今天我们回顾历史，应该更能深刻体会统一给中华民族带来的辉煌。这种统一的观念，并非是从天而降的，也不是"天启论"熏陶成的，而是中国人经验的总结。武王伐纣以后，建立了相对强大的周王朝。后来，由于周只靠神权，嫡子独享神权的专利，同姓诸侯之间和王室以叔侄相称，异姓以甥舅相称，完全凭着血缘来形成王国的统治系统，久而久之，出现了分崩离析。西周到东周的衰落，这是始皇所得出结论的背景，所给予他的启示。因而，嬴政"一统"的设计，从某种角度是不是也可以说，是中华民族一统记忆的恢复，折射出炎黄子孙的政治取向。所以，山东六国，在经过了刘项之争以后，还是接受了一统的局面，这是因为，一统则国兴，一统则人和。这一点，从周开始，就明确地渗透在所有人的心中。那么，始皇不过就是把炎黄子孙的这种思旧之梦，以新的形式再现于现实。当然，如果我们再追远的话，尧舜何尝不是"和谐万邦"啊！何尝不是一统的思想啊！但是有文字的记载，以文字来传承，以文字来宣传一统思想，还应该说是从周正式开始的。

其次，秦汉两朝给我们后人留下了政治的、哲学的、伦理的、礼仪的、艺术的遗产太丰厚了。在座的专家都是各个领域的翘楚，我作为一个只懂得一些训诂学的书生，在各位面前不敢信口涉足其他领域。我只想说，他们留给我们的政治遗产，其中很重要的一条，就是把血亲的继承给斩断了。刚才有的小组介绍讨论情况的时候说，实际上在中国古代已经有朴素的民主的萌芽了，这一点不要看轻了。西方当然不能和我们的秦汉比，那个时候，英伦三岛还没有形成文明，日耳曼还被称为"蛮人"，甚至连被称为"蛮人"的记录都没有。单说中世纪前后，英王以血缘来继承王权、统治权，是从罗马教皇那里要回了主权之后开始的，一直到了工业革命成功。而我们这种血缘政治之线在公元前221年以前就已经斩断了，这就是有的教授所提到的郡县制的建立。这件事在人类的文明史上、人类的政治史上，都是一件大事。汤因比先生说，中华民族是全世界唯一的超稳定的国家。他分析了中国超稳定的种种原因，但是却没有强调从血亲继承的统治到郡县制的建立这个质的变化所起到的伟大作用。当然，皇子皇孙仍然有特权，但是朝廷的大事，在多数时间里是由朝臣集体研究决定的。种种名目的设立，从相国（后称宰相），到六卿，发展到后来的六部，以及从汉代兴起的科举，到隋代的精密化、唐代的完善化，造就了文官制度。文官制度是皇权的重要组成部分，因此我同意钱穆先生所说，中国自秦以后就不是"封建"社会了，因为封建的原意是分土裂田，分封诸侯。当然，话又说回来，钱穆先生有一点儿书呆子气，因为政治学和历史学上所说的封建制度指的是地主经济制度，借用了周代的"封建"二字，已经不是它的原教旨。我想钱老的意思是说，平民干政、集体决定、摆脱血亲，中国走在世界的前列。从这个意义上说，我认为钱穆先生真是一针见血。在这一点上，我们可以说嬴政是一个传统的反叛者。作出这个决定是不容易的。后宫那么多的嫔妃、皇子，始皇眼看着自己的这些儿子在他的制度下即使封王也是个虚的，只是混吃、混喝、混睡，地方的职权都在郡守和县令手中。作为中国人，继承是大事情，所以晚辈要慎终追远，作为长辈总要给后人留下什么。作为两千多年前的帝王，虽然没有论文和宣言，但是他用行动进行改革，把天下交给了平民出身的官员去掌管，只让后宫享受侈靡的生活，远比我们今天很多的有钱人都伟大。这是不是我们中华民族应该珍惜的遗产？那么，对于嬴秦和刘汉，我在开幕式上说过，过去，时间给这两个朝代的很多事件蒙上了尘霾，现在我很高兴地看到，在这次会议上，有很多教授用另外的语言和我表达了同一个意思，这就是我们对秦汉研究得不够，研究得太简单。

　　我说出刚才这两点来，也不过是抛砖的意思。这两个朝代的文化还有待开掘。但是，我们研究起来会有很多困难，因为历史留给后人的都是骨架，血肉只残存在后人挖掘的文物和草根阶层的生活当中。比如，今天咸阳市地方志办公室的张世民先生送给我关于咸阳民俗的论著，我边听小组发言边翻了翻，书里记载的很多民俗如果溯源的话，可能还是两千年前的风俗。这些恐怕也是一些历史的记忆，也是过去时的事情的标记。无论是秦皇还是汉武，他们是如何思考问题的，跟谁议论过，决策的过程如何，决策之后，某县某村里的农民生活起了什么变化，有什么反应，现在我们一概不知。因此，无论是从审美的角度，还是从解释学的角度，都可以说我们已经无法复原当时的一切，我们只能够把握宏观，观察历史的走向和历史人物在时空当中所留下的痕迹。因此，我希望关于秦汉文化本身和秦汉文化中的宝藏，哪些可以对我们今人有所启示，来引导我们面对未来的生活，还要深入研究。而且我建议，不能把这种研究全都委托给史学家，实际上从哲学、文化学等方面都可以入手。这是我想就秦汉文化这个议题所作的一点补充。

　　第二个问题，也是我们这次会议讨论得更为热烈的问题，就是关于和合文化。我个人是这样看和合文化的："和合"这个词是后人概括的，但是"和"与"合"，一个平声字，一个入声字，凑在一起成为一个词，体现了早就存在于中华民族文化当中的"和"与"合"。因此，它是中国人处世哲学的总结。这个"事"，不仅仅是人事的"事"，也兼指世界的"世"。为什么我们如此珍爱和珍惜和合？我认为，在科学如此发达的今天，当人类可以在太空遨游，可以细微到观察基因变化的时候，如果反思的话，就会更加认识到，和合是主观与客观存在的规律。它是结果，也是过程，但不是现成的、永恒不变的状态。换句话说，和合是我们追寻的目标，我们不断地提高和合的水平，同时，又不断受到对和合的挑战。在会上，有的先生敏锐而且尖锐地提出，中国人追求和合，为什么在中国的历史上有那么多的战乱，和合到底是不是中国文化的传统？我的回答是：是！由于过去相当长时间里我们缺乏民族文化的自觉，因此这种和合的理念、和合的信仰、和合的习惯只潜在于人们的日常学习和工作当中，没有形成自觉。现在请允许我举两个例子。第一个例子，我比较有发言权，就是关于长城，这也是秦汉文化的重要组成部分。为什么说我有点儿发言权？因为我是中国长城学会的会长，既然要领导这个学会，要做很多保护长城、宣传长城的事情，我就必须学习、思考。历来人们认为，长城是秦始皇暴政的产物，这的确是修筑长城的一个方面；可是它的另一面，有人说，这是中华民族自我封闭的开始。我的答案是：非也。今天，用先进的航拍和遥测技术，拍摄了整个长城的地形地貌和它的走向，以及一些已经倒塌不见痕迹、埋在土里面的遗迹，经过专家多方研究发现，中国的长城——我指的是起于六国，由秦始皇连接起来而形成的东起山海关老龙头，西到嘉峪关的长城，不包括六国长城的残存，如山东的齐长城、河北的燕长城——恰好处于一个降雨量的等分线上。在古代的原始耕作时期，长城以北不适于农业耕作，只适于畜牧，而长城以南，就适于农田的耕作，因此长城意在防匈奴，实际上保护的是农耕文化。农耕文化在北方所受到的威胁是什么？是游牧民族的游牧文化。农耕文化的特质，要求第一是稳定，第二要和睦。大家都知道，《诗经》不止一次谈到耦耕——二人共同踩一个耜，挖土。试想两个人打起架来了，木头铲子能插进陕西这个土里吗？同时，千耦并作，实际是一个部落或一个宗族一起来耕田。农业要修水利，一家一户行吗？需要整个部族或宗族的集体劳动。这就需要和谐，不和谐什么也干不成。翻译成今天的话，就是邓小平先生所说的，稳定压倒一切。不稳定，什么都做不成。农耕文化还要求继承：土地要儿孙继承；宝贵的木头的、青铜的、铁的农具要继承；农耕技术要继承。由于有这几种要求，农业发展了，但是人变得软弱了，骑射不行了。而游牧民族的特质是逐水草而居，不打仗也是流动的，因此没有对故土的眷恋。同时，放牧都是个体的，一个人或一个家庭所放牧的马与牛的数量有个极限，超过了这个数量，就要分家；放牧没有多少精密的劳动技术可言，从小就跟着爸爸妈妈在羊群里转，如何接羔，如何挤奶，如何抡鞭，如何赶狼，很容易就学会了。所以到了一定的年龄，父亲就要分一批牛羊让下一代另起炉灶，这在《圣经》的《旧约》上有很生动的记载。游牧提供给人类的生活资料都有什么呢？有肉，有骨，有皮毛，有血，还有奶，但是如果想要熟食，想在季节变换的时候穿得暖一些，就不行了。而邻居农耕民族又有丝，又有麻，又有盐，又有木制、铜制、铁制的工具，于是骑上马，往南部抢掠一空。他是游牧的，不居留，可以抢完就呼啸而去。因此，长城就是把游牧与农耕民族隔离开，保护了农耕。这是对游牧文化的断绝吗？不！正是由于这种地面上、空间上的隔离，激发了人类的一种本能，由能够抢农耕民族的东西变成羡慕，由羡慕变成学习，于是促进了游牧民族的转化。同时，长城是隔而不绝，沿线的若干关口，两边设立了"互市"场所。今天在山西、陕西一带，还保留着这种茶马互市的痕迹。两边的物流、人流乃至通婚，使得游牧民族也在逐步提高。因此，长城所象征的，就是"远人不服，则修文德以来之"。归根结底，不是对胡人、对异族的赶尽杀绝，而是我发展我的，你发展你的，同时相互交流。但是由于农耕文化是一种强势文化、一种高级文化，所以它有吸引力，有感召力，于是在中国现今的领域里，北方的游牧民族渐渐地就被同化了。设想如果始皇不补修这条长城，任凭北方的从匈奴、鲜卑到女真、蒙古的铁骑肆意在中国长城以南的大地上游荡，可能我们的历史要倒退几百年，甚至上千年，有可能我们也像日耳曼一样，在历史上就不被称为"华人"，而被称为"蛮人"。所以我认为，修长城表面上是隔开了游牧民族与农耕民族，实际上正是和合文化的体现。第二个例子我没有多少发言权，但我还是想说，那就是中医。中医本身，就是和合文化最深刻的体现。首先，它把人看成整体。其次，它把人与周围的环境，包括季节、地域、气候这些每天都在影响人体的因素，全都有机地连在一起，换句话说就是"天人合一"。因此，有些医生下药都有讲究，什么药一定是某地产的，川芎、贝母一定是四川的，党参一定要山西长治的，是几月份采摘的，是研磨、砸碎，还是完整使用，都有严格的规定。为什么？在他眼里，这是一个完整的物，这个物和整个的混沌是联系在一起的，治其一点要考虑其他。因此吃中药，除了砒霜，都没有后遗症，也无须做过敏试验。同时，在下药的时候，君臣佐使相配，也是一个整体。这个药，在祛害的同时，用通俗话说就可能让你上火，但是再配上一味药，就抵消了，还可以顺气，这也是一个整体观念。西方的医学自中世纪过后，从修道院分离出来，逐步走向分化，于是看头的不懂脚，看手的不懂腰，一味地细化，而且现在还没达到终极阶段，还要再细化下去。可是西方的医学家、生物学家已经发现，他们走了半天，失去了整体。回过头一看，原来东方在生物学上、在医学上早有整体的观念存在，这就是中国的医学。举个例子，最近北京引进了几台最先进的仪器，叫 PAT-CT，我曾经做过一次。向人体注射一种放射性物质，进去一扫描，两毫米的癌细胞结点都能发现。于是很多人都去做了。最后发现不能再做了，做了没用。因为做 100 个人，多半有癌。于是动手术、吃药、化疗，最后有一半人死了，其中不少是吓死的。

其实人身上各种病，包括癌症，有30%的概率是可以自愈的，不吃药、不打针就可以慢慢痊愈。这当中精神、情绪起了很大作用。身与心又是一个整体。中医不就是和合文化的具体例证吗？我这里要说，我们过去对和合文化有所认识，今天认识得更加清晰了，我们也更加热爱这种文化了。为什么？因为我们有了参照系，这个参照系就是我在第二届研讨会上所说的盎格鲁—撒克逊文化。这个文化的特点不是和合，是永远一分为二，就是有的教授所提出的二元论。二元论的结果，就是人与人是二元的，因此产生对立与抗争，族群与族群是对立的，国与国是对立的，主观与客观是对立的，我与非我是对立的。因此近些年有些西方哲学家提出来，我们不要提"我与他"，应该提"我与你"。他是外物，是对立的，你是伙伴。这是想对二元论进行挽救。在人生处世上，由于是一个整体，因此我们强调自律，也就是道德的规范，"君子慎独"，"吾日三省吾身"。而在西方的理念上，重他律，最早的他律就是"摩西十诫"，就是背上原罪的包袱。到了近代社会，就是法律。法是必要的，也是中华民族文化中比较欠缺的。但是诚如有的教授所说，只靠法，恐怕就会再现新奥尔良那样的事情，遇到了灾害，我不救你，你不救我，法律无法惩办。如果有德，己所不欲，勿施于人，杀身成仁，舍生取义，我就可能不顾一切地去抢救他人。我前几天在想，新奥尔良的灾害和1998年长江、松花江同时发大水的情景形成了鲜明的对比，不是我觉得对比鲜明，而是客观就存在着一种优劣的差别。我们讲究修齐治平，讲究知行合一。现在很多西方学者指出，目前在西方流行的一些现代性的行为，背离了启蒙时期思想家的教诲，那就是白天忠于自己的单位、组织或企业，努力工作，晚上就完全属于自己，可以放任自己，甚至放纵自己。他们不是君子慎独，而是君子独纵。其结果，人成为两面人。但是又有原罪这把宝剑悬在头顶上，隐隐约约地还残存在人们心里，怎么办？就去救赎。如何救赎？从前提倡苦行，现在不必了，按照自亚当·斯密以来的经济学权威的教导，拼命地挣钱、不择手段地挣钱就是对原罪的救赎，赚了钱就拼命地消费，包括救济穷人、捐给教会和学校，又是救赎。年轻的时候可以杀人越货，到临终的时候，把两亿美元的资产捐献给大学，就可以上天堂找上帝去了。这样的话，社会何以得到安宁，人人何以得到幸福？

在这样一个参照物的对比下，我们尤其觉得和合文化的可贵。当然，理念与现实总是有差距的，三千年前的哲人们提出的种种理念，很多至今没有实现。今天，更多的学者专家提出种种理念，在我们会上也提出了很多。我相信，有的千年以后恐怕也无法实现，但正是因为有这些理念，鼓励人们不断地进取，所以社会才能进步，人类才能进步。

和合是中华民族永恒的追求。大家讨论和合的理念是什么时候出现的，其实大家想，《周易》里何尝不是和合，《礼运篇》中"大同"的提出，是不是和合，但是要从经学、从一种道德之学提升到哲学，提升到政治奋斗的目标，还需要一段时间，需要不断咀嚼、不断体味、不断反思，最后达到理念的升华，达到文化的自觉。

我也同意有的学者所说的，我们对于和合文化的研究刚刚开始。诚如昨天王石先生所说，我们在很多领域有涉足，但是没有破题。我的感觉是，我们对和合文化的研究现在基本上还停留在孤立研究的阶段，停留在从中国的典籍、中国的文化中论证和合本体，论证和合所产生的社会效应等层面上。这次会上有位先生把伊甸园和桃花源进行对比，我认为就是开始走出孤立的状态，站在和合的立场上观察世界上各大文明，以及将原始的文明与我们进行对照。其实这个道理就是"不怕不识货，就怕货比货"。也可能对照后发现我们的和合里头也有不足，那中华民族就把人家好的吸收进来，改进就是了。同时，我们的研究还基本上停留在静态上。和合理念从萌芽——我想"和谐万邦"就是它的萌芽——经过三十多个朝代直到今天，不断地丰富，不断地变异，这是个动态的过程。对过去的动态以及未来可能的走向，我们也缺乏思考。我想在今后的研讨当中，应该逐步深入。这里也有一个我曾经思考过的问题，在这次会上也有学者提出来了：你讲和，但是人家不跟你讲和，刀放在脖子上，还讲和吗？我想，事物不是只有一面的，既然和合是我们追求的目标，我们中华民族自然懂得从此岸达到彼岸的过程中也有很多干扰，也应该回应，也应该对付，这就是"兵来将挡，水来土掩"。请注意，是兵来我挡，水来我掩，长城就是个例子。我们的古人早就醒悟到了，比如孔子是最温良恭俭让的，但是当他的弟子背叛他的学说，走向另一条路的时候，他说"小于鸣鼓而攻之可也"，也要讨伐的。但是这种东西不经常用，尽量以我的文德，以我的和合争取达到圆融的境地。因此，老子说："兵者不祥之器，非君子之器，不得已而用之，恬淡为上。"专讲兵法的孙子也说："不战而屈人之兵，善之善者也。"所以，我们说中国人民热爱和平，这绝不是给自己脸上抹彩，这是我们老祖宗的遗教和著作，已经铭刻在中华民族的历史上了，铭刻在我们心里了。

在这次会上，很多学者也谈到会议名称的前几个字——"海峡两岸"，这也是不可回避的事实，海峡两岸还在隔海相望。我想，抛开政治和其他方面，就文化而言，海峡两岸的学者都面临着历史的两个嘱托，也是两个现实的共同的任务，我想谈出来，征求一下海峡两岸学者的意见。第一，以中华文化扼制"台独"，扼制和抵消它"去中国化"的种种倒行逆施。这一点我想是完全可以做到的。我们不断地在两岸弘扬中华民族优秀传统文化，"去中国化"就越发显得无能为力了。第二，要发展中华文化，并用它来陶冶我们的人民，特别是我们的青年。诚如有些学者在小组会上所说的，海峡两岸的青年目前都面临着，或者说身陷于同样的状态。他们中的一些人都变成了飘移的族群，失去了前进的方向，看不到读书奋斗的目标，一味地追求自己的生活、自己的价值。不仅仅台湾的青年对于祖国的认同在削弱，就是大陆的一些青年也不见得就以自己是中华民族的子孙而自豪，也可能在他们的内心深处是认同他国的。海峡两岸的年轻人都喜欢过洋节——情人节、圣诞节、复活节等，我们作为长者常常是可以包容的，年轻人有年轻人的生活追求，但是它反映的是一种情感、认识、理念的偏移。现在的青年人缺乏必要的理性引导，常常是跟着感觉走，跟着商家走。我希望我们除了在研讨会上发表自己的见解，今后还能通过自己的论著、教学、呐喊，给青年人以正确的导引。我相信，盲目追随"现代化"，有年龄段的特征，当他们十六七岁正所谓花季的时候，自然希望自己的生命之花开得鲜艳，但是没想到开得过早，花期不长。当授粉、结果的时候，也就是娶妻、嫁人、生子，要过日常的油盐酱醋的生活的时候，他们会发现，自己并没有成为新新人类，还和我们一样是旧人类，因为人类的进化是以万年、以亿年计的，不是三朝五载能改变的。现在正是用人之秋，但他们最好的年龄可能被耽误了。让我们的孩子早一点儿懂事，懂得自己的祖国是多么可爱，懂得中国的文化是多么可贵，早一点儿走上正路，这是他个人之幸，也是民族之幸。我想我们海峡两岸的学人应该把这个责任真正地承担起来。承担起这个任务，有很多事情要做，其中很重要的一点，就是以我们的学识、以我们的目光，来对今天的社会、今天世界的走势，提出比青年人更清醒、更理性的看法。我在开幕式上说，我们姑且抛开学者们对于现代化、现代性、现代主义、后现代主义、后现代化定义的争论，因为我们对现代已有共识。我想说，我们今天所说的现代和现代化，并非彼现代和现代化。"现代"这个词是在启蒙运动的时候提出来，相对于中世纪的那种宗教统治，因为启蒙之后现代科技和工业已经开始萌芽。等正式进入工业化之后，现代就明确了，这时候启蒙运动的思想家们，向世人开列了一系列的支票，这就是民主、自由、人权、平等，而且告诉我们，只要依靠科技，发展工业和资本，上帝的子民不管是什么民族、什么肤色、知识高低，大家都携着手，一起走进大国。经过17、18世纪，到了19世纪70年代，开始有人提出疑问，怎么这种现代化的许诺没有一个实现？但是当时这种声音还很微弱。进入20世纪，特别是60—70年代，质疑的人就更多了，大家就开始反思，于是刚才我所说的一系列的概念就提出来了。而这些概念提出来以后，争议最大的就是关于后现代主义的问题。尽管它是从艺术领域、从审美角度先提出来的，但是已经扩展到哲学、史学等领域。我是这方面的外行，但是就我所知，无论是所谓的结构主义、后现代主义，还是现在又提出的反后现代主义，都提出了种种值得人们深思的问题。问题提出来了，这些学者并没有给我们答案。可是从他们提出的问题中，我们可以得到一种领悟：他们所提出的碎片式的种种的企盼，原来都是追求一个和合，追求一个整体。因此，有的后现代主义者把汤因比先生也算做后现代主义者，实际上他不过是在他的著作里第一次提出"后现代"这个词。当人们发现启蒙思想家所开的支票没有兑现也不可能兑现的时候，就要转向东方，观照中国的文化、中国的哲学。现在的年轻人不知道这些事情，把现代化的建设等同于思维方式、生活方式等的现代化。现代化等同于新，而新的东西未必就是好东西，比如艾滋病。他们也不懂得美国有的学者已经指出现代性有五副面孔，这就是现代主义、先锋派、颓废、媚俗艺术和后现代主义，而且提出的人（马泰·卡林内斯库，Matei Calinescu）还说，现代化可能是它的第六副面孔。是不是它还有更多的面孔？也许它只有一副面孔，也许它根本没有面孔。后现代主义是对相对主义的批判和逆反，所以西方在反思所走过的道路，而且指出了它的痼疾。我们的年轻人还在把那些病菌、疮痂甚至砒霜当成糖果吞下去。我想，我们的责任就是告诉他们：吃东西要选择。为了下一次能够延续讨论这个问题，也为了表示我对大家所发表的宏论的消化，我做了刚才的些许补充。在座各位都是专家，都是翘楚，所说不对的地方希望大家批评。

我讲话的主体到此就结束了，但是我还想就两个问题作些说明。

第一，大家觉得两天的讨论时间短了一点儿，意犹未尽。对此，中华民族文化促进会和叶圣陶研究会的领导是有苦衷的。我们可以讨论三天，但是咸阳可看的东西太多了，如果会议延长到三天，只有一天去看看走走，学者会提出另外一种意见：为什么讨论那么长，看得这么少？当然，看两天也是浮光掠影，只看到冰山一角。我曾经在小组会上说过，即使大家什么都不讨论，来这里看一个星期，也不过看一鳞半爪。陕西太可爱了，文化积淀太厚、太多，所以斟酌来斟酌去，我们决定讨论两天，参观两天。当然，有的先生想在这里继续考察参观，可以留下来。这是我要向大家致歉又不致歉的地方。

第二，第四次研讨会，作为我个人，希望明年就举行，来兑现去年我对台湾学者的承诺：一年举行一次。会议地点目前有几个地方在争取我们去，我个人比较倾向到福建去，这样台湾朋友来去方便。同时，有很多台湾朋友祖籍就在福建，虽然也曾去祭祖扫墓，但是借这次机会还可以再次会会亲朋好友。但日期还没有定，这是我个人的意见，最后决定权在两位会长那里。会议时间也需要斟酌，最好是大家课少的时候，因为大家都是教授，要给学生授课。

最后，我想僭越一下，代表叶圣陶研究会和中华民族文化促进会，也代表所有与会专家，代表远道而来的台湾学者，向会议承办方咸阳市政府，向所有为我们服务的工作人员，台前的，幕后的，包括咸阳市的交通警察，都致以诚挚的感谢和深深的敬意！

感恩深思　为了人类[※]

的确像张怀西副主席所说的，我们的研讨会即将闭幕了；也像赵光华先生所说，我们像吃了压缩饼干一样，在极短的时间里获得了大量的传统文化信息，信息量之大，的确让人目不暇接。因此，我这个闭幕讲话就非常难讲：说一些客套话，是大家所不愿意听到的，也是我不愿意讲的；就着学术研讨进行归纳和总结，刚才四位讲演者已经非常周密地、滴水不漏地反映了四个小组热烈讨论的情况；要抓出研讨的重点来进行阐释，昨天几位讲演者已经对自己的灼见进行了详细的解释，我也不容置喙。我作为这个会的发起人之一，就借这个机会谈以下几点想法和意见吧。

整个会议让我非常感动。这不仅仅是因为东道主甘肃省和天水市的领导以及默默无闻地在会内会外奔忙的工作人员的精神让我感动，所有与会者对于讨论议题的认真投入，也让我感动。在昨天晚上的联欢会上，主持人突然把话筒送到我的面前，我只好走到台中央来说几句话。仓促之间，由喉咙里所跳出的音节，应该说是心声的直接流露，因为我想修饰都没有这个

[※] 2006年10月7日在第四届海峡两岸中华传统文化与现代化研讨会闭幕式上的讲话。

时间。昨天在联欢会上，海内外学者所表露的诚挚、率真甚至是童心的真挚交流，也是我感动之情的来源之一。毕竟我们是学术研讨会，所以首先令我感动的是大家在就着自己所熟悉和专攻的领域里发表见解的时候，我从大家的发言里感受到一种悲天悯人的胸襟和大慈大悲的胸怀，以及对于民族和谐、世界大同景象的期盼。我想，这就是这次研讨会的重要收获，甚至可以说这是一种意外的收获。我所说的悲天悯人、大慈大悲以及追求大同，在老朋友林安梧先生的发言里可以说有集中的、更多的体现。总之，嘉璐被大家对学术的执着，对民族与人类前途的追求，深深地感动了。谢谢大家！

接下来，我想讲一讲我对伏羲文化和中华传统文化与现代化以及研讨会的议题之一——中西文化的比较，略抒一点儿鄙见。因为大家都有发言的机会，唯独我没有，所以我就借张主席给我的这个讲话的机会，与大家切磋，请大家指教。

一 伏羲文化到底是什么

就这个问题，学者们从治史的方法论上展开了热烈的讨论。我想暂时把这个问题抛开，因为这个问题是史学界二三百年来都没有讨论完的问题，我们这个会也不可能作出什么结论。我想表达几个观点。

第一，伏羲文化是一种历史文化，伏羲是一个文化的符号。至于伏羲有无其人，是一个个体还是一个群体，这个群体是部落还是部族，并不重要。正如我昨天在开幕式上所说的，后代的人们赋予伏羲身上的发明创造、他的文化贡献，如果与其前后连接起来，正好符合人类发展的进程，而伏羲时代恰是其中一个必经的阶段。各个民族在她的童年时代都有一个共同的特征，这就是后人把所承接的前人发明创造的文明成果，作为自己生活的依据和工具，同时常常把这些发明集于一人。但是中华民族的文化又与很多文化不同，就是我们常常赋予一个"人"，哪怕这个人略带神性，但是还是人，而其他很多民族就赋予了"神"。因此，我很同意刚才小组报告人所说，恐怕应该分别从史学的、社会学的、人类学的以及美学的这样几个不同的标准、不同的视角来看待，而这几个领域之间又不是隔绝的。大家都知道，现在世界上真正笃信《圣经》中"创世纪"所描述的过程的人越来越少，但是我们发现，马林诺斯基（B. Malinowski, 1884—1942）等人类学者在研究澳大利亚土著人的时候，搜取了很多自己观察来的现象，而这些现象背后所蕴含的意义，以及土著人是如何想的，常常是学者的想象。今天研究民族学、人类学的学者，把这些研究民族志的前辈的成果也继承下来了。我们再向前追寻一下，摩尔根（L. H. Morgan, 1818—1881）的《古代社会》的一些结论，是不是都有确凿的物证？也并没有。但是当我们论证的时候，引经据典，马林诺斯基、摩尔根也成为"典"了。我并不是说今天要把伏羲文化写进历史书，甚至进行揣测性的编年，而是说史说与人类学、审美学等之间，常常是互相渗透、互相参照的。在这种情况下，我们研讨的主题既然是中华传统文化与现代化的问题，我们就可以在这个会上就着这个问题开个头，然后留给史学家去作专门的研究。我们还是把伏羲作为一个文化的阶段，作为一种文化的符号来看待。

在天水，有关伏羲和女娲的传说很多，其中有些传说还鲜活地存在于天水的民间，这又是另外一个层面。尽管不能作为史证，但是它可以作为一种折光，一种上古文化符号在今天的投影，一种在人们心中所引起的波澜来看待，其审美的意义更大。

第二，既然今天我们所说的伏羲文化主要是出在《周易·系辞》里面（这是源头，许慎的《说义解字·叙》是照抄的），先哲所描绘的这样一个情景，既然是人类社会各民族发展必经的一段，换句话说，它的出现是必然的，那么从哲学上考虑，就不仅仅要考虑前之因与本身之缘，还必须考虑后之果。现在我们回过头来冷静地看一看，我们是不是在尔后几千年浩浩荡荡的中华文化当中，可以捕捉到伏羲所代表的那个文化阶段已经初步具备了的文化基因？这种基因，在今天的地上文物以及民间传说中，都能够大体看到影子。比如大家即将去参访的卦台山，山下流过的渭河水在那里转了一个圈。根据地质考察，渭河的水在这里从未改过道。千万年来，渭水就在山下一个几十平方千米的平原上冲刷出来一个太极图：沙砾就以弯曲的渭河为中线，这边是个阴鱼，那边是个阳鱼。这种自然的景观，到底是由于伏羲氏画了八卦，画了太极图，而后人赋予自然景象的一个联想，还是先民形成了阴阳的观念之后，看到了自己脚下的阴阳鱼，而把它提升为一种形象的标志，这是可以研究的。但是不管怎样，它反映了先民与其后几千年人们的观念。这些遗存的形式，我们都可以不作为学术判断的依据，但是有一个事实，就是以人为本、阴阳和合等已经成了中华民族的心理定式。从这个角度说，我们可以承认，伏羲文化是中国文明的起始阶段。在中国的历史上，常常有这种情况。随便举一个后代的例子，比如我们所熟知的后稷教民稼穑，在《诗经》以及其他典籍里都有所记述和歌颂。后稷有其人否，不可说，因为出土文物没有证明，但是我们把他当做信史。依此类推，我们可以降格以求，不把伏羲的传说当做信史，而是更上一层楼地来观察，站在人类历史规律的高度来观察，同时既看前因又看后果，应该承认，不管伏羲是个体还是群体，是实有其人还是后人的附会，都有功于中华民族文化的形成。它处在一个什么地位呢？请容我在下一个问题里再来阐述我的观点。

第三，很重要的一点就是伏羲不是神而是人，因此他才"仰则观象于天，俯则观法于地，观鸟兽之文与地之宜，近取诸身，远取诸物"。请注意，取诸"身"啊，取诸"物"啊！不管传说中说他是什么形态，后人的记述就已经把他定格了：他是一个大智大慧的人，或者是一个在当时没完全脱离蒙昧时代的比较聪慧的部落、部族，都可以。而这也是中华传统文化的基因之一，就是世界（我说的不是哲学意义上的世界，只是指我们所生活的环境）是人创造的。这就是为什么我在开幕式上要说伏羲文化以人为本的原因之一。

这是我要说的第一个观点，分了三小点来说。

二 如何给伏羲文化在中华文化史上定位

这是很不好办的事情。我从角度之一形成了一个看法：是不是可以说他是中国儒学的源头？从典籍的叙述上说，伏羲画八卦，周公演《周易》，孔子作《易传》。当然，今天我们可以质疑《易传》是不是孔子作的，其实是不是他作的不是最重要的。重要的是看《易传》是不是体现了继原始儒家之后，进入传承时代的儒家思想，对这一点，学术界似乎基本上是有共识的。孔子直到晚年还说："加我数年，五十以学《易》，可以无大过矣。"又传说他韦编三绝。也就是说，至少从直接记述孔子言行的《论语》以及其他书上看，孔子和《周易》的关系极为密切。《周易》的源头当然就是伏羲画八卦，这是比较直接的证据。我们再扩大来看，孔子远在山东的曲阜，伏羲在这里，孔夫子恐怕做梦也没想到要到伏羲的故里来看看，其实想来也来不成，但是怎么就一脉相通呢？这和当时的社会形态、生产力发展的水平有关。秦州的自然条件和山东平原大体相同，今天有的先生说在丹东出土了象牙，其实咸阳的一个属县前几年也出土了一具完整的大象的骨架。象牙还可以是朝贡海运来的，连象的尾骨都有，非常完整，这可不是运来的。大家都知道丹东离山东很近，属于一个气候带，这里也曾经有象群出现，就不奇怪了。因此，气候条件、生产水平都一样。在这次会上好几位学者提出来，中华传统文化是在农耕社会产生并定型的，而农耕社会最容易萌发并成熟像中华文明这样的文化。正是因为虽然相隔了几千年，可是孔子那个时代仍然与八卦出现的时候，与《周易》完整出现的时候的环境、生产水平等相同，因而孔子认为八卦、六十四卦等非常适合人类。可以说，八卦不仅仅直接影响了《周易》的形成，后代儒学对《周易》的理解和阐释不只到孔子这个阶段。虽然隋唐经学搞得轰轰烈烈，但是在经学的发展上没有太大的建树，正是宋人才为往圣继绝学，把儒学传统的核心——人性重新系统化，发扬光大。因而，宋儒对

《周易》给予了特别的关注。最著名的公案，就是周濂溪的《太极图说》，以及朱熹等人争论来争论去关于《太极图说》的问题。可以说自从有了八卦、形成《周易》以后，春秋战国时期儒学开始从萌芽到成熟，作为百家之一，它就与《周易》紧密结合在一起，形成自己的特色，形成自己更大的普适性，于是才能始终流传。我们不妨比较一下，当时与儒学并肩的墨学、法学、名家、农家之学，都拒绝了《周易》，或者是不搭界，因而也就没有儒家显赫。所以，说伏羲文化是中国儒学的源头，我自己觉得能自圆其说，对不对，请大家批评。

《周易》从开始起，由于它的占卜性质，后来形成两大流派：一个是象数派，一个是义理派。我至今感到困惑不解的一点是，我们的前辈，我们前辈的前辈，可以追溯到宋明，讲《周易》义理的，似乎多多少少都涉足象数。而近代的哲学家研究《周易》，把象数拒之门外。此其福耶？祸耶？（我指的是学术研究、对《周易》的研究）我不敢下结论。象数之学，当然容易把《周易》神圣化、神秘化，但是其中有没有可以给义理之学的阐发和深化提供参考的东西呢，我觉得也可以思考一下。由于我不懂象数，不敢妄言，只是作为一个疑问提出来。

扩而大之，伏羲文化既然是儒学的源头，那么可不可以说它就是中华传统文化的源头？中华传统文化有多个源头，这是就后代所看到的文化大河而言，来自巴蜀，来自东夷，等等。就其源头来说，我们要抓主干项，恐怕还是儒家。中华民族的伟大就在这里。只靠源头那一点儿水是形不成大江大河的，因此它才在一路东流的时候不断汲取其他支流的汇入。不管是泾浊渭清，还是渭清泾浊（可以告诉大家，现在是泾浊渭也浊，生态破坏了），最后都要汇入母亲河。汇入母亲河之后，你再舀起一杯水来的时候，很难分清哪些水滴是哪个支流流来的。文化也是如此。明显可见的是，我们能在地图上见到的，还是各个支流的汇合。那么，现在来看一看文化。今天我们能够享受到如此博大精深的文化，很重要的就是刚才小组召集人所说的，儒、释、道三者的结合。儒、释、道当然各有特性，否则就没有儒、释、道之别，就成了一家了。但是儒、释、道之间又有共性，如果没有共性，也不能融合，不能相互包容。过去人们对儒、释、道之间的差异似乎看得多了一些，挖掘其间的共性似乎少了一些；而且有时谈儒学的时候，我们往往要替先哲剔除他所受的释、道影响，说他纯而又纯。为尊者讳，为先哲讳，也是人之常情，但是事实是这样吗？比如，程伊川到底受没受禅宗的影响？直到牟宗三先生，仍然断然地说：程伊川以禅说道的说法是完全错误的。但是在读《伊川学案》的时候，我闻到了禅味。我想，我眼前这杯水里很难说没有支流的水的成分啊。当这些相融为一体你分不出的时候，这就是文化的进步了。我们来看看三者的共性。我先不说儒，我们先说佛。佛教的特点，缘起性空，但是佛教外不是一定要把大家都引到空门，"缘起性空"并不等于什么都没有。阿罗汉果求的是自我解脱，菩萨果求的是度己度人。"度己度人"和儒家的"以苍生为己念，以天下为己任"有什么本质不同？儒家重生，道家重无，似乎并不重生，所谓无为无不为，但是无为无不为的结果是什么？正如牟宗三先生所说，是不生之生，不绝其源，不尽其性，其物自生。自生，用佛教的话说，无自性，俱是因缘。道教从另外一个角度说，我不管你，你自己生吧，是不生之生。不生之生，也要度己度人，以苍生为念。脱离开了形下形上的学问，三者达到了一个更高的境界，都是为了人类，都是为了未来。正因为这三教在这里相通了，所以佛教在经过几百年的磨难之后，经过了格义的阶段之后，就很自然地融入到了中华民族文化当中，融化了。但是要知道，无论是竺道生，还是其后六祖慧能正式创立禅宗，都没有背离原始佛教的教义。但是通过他们的演绎，都能让穷乡僻壤的老婆婆接受，这不能不说是中华文化的伟大。三教的共性如此，那么，我们可不可以从伏羲文化留下的一些痕迹中检验出它的DNA呢？我觉得是可以的。因此它不仅仅是源头，这基因在后代还逐渐放大，乃至以它为标准，以它为门，来吸纳异质的文化，不仅仅是异质，而且是异域的文化。与此相对立的是，至今西方来的一些文化，比如犹太教文化、基督教文化、天主教文化，还有现在还没有传进来，但是大家都知道的印度教文化，在中国民众的心里，它们都是外国人的宗教，所谓的洋教。今天你问大江南北包括海峡对岸的信众们，佛教是哪里的教？他们会毫不犹豫地回答："我们中国的教。"为什么，就是DNA在这儿决定着，有相通之点，融合了。

　　如果说原始儒学或者叫前儒学是中华文化的源头，那么，我想添一句，也是今天的报告人和昨天的主旨演讲学者提到的，就是宋明儒者的贡献。今天的中华传统文化，无论从学术层面还是民族的理念以及民族的风俗习惯，包括民众习焉不察的那些东西，如果没有宋明一代儒者的钻研和弘扬，恐怕到不了这个地步。我曾经跟友人说，前些年我还听到农村的老婆婆说这样的话："哎，做人可要做诚实的人啊。你这样做，你别忘了啊，天理良心！"哇，王阳明的话。但是谁也不觉得是王阳明的话，已经化为民间理念了。当然，佛教也有这样的例子，积德呀，作孽呀，前世呀，转世呀，投胎呀，多得很。而佛教做到这一步，也是唐以后立的功啊。实际上后儒为中华文化所作的贡献在于他们已经把发轫于伏羲、系统于周公、总结于孔子的儒学精细化、形上化，也简易化了。在昨天的会上，有的学者提到从黑格尔（Q. W. F. Hegel，1770—1831）一直到德里达，都说过中国没有哲学。我记得黑格尔的原话大意是：中国没有形而上学，只有伦理学。后来也有西方学者说，中国讲的伦理学（主要是指孔子）也不如西方讲得好、讲得美。我想，这恐怕是西方的学者没有真正理解中华文化。我们没有全国统一的宗教，伏羲是人，伏羲没给我们造一个上帝，因而没有人神的对立，所以我们的哲学都是从人出发，人的主体和人的环境，由这儿出发的。而西方的哲学首先是从神人之辨开始的，所以直到中世纪之后还说西方的哲学是宗教的奴婢。于是，在他们那里出绝对的精神。绝对精神在哪里？我和有的先生的意见略有不同，我认为他们的绝对精神就是上帝。直至康德（Immanuel Kant，1724—1804）的"最高的善"，还是要归结到上帝。而我们不是，"大学之道在明明德，在亲民，在止于至善"。至善是什么？就是"最高的善"。康德恐怕是西方哲学家里最后一个谈"最高的善"的人。他之后，这一个多世纪，西方人把"最高的善"都忘了。但是中国人还在追求至善。虽然我们谈的是史前时期的伏羲，但既然谈中华传统文化，谈源头，既然提到宋明理学，我也稍带谈谈"流"。"流"把我们文化的主体儒学精细化了、形上化了、简易化了,简易到农村的老婆婆也懂它的基本原理。

今天,我们当然应该弘扬中国悠久的传统文化,但是的确像有的学者说的,这种弘扬绝不是复原,不是克隆。当然,西方哲学家也说过,重复就是创造。他所说的重复,是一种回归,是在一个更高的层面上回头审视,像费孝通先生所说的,重新审视原始人的智慧和才能。当然,这里面就又涉及开头我所说到的、朋友们提出的,特别是一个小组提出的史学的研究方法——史证的问题。和这有关的,就是昨天有的先生在讲演里所说的疑古的问题,我非常同意。怀疑是研究的开始,对于古代的东西应该疑,对于前人的成说也应该疑。对中国的儒家经典,孟子是一次阐释,荀子就开始有疑,到了汉代的董仲舒,他虽然把它精密化、神圣化,但是他也抛掉了一些东西,抛掉也是疑。至于今古文之争,里面更有不少疑。魏晋南北朝和唐就不说了,宋代疑得更多,乃至对《尚书》真伪的甄别,首先是宋人发的难。至于后来《尚书今古文疏证》,那是承宋人疑古之绪去作具体研究而已。但是,我想"疑"与"疑"不同。站在史学家、考据学家的立场,抛开个人的情感爱好,甚至抛掉自己审美的一些倾向,客观地、严谨地提出疑问,这是一回事;受时代风气所驱,提出了一种"疑",自觉地和不自觉地有另外一种目的在,又是一回事。典型的是康有为先生,那也是清末的疑古大家,本来是奄奄一息、无声无息的公羊学,在他的笔下,一下子大振,托古改制。这些就是我所说的后者,在时代风潮的推动下,他还有另外的目的,他是自觉的。还有不自觉的,这就是顾颉刚先生。在1919年兴起的"打倒孔家店"的过程当中，古史辨派多数的人与文章，实际上不能不受当时时代文风的影响，就像我们今天也不得不受今天的影响一样。事情过去了几十年，我们回头再看，20世纪30年代以来的这场争论，其实已不是纯学术的争论。今天，我们可以疑古，可不可以对古史辨派也来一个疑呀？人类就是在怀疑、求证当中不断前进的。疑，要真正做到纯学术地、客观地、科学地疑，这是我们追求的最高目标，但是很难做到。人孰无情，谁都摆脱不了自身环境的局限。因此我们在疑的同时，今天更应该提到的是我们对先民与先哲的感恩。今天我们之所以能有一点点学养（我说的是我自己，不是在座的各位先生，你们学养都很高），看的哪一页书，识的哪一个字，无不都是千百年来我们先哲所逐步创造的？这可能也是我们难以摆脱的客观的局限。我想，作为一个学者，我们可以冷静、客观，但是作为中华民族的一个成员，怀着感恩的思想来从事研究，恐怕是极为必要的。要想不克隆，不简单地复原，在感恩的同时不抛弃疑古，最后的界定应该是发展中华文化。中华文化要创新，无"疑"则不能创，只"疑"而不创，"疑"也就可疑。为什么要这样做？我觉得这是历史赋予我们的使命。

三 中华文化的世界意义

无可否认的是，在当今世界上，文化的主流还是欧洲启蒙时期的理论，世界上没有任何理论可以与之抗衡。尽管从解构主义出现直到现在的后现代主义、后后现代主义，都在质疑启蒙传统、启蒙理论，可是这只是在小圈子里的彼此议论，甚至是激愤，无碍于启蒙理论在科技、人文、社会、生活、教育乃至家庭中的绝对统治。启蒙理论有很多真理，比如昨天有的先生说的经济的市场化、政治的社会化等，正给人类包括中国在内，带来很多的好处。但是从17世纪开始一直到18世纪形成的，把自然科学的结论移植到人类社会科学中来的风气至今还没有完全清除，至今我们从事研究的人还在受其害。学术上受它的害，不好说，学术嘛，各抒己见，百家争鸣。但是，有些结论在人类社会生活中所造成的损害是极其明显的。比如，达尔文的进化论被套用成为社会进化论，于是就出现了弱肉强食的合理化。当达尔文的适者生存理论被套到社会上时，就成为希特勒的理论依据之一。实际上，这只是思想理论的庸俗化，但是不能不承认它的势头。当今的社会是个分裂的社会、分裂的世界，是一个种种数不尽的层级、数不尽的方面对立的世界。很多家庭告急，很多社区告急，很多地区与国家告急。近的不说，亨廷顿教授三年前所出的那本书《我们是谁?》（*Who Are We?*）就是这种告急。美国本土也不可避免，就在我们开展有关中华民族和合哲学的讨论的时候，美国在一个星期之内出现三次学校枪击案，从这些案件可以看出，美国的社会正处在分裂之中。什么原因呢？依我的浅见，他们所奉行的哲学是上帝把大自然赐给了他的儿女，来供他生存繁衍，因而在神之下，人是自然的主宰，人要利用自然，要主宰自然，要战胜自然，所谓人定胜天。同时，随着经济全球化，实际上是全世界经济的市场化，经济领域的全球化和市场化被移到了人文社会科学领域，就变成了社会的市场化、家庭的市场化，以致在很多地方出现谈婚论嫁成为金钱或者权力交易的现象。我们可以抛开印度西部和北部各邦那种买卖的婚姻，不算这些。这样的结果造成了人类所赖以生存的地球环境的急剧恶化，也造成了人自身价值的遗失，一切都由市场来衡量。在来天水之前，我去了趟澳门。在澳门举行的一次国际研讨会上，我作了一次讲演，我的讲演题目是"中国能给世界贡献什么"。当时也没有稿子，就用PPT播放要点，我一边点一边说。其中有一个图表列出：现在我们给世界贡献的是产品，实际上贡献的是劳动力；下一步贡献的将是科技，自主创新的科技，实际贡献的是创造力，或者说是聪明才智；最后也是最巨大的贡献将是文化，中华文化。中华文化贡献的是什么？是不是只限于中餐馆走出去，我们的歌曲走出去，这些众多的文化形态走出去就是贡献了文化？本质的贡献是什么？是智慧。我在讲演总结时说，现在中国给世界的贡献，贡献的是劳动力，但是我们意识到了仅贡献劳动力是不行的，我们要贡献我们的聪明才智、我们的创造力。中国正在向着一个科技自主创新的境域大踏步地往前走，但是这还不是我们的最终目标，我们最终的目标是贡献中华文化，贡献我们的智慧，这才是中国最重要的贡献。

　　聪明才智和智慧的分别在哪里？这是我自己给它区分的，智慧更高级。智慧体现在哪里？这就是人不是世界的主宰，人应该与环境和平相处、和谐相处，人和人之间不应该是对立的，应该是和谐的。回头审视，从伏羲直到宋明理学，乃至后来的熊十力先生和他的学生牟宗三先生，牟先生的学生杜维明先生，他们所阐释的核心看起来就是仁道。昨天有一位先生谈到每个国家为世界佛教大会贡献一句话，选定中国的是："己所不欲，勿施于人。"其实这句话已经塑在联合国的主楼大厅里。"己所不欲，勿施于人"就是"仁"。孔夫子还说："己欲立而立人，己欲达而达人。"我认为这是一个境界，了不起的境界，不是"己欲立而害人，己欲达而杀人"，真正做到很不容易。相对地说，"己所不欲，勿施于人"还略逊一筹，只做到了己所不欲的，不让别人也有，更不强加于人，这比"己欲立而立人，己欲达而达人"容易做到。

　　再一个就是中国的《中庸》。四位讲者都讲得非常全面，滴水不漏。但我觉得这次的研讨会是不是留下了一个小小遗憾，就是我们谈《中庸》谈得稍微少了一点儿，而《中庸》和《周易》的精神是直接息息相关的。也好，让我们留到下一次，可以就《中庸》问题再更深入、更广泛地研究一下。一个是中国的仁道，是儒学的核心；一个就是方法论上的，或是思想方面的。《中庸》上说："喜怒哀乐之未发，谓之中"，"中也者，天下之大本也"。当然，下面还有一句："和也者，天下之达道也。"有一个"中"，有一个"和"，这在《中庸》里是特别强调的。其实，用佛家语言来说就是"和者中也，中者和也"。

　　这是我的浅见，我认为有这两项，让我们奉献给世界，那将是中国人、中华民族儿女作为先民先哲的传人，给世界的最大贡献。但是，谈何容易，我们自己并没有做好准备。我几次听到谢启大先生相当痛心地指出来，当今中华文化不振，特别是大陆。我跟她有同感，结论也相同。我认为眼前的中华优秀传统文化在一定程度甚至相当严重程度上的丢失，正是中华文化再兴起的契机。请别忘了，董仲舒之所以建言"罢黜百家，独尊儒术"，这是承秦火之后。秦火之前是诸子百家，不分伯仲，而法家、纵横家成为显学，这个时候他感到需要儒家哲学。宋明理学起源于北宋，而大昌于南宋，也正是因为人心不古，于是我们的学人奋起而形成一种复归，最后经过二程、朱子的整合又成为显学。

现在我们共同面临的是，一方面中国需要、世界需要，一方面"囊中羞涩"。这正是契机，正是激发我们学人能量的最好时候。那么，我们需要做些什么？第一，需要唤起整个民族的文化自觉。有关这方面的内容我已多次谈过，不再详述。第二，恐怕要对我们的传统文化，特别是其中的要点、关节点，重新解读。我认为任何的文本，在他人读的时候，后人读的时候，文本所由生的语境是无法复原的，只能把握其大概。而在这种客观局限下，时代又在不断前进，必然地也是必要地由学人以自己所处的语境和自己的话语来重新解读前代的典籍。我认为，现在又到这个时候了。第三，我们应该向国外学习，应该像我们的先哲与先民那样，敞开博大的胸怀，任何好的东西都拿来，我同意拿来主义。但是，不是把东西拿来就完了，而是要把那种文化和那种民族主体的思维、视角也拿来。的确，从《论语》四百年前以拉丁文传到欧洲之后，中国的典籍不断地传出。但是现在看来，西方人对中国典籍的解释，特别是一些关键概念的翻译有很多的误解。这一点美国哲学家郝大维（L. Hall David, 1937—2001）和安乐哲（T. Roger Ames, 1947—   ）已经进行了试验，重新阐释。那么，我们对人家的呢？恐怕需要我们下的功夫更多。只有了解人家的思维，再来审视其文化，用我们的思维审视我们的文化，两相比较，这才能看出同与异，看出哪些可以吸收，哪些不能。当前，在中国的文化遭到了长时间的侵蚀损害之后，这个过程应该从21世纪初叶开始，我们高兴地看到一种文化的热潮开始出现。面对这样的形势，我认为一方面文化普及、呼唤文化自觉的工作需要我们做；同时，做好中国的一次真正的文化复兴工作，也就在这普及与呼唤当中做好准备。我不太喜欢拿西方的既定语言来套中国的，比如说"苏州是东方的威尼斯"，我不喜欢，威尼斯怎么不叫西方的苏州？还有"条条道路通罗马"，比它早好几百年我们就已经条条道路通咸阳了。但是这个地方我借用一下"文艺复兴"，改一个字，"文化复兴"。当年文艺复兴回归人本主义，实际上是什么呢？摆脱中世纪，回归到古希腊、古罗马的文化去，当然这就是重复，这就是创造，并不是克隆和简单的照搬。我们应该回归到哪里？复兴什么呢？恐怕应该复兴古代的儒学——仁道、恕道与和合之学，但是我们必须要做到比前人更好。当这个浪头真正出现的时候，实际上就是中华民族一次文化复兴的开始。

怎样做到这一点呢？在这里请允许我介绍今天上午我接受记者采访时一位记者提出的一个问题。他说：你们为什么办这样的会，而且一届、二届、三届、四届地连续办？我说你问到了我心里底层的话，其实这个话我跟颖奇兄坦白交代过。我说："第一，海峡两岸之间的纽带有多条，但是政治的纽带有时间性，经济的纽带有波动性，唯有文化的纽带才是永恒的。两岸学者有这个愿望，我们同根同文，加强文化交流，增进互相了解，推动海峡两岸的和平与稳定，加强交流。第二，中华文化的振兴需要海峡两岸的学者联起手来做，现在我们还没有一个文化项目或者工程要我们联起手来做，今天就是未来联手做这项工程的一个准备阶段。当然，也许那个时候就不是我和张主席来主持会或者是来作讲演，我们给后面的人开个头，最后走到那一步。"

我甚至有一个带点儿诗人味道的想法：可能海峡两岸的学者、文化人联起手来共同打造中华民族的现代文化的时候，就是海峡两岸真正进入到和平、稳定、共同繁荣，逐步走向一体的时候。这是一个远景。但是远景要从眼前的土地走起，让我们迈出这第一步。中华文明如果用"修、齐、治、平"来说，最后的目标并不限于自己所处的狭小的环境。尽管古人所谓的天下是指四海之内，但是如果古人知道东海之外还有一个大陆，交趾之旁还有一个大陆，越过了昆仑山那边还有一个大陆，那么我们的古人依然会说我们要修身、齐家、治国、平天下。在不断学习先哲的这些教导的时候，我真佩服我们的前人用词之准确。修身是求诸己，求的是什么？是德。修到什么时候为止？没有止，止于至善，不断地追求。修成什么程度？圣啊。圣人不是有钱，有几亿元的资产，有几十亿元的股票，那不是圣人。颜渊住在陋巷，那是亚圣，虽然没有"亚圣"之名。德，自己修好后怎么样？齐家，让家庭的所有成员，齐者等也，一样啊。但是"我"是楷模，人人是楷模。只顾自己家庭吗？不，要当有志者，"学而优则仕"。这个"优"，按照旧的注解，根本不是学得好再当官，是学习有优裕、悠然的时候。学是第一的，没学好别出去，学好了，觉得从容了，可以做官。所以，还有一句是"仕而优则学"。官当好了就学习？不是这样的，跟现在我们的官员去读博士生不是一回事。干什么呢？"治国"。本着什么治国？仁，"泛爱众，而亲仁"。但是你的国家治好了就行吗？不，还要

"平天下"。这个"平"其实并不单指"Peace",平也就是和,和也就是平,一律平等,不当世界警察,不手里拿着精确制导导弹到处吓人,不拿议会的决议去吓人,这就是"平天下"。这样的目的达到了,是什么世界?大同啊。这就是中国人的理想。而中国人这些理想的核心是什么?容许我再重复一次:仁!由个人放大,一直到整个宇宙,不仅是人类社会。我这个想象力是不是有点儿夸张,我们在天水举行了一次小小的研讨会,由研讨会说到海峡两岸的繁荣,由海峡两岸的繁荣谈到世界的大同,似乎有点儿夸张。但是要知道,千百年来的儒者,哪一个不是胸怀这样的远景来治学、来做人的?正是因为这样,中华民族才繁衍发展到今天。我想,让我们来一次文化复兴,海峡两岸的学人握起手来,握手不够,拥抱起来,让我们为这一天努力奋斗!

  以上的浅见可能登不得台面,有渎雅听,那就请原谅。

中华文化是联结全球华人的纽带[※]

非常高兴能有机会参加首期华侨华人社团中青年负责人研习班结业仪式。

本人有个座右铭，就是只说真话，不说假话，少说套话。说真话要以时间、地点、对象、效果为准，意即真话不全说。但是，在此我要说一句套话：祝贺各位顺利完成研习课程，获得结业证书，并对各位代表致以良好的祝福。

我不想作什么指示，只是想看看各位远道而来的亲人。我在世界各地见到华侨华人时的种种动人回忆，令我感慨万千。各位多数生于20世纪60年代，本人之子生于1961年，明天此时从国外归来。他和大家一样回家了，你们是我们的亲人啊！

此次我并未作任何准备，在听取各位代表发言的时候，我记了几条作为参考，在此即兴发言。大家的发言令我非常感动，各位代表的发言一个比一个精彩，一个比一个动情。很可惜，由于时间所限，不能听到更多的发言，否则我深信会听到更加动情的发言，令我更加感动。稍后，陈玉杰主任将宴请大家，请允许

[※] 2004年6月18日在首期华侨华人社团中青年负责人研习班结业仪式上的讲话。

我有机会能与大家共进晚餐，可以进行更多的交流。

短短几天的研习时间，大家感到收获良多。我认为有这么几个原因：一是国侨办了解侨胞的需求，对这项工作作了精心安排。二是人大、政府对侨务工作非常配合。另外，不管大家旅居海外时间长短，过去都曾在国内各个地方、各个部门工作生活过，"如入芝兰之室，久而不闻其香"，对身边的事物已经习惯，因此当时并不见得有什么特别的感觉，或是注意不到。就以我自己为例，身在北京，对北京每天发生的巨变感觉不到，但是很多国外的朋友及华侨华人朋友见到我时，都向我感叹北京发生的巨变。大家也是这样，旅外多年，视角不同，现在回国才发现国内发生了如此大的变化。

大家还将去云南、上海参访，非常巧合的是，我刚从这两个地方回来。云南是国内西部的不发达地区，从昆明看，大家可能感觉不到，但是云南总体发展水平是相对较为落后的。云南全省一年本级财政收入才300亿元人民币，全年支付需500多亿元人民币，不足之处是由中央转移支付的。上海的情况不同，全年财政收入1000多亿元人民币。上海上缴给中央的财政收入就由国家统筹安排转移支付到全国各地，其中就包括转移支付给云南的资金。国家全年财政收入超过10000亿元人民币，绝对数值并不大，但按实际购买力水平计算，则还是很多的。其中相当部分（47%）就是用于向中西部地区支付的，其余用于中央政府各项支出。应该说，国家已将大量资金投向中西部地区，来帮助那里发展经济。云南省会城市昆明发展得很好，但是丽江就落后很多。丽江的城乡收入差别很大，达到6.5∶1。而现代国家城乡收入比例多数在1.5∶1左右，中国全国的城乡收入比是 3.24 : 1。丽江的城乡差别为什么这么大？通过旅游业，丽江城区已较发达，但是农村地区还是相当落后的。

大家去看上海时，会发现上海的经济已相当发达，特别是浦东地区。国家制定发展浦东地区的战略始于 1992 年小平同志南方谈话之后，1993 年开始启动。1993 年、1994 年去浦东时，可以看到沿黄浦江还是一些芦苇荡，基本没有现代建筑和现代工业。短短 10 年时间，发生了巨变。不久前我去上海，主要是做高等教育的调研工作。在参观了同济大学、上海交通大学后，我对上海高等教育的教学手段、教育理念、教学设备、教学水平等的发展感到惊讶。如科研人员研发的计时器，精确度达到 10 的负 19 次方秒，现居世界第一。此外还有其他大量居于世界领先水平的科研成果。

目前，中国正处于这样的阶段，东部沿海地区和北京已处于西方国家工业化阶段的中期水平，部分领域已处于后工业化即信息化时代。但是，在云南等中西部地区还有处于初期农业社会的地方。这种跨越几千年文明的现象，目前世界上仅中国一例。西方发达国家的城乡差别基本已不存在。在中国，尽管信息工业已比较发达，但总体还是落后的，加工业的发达并不等于现代科技的发达。

由于大家要到云南和上海参访，所以我特意讲了一些关于云南和上海的情况。刚才陈玉杰主任的讲话我完全同意，我想在此基础上再谈几点我自己的看法。对于广大旅居在外的游子，我想是不是可以概括为以下几点。

第一点是，希望你们自己的事业发达。大家旅居国外，都是备尝艰辛，都经过艰苦创业的阶段，大家还要继续努力奋斗。中国人是勤劳的、聪明的，大家通过自己双手的辛勤劳动，都能开创自己的一片天地。但所有的这一切都必须有一个前提，就是要遵守当地的法律，尊重当地人民的风俗习惯，尽量融入当地社会。历年来，党和国家对华侨华人希望在国外长期生存和发展的愿望是予以积极支持和肯定的，都是这样嘱咐的。

第二点是，要为所在国的繁荣、稳定、发展尽自己的力量，这也是中国政府一贯明确的态度。中国和其他国家不同。有些国家可能会对本国的侨民在移居他国之前交代一些特殊的任务，签订一些协议，中国政府不是这样的。"君子坦荡荡"，不搞阴谋，公开告诉自己的侨民，要为所在国作出自己的贡献。

第三点是，不可忘记自己的祖国。祖国和广大侨民由一股无形的线相连。一条外部的线，就是黑头发、黄皮肤；一条看不见的线，就是中华文化。任何侨居他国的人，背后真正的靠山都是自己的祖国。心系祖国，为所在国的繁荣、稳定贡献自己的力量，这也是广大侨胞的共同目标和心愿。世界现在的主题仍然是和平与发展，对各国都适用。具体到各位，我也希望大家为此努力。

侨办将大家从各地请回，不仅希望各位做到以上几点，还希望大家团结更多的人为此努力。要做到这一点，我想最核心的东西就是对祖国的爱。改革开放之后，中国取得了巨大的成就，这也是大家旅外多年仍保持对国家的爱的主要原因之一。任何国家都不敢说本国的经济永远向前发展，现在的经济是全球化的，世界越变越小，一国发生的事可能会影响其他国家。经济上的起伏波折是难免的。我想，比经济建设更能牵动大家心的，就是文化。我所说的文化不是狭义的文化，不是一次画展、一部电影、一场京剧，当然这些都是非常必要的，是文化的具体表现形式。能把全国人民和广大海外侨胞紧紧联系并凝聚在一起的，是我们博大精深的中华传统文化。在经济发展过程中，尽管会有风浪，会有挫折，甚至会走向低潮，但只要把握了文化，我们会更加团结，更加努力。当前我国国民经济发展过程中，某些经济领域有些过热，现在中央政府已实行调整，进行宏观调控，但是任重道远，需要全国人民共同努力。江主席、胡主席多次强调，要居安思危，要有忧患意识。这正是中华文化的体现，大至国家，小至一个农民都有居安思危的意识。如《论语》所说："人无远虑，必有近忧。"说到农民，我曾到过中国最干旱的地方——甘肃东部的定西地区和平凉地区，这里曾连续三年干旱，接着三年丰收。我到一个农民的家里，看到丰收后他们专门腾出房间存放粮食，我问他们为何不出售换钱，他们回答我说要防患于未然。这正是我们中华民族居安思危思想的体现。这与西方国家有着根本的区别。

几千万华侨华人和国家是通过文化紧紧联系在一起的。那么，如何去定义这种文化呢？中华文化的本质与最根本的特征是什么？我认为，最根本的特征可以概括为两个字：一个是"和"，另一个是"中"。《论语》说："君子和而不同，小人同而不和。"刚才，陈主任就侨界团结问题作了阐述。我想，君子处世，应该和而不同，你有你的主张，我有我的原则，但是大家求的是一个"和"字，这也是中国共产党提出"求同存异"的文化根据。"小人同而不和"，一定完全一样。大家搞活动，为位次等问题争来争去。可否这次你排前，下次我排前呢？衣食住行、宗教制度、礼仪制度，文化始终贯穿其中。大家旅居海外，与邻里都友好相处，这从大面上讲，正是体现了中国政府提倡的睦邻友好关系政策。睦邻，然后是安邻，在国际事务中相互合作。在东南亚金融危机时，中国给东南亚国家大力支持，正是这种政策的体现。安邻之后还要富邻，共谋商机，大家共同发展。中国政府坚持"与邻为伴，与邻为善"。这句话源自孔子的"与人为善"。这都是中华文化的体现。大家如果出现了矛盾怎么办？要以德报怨，小事不计较，友好的初衷不改。部族、国家、地区之间出现矛盾怎么办？要"远人不服，则修文德以来之"。这是"和"字的体现。中，就是不走极端。本人从政多年，开始学到这点。以立法为例，一部法律要征求多少万人的意见。就说比较简单的国旗法吧，规定在党中央、国务院、各驻外使馆、学校等地要挂国旗，旗子褪色、破旧要更换，旗杆要直。这事看起来简单，理所当然，但这个法也征求了四万多人的意见。为什么？中国的一只脚在后工业化，另一只脚在农业化初期。一经调查，出现一些问题。有的地方山高路远，不产木头，只产竹子，竹子一长就会歪，要买木头就要去一百多公里之外。另外，有些穷困地区的学校本身经费就紧张，如果旗子一旧就换，他们经济上无能为力。这种情况都调查出来了，最后将这些因素都考虑在内。因此，这部法并没有走极端。本人所参与制定的几十部法律都是考虑到这一原则的，做人做事都应如此。

从大处讲，处理国际事务亦需如此。例如，美国的导弹炸了中国驻南斯拉夫大使馆，如果走一种极端，就得与他们进行战争，这样会严重影响我们经济建设和社会发展的中心任务。另外，科学讲究严谨，人家克林顿说是误炸，并就此道歉，从科学和理论的角度上说，不能排除这种可能，尽管可能性微乎其微。如果走另外一个极端，炸就炸了吧，就这么算了，那也不行，我们要维护国家的尊严。要讲究方式方法，不走极端，处理得当。

谈到台湾问题，本人有很多亲戚在台，本人亦两次访台。按他们所说，有两个办法：一是解放军赶紧过去，三下五除二，一次性解决，要早打，但是必须提前通知他们先走人；另一种说法是，不就一个小岛嘛，面积比江苏省还小，由它去吧。这两种极端都要不得。那怎么办？头可断，血可流，祖国的一寸领土都不能丢。但是在具体处理的时候，我们一定要坚持和平统一、一国两制，在一个中国的原则上，什么都可以谈，非常宽松，松到你可以有军队，可以选举自己的领导人，你的税款不用上缴，需要资金时中央可以支持，你可以以适当身份参加国际组织等，大家共享中华民族的尊严。这就是"中"，也是"和"的体现。

我希望大家在所在国介绍中华文化的时候，要宣传我们文化的灵魂。大家做社团工作时，也要以此为原则处理各种问题。

各位亲人，见到你们我就想多说几句。这股中华文化的线，是任何外力都不能割断的。我相信在座的各位，上有高堂，下有子女，中国有句古话叫"儿行千里母担忧"，大家都不愿意让自己的亲人为自己担忧。这点儿简单的东西，这种孝道，就是我们中华民族与其他民族有所区别的重要方面。《论语》说过，"友于兄弟"，大家要相敬相爱，互相关心。可能大家平时忙于工作，无暇而忽略了尽孝和尽"友于"之道，我在这里提个醒。

  请恕我上面讲了这么多的话，因为我看到大家从事各行各业，但是没有搞社会科学的，所以想给大家讲讲这方面的东西。各位代表中有9位港澳同胞，港澳同胞对内地的文化可能了解得相对少些，我建议大家多回内地走走看看。我非常同意陈主任所说的，不仅要去发达地区参观，还要到不发达地区看看。大家可以去摩梭人聚居的泸沽湖看看。中国有56个民族，尽管风俗习惯、宗教信仰等各有不同，但是在最根本的一些问题上，大家是相同的，所以大家能和谐发展，共同相处。在云南这个有25个少数民族聚居的地方，各民族间的通婚是非常普遍也是很平常的，这就体现了相互包容。正因为这样，各民族间的和睦相处令人感动。

  最后，我想用从泸沽湖地区摩梭人那里听到的一首歌的歌词来结束我的谈话。这首歌叫《花楼恋曲》："月亮才到西山头，阿哥你为什么慌慌地走。火塘是这样的温暖，阿妹我是这样的温柔，阿哥你为什么慌慌地走。路漫漫，岁悠悠，阿哥离开了阿妹，远走他乡，只有忧愁。"现在月亮也到西山头了，各位亲人你们就要慌慌地走。

文化的多元和中华文化特质[※]

一 文化的本质是多元的

人类的历史，从来是文化多元及其发展的历史，是多元文化相互接触的历史。这是因为，文化是人类的生活方式，民族文化是民族的生活方式。由于地理条件（包括气象条件）、生产方式以及偶然性等因素的孕育和制约，各个民族的生活方式自然形成差异，文化呈现多元化。由于人是社会性动物，在社会的发展进程中，逐渐形成人类所特有的理性，形成不同的文化，不同文化必然发生接触。或因迁徙，或因种族的生存和延续，保护和争夺仅有的物质生活资源而与文化他者相遇。

在前现代的久长时间里，人类对文化多元的感知和应对，是不自觉的，是"跟着感觉走"的。人们只觉得他者和自己不一样，"非我族类"，好奇，警惕，防范，抗拒，冲突。在这段历史里，多元文化之间的接触是有限的，知道山外有山、天外有天的氏族很少。接触，不管什么样的接触，文明的和野蛮的，都促进

[※] 2013年3月26日在"澳门论坛"上的主题演讲。发表于《社会科学战线》2013年第7期。

了多元文化的各自发展，积累了大量关于多元文化相处、相离的经验和教训。对于像中华民族这样重视历史记录、善于以史为鉴的民族，一代一代的后来者不断享受着前人的经验和教训，这是中华民族延绵不绝而文化永远常新的重要原因。纵观全世界的情况，则相反的例证却数不胜数。为什么有此截然的不同？这的确值得人们深思。

二　文化是各个民族的文化，有本质不同的交往方式

为了维护自己的生活方式和信仰，人们（民族、人群和个人）对他者的文化总抱着怀疑的态度。这是因为，人们习惯于已有的生活习惯、风俗、礼仪；而信仰是与生命及未来直接相关的，切断信仰以及由信仰派生或影响的礼仪、风俗几乎等于断绝了自己和后代的未来，即使在同一宗教或同一系统的宗教内部也是如此。这是过往历史中世界上宗教战争不断的根本原因或借以号召民众的口实之一。

处理与不同文化接触的方式，也因不同文化的核心理念不同而显现出明显的差异。总括起来，对待异质文化不外乎以德相融和以力相抗两类。以德相融，避免了相抗所造成的苦难，各自的文化也因为有了异质文化的刺激和启示，有充裕的时间和空间去消化吸收他者文化中的营养而继续成长；以力相抗，其效果自然相反，除了死亡的灾难之外，遗留下来的恶果之一则是扩大了与异质文化的心理距离，不但自身的文化成果受损，而且一旦结仇，百世莫解，给后世的再一次相抗埋下可怕的种子。相抗双方有时有正义和非

正义之分，有时则难判是非。如果姑且不着眼于对与错的划分，而从人类生存的历史长河看，对抗之不可取，是自不待言的。所幸的是，在中华大地上，自进入文明时期起，就没有发生过任何宗教战争。这在人类历史上是罕见的奇迹。

不同文化之间其实还有一种关系，即彼此隔绝。这在工业化之前不足为奇，而在经济全球化时代，绝大多数民族即使想自我隔离也是不可能的。或者我们可以换句话说，这种方式也不可取。

三　文化的多元性受到空前重视

文化多元是历史的和现实的存在，但是对于人类来说却是个新话题。约一百年前，即1914年，发生了在科技最为先进的欧洲内部的相互杀戮——第一次世界大战。于是，统治全世界百年的大英帝国衰落了。接下来是德国之复苏和再一次由科技最发达国家发动的第二次世界大战，整个欧洲衰退，美国取而代之。那些坚持认为唯有世界中心的文化才是文化的人们注意到了东方，于是冷战开始，殖民地纷纷独立。居于世界巅峰、睥睨众小的狂傲者，只有在自己身心俱疲的时候才会发现他者的存在。于是，自20世纪中叶以来，特别是在前些年21世纪即将到来之际，世界文化的多元性越来越受到重视。可能其中有以下几个原因：

其一，人类的理性已经比较成熟。经过从农耕时代到工业化时代无数先哲先圣的观察、思考、探究，人类渐渐把握到文化的本质和基本规律，认识到不同文化接触应遵循的"规则"。但是，人类的理性总是有局限的，因而在认识到文化确实是多元的、应该是平等的之后,在对下一步该怎么办的判断和选择上必然出现差异。亨廷顿教授的《文明的冲突》就是在这一背景下出现的。

其二,在关注文化多元化的潮流里,以学术界为主提出的不同文化应该相互包容、相互尊重、相互学习,把文化的排他性转化为与他者相融的刺激和动力的声音越来越强。认为不同文化必然冲突的观点受到越来越强烈、越来越深入的挑战。但是眼前的事实还常常与人们的期望相左,可能也正是一件接一件的文化冲突事件,唤醒了更多的人对世界的现在和未来进行理性的分析。

其三,以德相融的处理方式取得成功的例证逐渐增加并为人所知。例如从20世纪六七十年代起犹太教和基督教关系的改善,天主教和基督教、犹太教关系的变化,中国以和平友好的方式处理和邻国边界问题,乃至香港、澳门平稳回归,等等,都为处理不同文化之间的关系、摆脱千年不变的思维和狩猎农耕时代的老经验,提供了确凿的例证。

世界各国越来越多的智者加入到呼吁不同文明对话、和谐相处的行列里来。这些智者的文化背景、学术积累、呼吁的对象、研究的方法、预想的目的不尽相同,但是主张不同文化应该对话,可以对话,应该通过对话相互了解、促进和平,是完全一致的。学界的声音在各国产生了不同程度的影响,下启民众,上达政要,起到了促使思考、增加选项的作用。联合国的教科文组织、社会和经济组织、文明联盟以及国际公众论坛、中国尼山论坛、国际炎黄文化论坛近年在世界各地的积极活动,为尊重和重视文化多元化的声音提高了分贝。

当然，我们不是盲目的乐观主义者。工业化、信息化和工具理性，正在以远远超过尊重文化多元化的力量在世界许多地方发威；武器的智能化正在并准备着以越来越精巧的方式威胁着人民平静的生活和宝贵的生命。这些，也使得处理不同文化间关系的活动出现许多不可预测的变数。不同文化间的对话将是长期的、艰难的。我的一位天主教朋友说，这将是一种长时间的"苦行"。我认为这个比喻恰当而形象，对此，所有关心和参与不同文化的人们都应该有充分的心理准备。

四 多元文化对话的核心是信仰和宗教

文化的排他性从来会以宗教或对带有宗教性学说的信仰为支撑。例如十字军东征，伊斯兰从7、8世纪开始的扩张，以及亨廷顿教授所"预言"的当代主要冲突，无不如此。这些冲突或赤裸裸地以宗教的名义，或用其他说辞做些遮掩，但是如果剥开外皮看看内瓤，其中的宗教性是路人皆知的。

任何形式的排他性，无一例外地都出自于恐惧或贪婪，许多时候则是二者兼备。如果出于恐惧，则常常是主动地侵略或被动地自卫；如果出于贪欲，则必然是主动对对方的无情侵略。

虽然排他性是所有文化的共点，却有轻重之别，这体现在对待和处理与他者关系的态度和方式方法的差异上。这种差异取决于不同文化的核心，即宗教或学说的哲学基础。

毋庸讳言，一神教的哲学是非此即彼、非好即坏，二元对立。虽然德国图宾根大学著名的天主教神学家汉斯·昆（汉译"孔汉思"）认为基督教的二元论属于古代库姆兰修道士，而库姆兰是受了波斯哲学的影响，但是即使我们不到《福音书》中去寻找，就在《旧约》的《创世记》里就可以看到后来愈益完善的二元对立论的基础，即上帝是造物主，而宇宙中的一切都是被创造物，二者永远不能互换位置。此处要指出的是，一旦神学用哲学武装起来，其所排斥的就不只是另外的神，而是与己意不合的一切。这虽然已经背离了创建一神教的本旨，但久而不以为异，竟成为指导一切的原则了。[①]

五　中华文化的特质

众所周知，中华文化的伦理观最突出的一点是主张"和而不同"，其哲学基础是整体论、综合论、经验论。这和一神论的二元论、分析论、先验论形成鲜明对照。

中华文化的三大支柱儒、释、道，在经过冲撞、融合之后，在哲学上基本达成一致。在中华民族看来，每个人都是社会人际网络中的一个节点，自然是整个社会的一部分；进而扩展，一国之人是一个整体，人类是一个整体，整个宇宙，包括所有的人和物也是一个整体，因而个人、家庭、国家、人类都是宇宙的一个极其微小的部分，这就是所谓天地一体、天人合一、"同胞物与"。用以处理人际关系、国际关系、人与自然的关系，都以儒家的"仁"、佛家的慈悲、道家的

[①] 孔汉思教授正确地指出了《旧约》和《新约》中的耶稣基督都不主张采取武力对抗。以上所述均见孔汉思《论基督徒》，杨德文译，生活·读书·新知三联书店1995年版。

"善"为原则。这就是几千年来中华大地上不同源头的地域文化，外来的佛教文化和后来的伊斯兰、基督和天主等宗教不但可以和谐共处，而且相互吸收经验和营养，从而不断发展、创造，保障了中华民族的繁衍壮大的根本原因。

在中国人心里的"天下"，随着地理知识的不断扩展和交通的便捷而不断延伸。在经济全球化的今天，我们所关心的不仅是一己，而且是全人类，不仅是眼前，而且是属于子子孙孙的无限未来。在这种思维下，我们对应该如何对待多元的文化，用不着反省、思考、反复论证，就可以得出符合宇宙规律和人类社会规律，符合世界未来需求的结论。

中华民族的这些观念来自无数世纪的经验。即使后人是从先贤那里学习而获得启发和教诲的，但是寻根究底，先贤的智慧也还是从实践中总结出来的。例如在古代，强势文化对于相对弱势的亚文化，从来就不是采取强制压迫和消灭的态度。那时有夷夏之分，其标准则在于教化水平之高低，对所谓"夷狄"，不存在种族性歧视，所以孔子"欲居九夷"（《论语·子罕》）而不以为"陋"，认为"微管仲，吾其被发左衽矣"（《论语·宪问》），提倡"远人不服，则修文德以来之"（《论语·季氏》）；孔夫子知道其"道不行"，曾又发出"乘桴浮于海"以达东夷的感叹，因为他主张"四海之内皆兄弟也"（《论语·颜渊》）。现在，几乎全世界都知道并赞赏孔子所提倡的"己所不欲，勿施于人"（《论语·颜渊》），这里所说的"人"，应该是囊括了全天下所有的人。看看近代以来中国对待其他国家人民的态度和方式，就可以清晰地感到先祖的宽阔胸怀仍然完好地保存在中华文化的基因中和国人的血液里。这已经不仅仅是中国人的处世经验，而且是一种民族美德，也是可以奉献给当代世界的一份礼物。

中华文化特质之"特"，就在于和弥漫于大半个世界的一神论哲学相比而显其异，还在于当许多人把文化的多元性视为新大陆的时候，中华民族已经履践了几千年，视之为已然和当然。应该说，有中华民族这样坚守文化多元、包容他者的成员，是世界之福，人类之幸。

六　中华文化的哲学特质在己身内部的表现

中华文化的哲学特质表现在自己的主流文化对待亚文化的态度上。

中华文化内部不但是多元的，而且是多种源头的。以黄河流域为主体的中原文化，不断吸收了其他地区和民族、部族的文化而不断成长，同时又渗透式地反馈给周边。而各个亚文化也同样与异质文化相处、互动，相得益彰。说到这里，不能不提到中国亚文化地区之一——澳门这个多元文化的城市。

几年前，我曾在这里说过，澳门可以说是中华式的文化理性的缩影和样板。人们熟知澳门的过去。几百年中，在主权已不在我的情况下，澳门的中华文化并没有中断，而是以中华文化为根基，大度地容纳来自远方的异质文化，并形成了面貌既异于彼，也与中华文化本体不完全相同的文化。回归之后的短短十几年，澳门的文化又呈现出喜人的稳步发展的态势。澳门文化坎坷的和幸运的历程，将为整个中华文化提供不可多得的经验。

不能回避的是，澳门和内地，乃至和当今世界各个民族文化一样，正在面临着空前的严峻的挑战。这就是受到前面所提到的工具理性、物欲横流、个人至上这一强势文化的逼迫。但是，澳门既有几百年的经验，现在又有祖国经济蓬勃发展和文化建设稳步前进的依托，一定会和全国一样，逐步寻找到回归人之本性、具有澳门特色的文化，使澳门成为中国南端的中华文化重镇。

经济永远是社会得以存在和发展的基础。我衷心地希望，澳门在更好地发展经济、改善民生的同时，更为自觉地探索未来的文化发展之路，继续为中国内地提供难得的经验。

心灵※

——了解中国的关键和关口

我想,我的报告从讲一个孔子的故事开始。

孔子有3000个学生,其中最优秀的、能够把孔子所教的诗学、史学、礼学、音乐等全部掌握的,有77位(一说72位),在中国最著名的历史书《史记》中都有记载。在这77人中最为杰出的是颜回。

颜回是孔子最喜欢的学生。为什么孔子特别喜欢他?因为他好学、最能理解孔子的深刻思想,完全按照孔子所教导的那样处世,善于思考,忠诚于自己的信仰,并且勇于把学到的道理用于实际生活。

有一次孔子的另一位学生说,自己不如颜回,因为颜回听到一个道理可以推想到十个方面,自己只能推演到两件事。孔子听后说:我和你都不如他啊!孔子还称赞颜回如果因什么事生气了,绝不牵连或发泄到别人或别的事情上去;如果有了过错,改正后绝不再犯。听了老师的教导,立即去实践,从不懈怠。颜回家里很贫穷,住在贫民窟里,每餐只是一碗饭,一碗水。在别人,这几乎是不能忍受的艰苦,但是他却从学习、思考中得到了无穷的乐趣,并且毫不动摇。

※ 2011年6月1日在"欧洲地区孔子学院2011年联席会"上的主题报告。

他28岁时头发就全白了,不幸的是,据说32岁时就去世了。孔子极为悲伤,痛哭不已。老师对学生的去世这样地哀痛,是不合乎当时的礼仪的,由于孔子太伤心了,是发自内心的,不由自主的,所以自己没有意识到,有的学生提醒他为颜回的去世哭得有些过分了,孔子回答:是吗?我不为他这样的人哀痛,还为谁哀痛啊?这以后,有人问孔子:你的弟子里有谁好学?他回答:有个学生叫颜回的,可惜短命,死了,现在没有了。

这个故事给中国留下了一个引发无数人思考的问题:颜回为什么快乐?他快乐的内容是什么?宋代有一位大学问家,是开辟儒家学说一个新阶段的主要人物之一,他到朝廷上去考试时写的文章就是探讨、论述这一问题的答案的。以后这成了儒学学者们探讨的问题之一,实际是在探讨儒家人生观、世界观等丰富内涵。

在我看来,颜回的快乐来自对内心境界的追求,对德性的不断完善,而不是以物质的享受为生活目的。儒家把个人、家庭、国家和世界连成一体,用"修身—齐家—治国—平天下"来概括地表达。颜回的志向自然不是仅仅获得自己内心理性思辨和获取圆满答案,这只是他为天下人谋求和善幸福伟大抱负的开端。用中国话说,颜回所追求的,就是人间和宇宙都遵行的"道"("dao"不可译为The way,更不可译为The road)。正是由于颜回虽然年纪轻轻就去世,但却是一位道德高尚、内心获得解放的人,因而也是幸福的人,也由于孔子对颜回的极高评价,颜回给后代做出了"安贫乐道"的榜样,所以后代祭祀孔子的时候,都要把颜回的塑像或写有他名字的牌位放在孔子像的旁边,用中国话说就是"陪祀""配祀"。颜回住的地方离孔子家不远,那条小巷子后代命名为"陋巷",意思是十分狭窄的小街,现在还保留着;后人还给颜回建了专门祭祀他的庙宇,就在陋巷对面,也离孔家不远。建议大家再次访问中国曲阜,参观孔府、孔庙的时候,顺便也去看看陋巷和颜庙,想象2500年前这位杰出的学生勤奋学习的情景。

颜回的故事包含着这样一个深刻的道理:要了解对方,就像我们了解颜回,就要深入地了解他的心;推广开来,各国朋友要了解中国人,当然需要从了解中国人的内心开始,中国人的内心里都隐藏着中华文化的核心理念,虽然很多人平时并没有清晰地意识到这一点。"心",这是最重要的起点。

在座各位对中国、对中国文化都有了很多了解,并且还想进一步深入地了解。我建议大家逐步地做到无论对中国文化的什么现象,都能透过表面看到中国人的内心。我知道这是很难的,但是唯有这样,不同国家的人才能心与心相通,才能达到我们的共同理想——65亿人和谐地生活在我们共同的家园——地球上。

例如,对大家所熟知的孔子的名言"和而不同",我们就应该多问几个为什么。孔子的原话是:"君子和而不同,小人同而不和。"我们可以追问:为什么君子主张和而不同?为什么孔子以"和而不同"与"同而不和"判别君子和小人?什么是和?什么是同?

我现在试着给出我自己的简要答案,供大家参考,也欢迎大家一起来讨论。

在孔子的学说和话语里,"君子"是指具有很高道德水平的人;而"小人"则指与之相反的、缺乏教养、道德水平较低下的人。"和"是中华民族所追求的最理想的境界，不但人的性格要"和"，人和人的关系要"和"，国与国的关系要"和"，人和大自然相处时也要"和"。"和"，就是与不同于自己的人、事物或现象友好相处，当然就必须承认、接受、包容那个"不同"。

　　说到这里，就涉及"和"字的本义。在中国最古老、编写于第二世纪的字典《说文解字》里，用"相应"一词解释"和"字，意思是出现了一个声音（包括人发出的声音），另一个声音与它相应。例如在多部合唱、交响乐中，多个声部、多种乐器，有先有后，但听起来非常悦耳，那就是因为声音之"和"；相反，如果其中有一个声音不"和"，整个乐曲就成了噪声。《说文解字》里有一个"龢"字，作者对它的解释是"调（tiáo）"，即，调和音调、音高，使声音和谐。由此而引申，可以指酸、苦、辣、咸、甜（中国人合称"五味"）经调和而达到适中。各国朋友都喜欢吃中国菜，那就是因为中国菜的味道好，而味道好的秘诀就在于厨师或家庭主妇善于让五味调和。

　　中国话里还有一个词——"中和"。中和，就是对对立的事物不偏不倚，协调得使它们能够"节奏相应"，平安相处。我们在读中学时都学过化学，酸和碱相对立，如果我们加上某种药剂使它变为不酸、不碱，在中国话里就叫"中和"。

　　在座的朋友大多去过北京的故宫吧？故宫的中心建筑群是北京人俗称的"三大殿"，坐落在故宫的中轴线上，是500多年前明清两个朝代处理国家大事的地方。三个巍峨的大殿，分别命名为太和、中和、保和。"太"就是"大"，或最大；"太和"就是和到极点。"中和"不必再解释了。"保和"意思也很明显，要

"保"住"和"。以三个"和"字给政权的三座标志性建筑命名，意味着什么？我想用不着多说了。

我们还可以举出很多语言文字的、古代文献的、现实生活的例证说明"和"的内涵，但是我想，不必了，还是让我们回到孔子的故事中吧。

孔子说"小人同而不和"，是因为君子心里所装载的是整个国家和世界，是希望国家和世界平安幸福；而"小人"所想的是一己（包括小群体）的利益。他们为了满足私利，就要以自己为标杆，希望其他人都和自己"同"，一模一样。因为在他们看来不同就是对立，互不相容。这当然不能被"不同"者接受，于是彼此抗争。君子呢，求"和"不求"同"，自然就不采取"非白即黑"、非此即彼的极端思维，孔子把这一主张提高到哲学层面，提出了与极端思维相反的"中庸"，中道。而且他认为"中"是最高的德。

故事讲到这里，我想大家和我一样，对颜回为什么安于贫困，乐于求道已经有了更深的了解。在他所希求的"道"中，有个"和"与"中"作为其哲学理念的核心在支撑着他。凡是信仰，只要或只有提高到哲学的高度，才能是坚定的，永不动摇的。

如果说"和"与"中"是具有强烈哲学意味的概念，那么，它在世俗生活中的体现，即在伦理层面的核心就是"仁"。

"仁"字是由"人"字和"二"字相合而成的，意思是只要有两个人存在，就有人际关系问题，这种关系应该是"仁"。"仁"字，人们很难给出一个十分圆满、十分权威的解释，因为从孔子时代到现在，它一直是中国人伦理观的总括，随着时代的演变发展，其内容也在不断丰富，越来越广泛。英语一般把"仁"

译为 love，虽然不能说译错了，但是如果说译得差着万里却并不过分。让我们来看看在孔子的言论中所涉及"仁"的几个要点。

孔子对"仁"很少做出直接的解释，连他的弟子也说：老师很少谈到"仁"。他唯一的正面解释是：仁就是爱人。他的弟子听了，还不理解，于是他又解释说，把直的东西放在弯曲的东西旁边，能够让弯曲的变直。还是这位弟子，另一次关于"仁"的提问，孔子的回答是：平时在家或做任何事情都恭恭敬敬，和别人打交道做到忠诚，就是仁。因此他又说，仁的表现是：出门，就像要见重要的客人那样庄重恭敬；使用民力，就像主持主要的祭祀那样谨慎虔诚；自己不想要的，不要推给别人。他还说过，克制自己的私欲，恢复到"礼"的轨道上就是"仁"。仁者，应该做到自己想要有所建树，也让别人有所建树；自己想要学问事业通达，也让他人通达。人们觉得很难做到"仁"，孔子说："仁"离我们远吗？不远，只要我们想要成为一个仁者，"仁"就会到来；奉行"仁"完全决定于自己。

由此我们可以知道，"仁"的基础是我们心中蕴藏的善良和对他人的爱，通过学习和理性思考，使它成为自觉的意识，并转化为行动。关键在于对他人和事情的恭敬和谨慎，在于"克己复礼"和"推己及人"。

但是孔子所提倡的"爱"并不等同于其他文化所说的爱。孔子基于中国农耕文化的规律、现实和需求，认为人与人之间的爱是有层次的。他说，对父母的爱和对兄弟的爱，是"仁"的根。也就是说，"仁"是由对家人的爱生发延伸出来的，对其他人的爱则是从根上长出来的干、枝、叶。因为父母是生养自己的亲人，兄弟是同胞血亲，也是自己最早接触、最熟悉的人。如果连自己的父母兄弟都不爱，还能真诚地爱别人吗？这是"仁"的第一层次。其次是对朋友、同学、邻居的爱，再扩大，就是对社会上所有的人，乃至全天下的人的爱，并且进一步"爱屋及乌"，对宇宙间的万物，都要敬、爱、珍惜。爱有层次，这只是先后和程度的差异，并不意味着轻视对亲人以外其他人的爱。孔子说：仁者要能做到牺牲自己的生命来实现对他人的爱。这是因为"仁"是一种发自内心的很自然的情感，是一种感恩，是一种已经内化为灵魂的意识和品质。

从孔子的"仁"，我们是不是已经感觉到了，不管各种文化的源头和由此产生的种种观念有多大差异，在"爱"的这一点上，人类有其共同之处？这就是中国人所喜欢的"求同存异"中的"同"。

在我讲话开始时，我说过，要深入了解中国人，需要从了解中国人的心开始。我在上面所说的德、道、中、和、仁，都是中华文化的核心理念。

现在就让我们看看上述的理念是怎样蕴含在中国人日常生活中一些琐事里的。

大家都知道北京民居的特点是有四合院。四合院其实还可以建成前后相连的两个院子或多层院子。它正是中国人重家庭伦理的反映。以前中国的家庭常常几代人住在一起，一般是长辈住最核心的房间；如果是一层院子，就住面向南的"正房"，阳光充足，通风好，如果是多层，就住在中间位置，体现了家长是家庭的中心，长者可以照顾年轻后辈，年轻人可以关爱长辈。四合院本来也可以形成别的俗称，老百姓给它取名"四合",也体现了全家合为一个整体的意愿。"合"的原初意义就是盒子。院子叫"四合",既是说全家"合"在一起,也是对院子的写实——犹如一个独立的盒子。

我看到,在很多孔子学院的墙壁上都挂着"中国结"。我不知道外国学生和朋友为什么喜欢中国结,而在中国人眼里,打中国结的红绳无论怎么绕来绕去,最终又回到起点,这就是中国人的宇宙观:"无始无终",让你想拆都不知道从哪里下手。什么形状始点就是终点,终点就是始点,而且每一个点都是一样的、"平等"的?只有圆形!所以在编织的时候,尽量不出现直角、锐角,要处处呈浑圆的形状;如果线需要交叉,就让它密密相缠,不留缝隙。中国结象征的是人们理想的人和人的关系,既圆满又亲密。只有体会到这些,我们眼中的中国结才是完整的中国"情结"。

太极拳,似乎已经进入越来越多的孔子学院。什么是"太极"?为什么太极图是圆形的?里面的两个像鱼的图形为什么一白一黑,每个鱼中还有个黑点或白点?为什么老师在教太极拳时强调动作时时要显出圆形?所谓太极,是中国人心中的宇宙形象。中国的哲学认为最初宇宙是混沌一团,后来由于运动,分为两极,分别名为"阴"和"阳",于是以黑夜的颜色代表"阴",以白天的颜色代表"阳"。阴和阳不是截然对立的,而是可以互相转化的,所以画一条S形的曲线,形成动态的两个部分,黑"鱼"中有白"眼",白"鱼"中有黑"眼",意味着你中有我,我中有你,接下来可能此要变为彼,彼要变为此。打太极拳,做任何动作都要心中有个圆,一招一式也要圆,因为"圆"最适合肢体的舒展、运动和血液循环,最适合"气"

的通畅流行。"圆"的这些特点也是中国人处处喜爱"圆"的内在原因之一。

中国的书法和绘画，讲究布局和结构，追求的是整体的美，并不太讲究透视、光线、每个局部都和客观实际（山水、花鸟、建筑、人物等）尽量相像。中国画讲究"神似"，不太注重"形似"。我们常说，"字如其人""画如其人"。书法家在挥笔书写时，是在抒发自己内心的感受，这感受或来自于书写的内容，或他此时此地的心境；画家在作画时，可以说也是在画自己，或者是在与山水、人物对话，甚至此时他就是他们中的一员，画者和所画的景象已经融为一体。如果太"形似"，就局限住了他主观的发挥。所以，如果用西方的油画、素描来衡量中国画，就会觉得"不像画"，但这正是中国画的精粹所在，中国人感到"我"—"境"合一、客观—主观相通相融的体现。

中国有很多传统节日，和世界各个民族一样，这些历史悠久的节日都包含着丰富的民族情感和历史内涵。每个节日的起源常常有不同的说法，今天我们只看看当代的情况。

按照中国旧有的历法，第一个节日是元宵节。这时一年中第一次月亮圆了，也是春天的第一次月圆。春节一般要过半个月，又正是月亮圆了的日子，于是成了春节结束的标记。元宵节的一个必不可少的内容是吃元宵（南方叫汤圆），糯米面做的，一般是甜味的。圆，取其圆满之意；黏意味全家紧紧相黏；甜，即日子过得甜甜蜜蜜；煮食带汤，既是冬天御寒所必需的，也隐含着和和美美、热气腾腾。

第二个节日是清明节。这个节日以"清"和"明"命名，是因为旧历三月初，春风柔和，空气清新，春日融融，万物复苏，清明一过就要准备春耕，将忙碌起来，于是家家纷纷拜祭祖先，回忆先人创业的艰难和对家庭的贡献、对后人的恩赐。

中国人特别讲究"慎终追远"，即对一个人的最后日子和他的去世格外重视，因为这是他一生的终结，从此他就只留在人们的记忆中了。对生热爱，自然对死也应该尊重。现在清明节是全国的公假，为的是满足人们拜祭的需要。今年，据粗略统计，就有三亿多人进行了各种形式的拜祭。"追远"，即追思自己家族一代一代的传承，要想：我自己做得怎样？有什么对不起先人的地方？"慎终追远"还是为了未来。

清明节后大约两个月，旧历五月五日是端午节，又名端阳节。"端"是开始的意思。其实每月的五日都可以称端午（五）。端午节这一天全国都要吃粽子，邻近江河的地方要举行龙舟比赛以纪念战国时代的爱国诗人屈原。这时夏日初至，气温已经较高，传染病开始流行，所以还有在门前悬挂药草或用药草燃熏房间的习俗（主要集中于南方）。这是把许多内容，纪念伟大人物、环境卫生、狂欢都融在一个节日里了。就在几天前，6月5日，是今年的端午节。那几天我收到的祝贺，最多的是祝我吉祥如意、健康长寿，这是因为我已经是一个老人了吧，而我对朋友们的祝贺更多的则是事业顺利、生活和美，因为他们都还年轻。请看，现在端午节又渐渐地增添了新的内容。

旧历八月十五日，是中秋节。旧历的七、八、九三个月是秋季，八月居中，十五日又是八月的中间，正是秋季的正中。这时农作物基本收割完毕（主要是北方，北方是古代的主活动区），秋风将起，不久就要进入冬季，外出的家人也回来了，于是全家团聚，庆祝丰收。中秋节的典型食品是月饼。取其团圆、圆满的意思。

旧历九月九日是重阳节。为什么叫"重阳"？汉语的"重"是重叠的意思，"9"在中国人的观念中为阳数（6为阴数），重阳的意思是两个9遇到一起了。中国人认为9是数字里最大的，再加1，是10，10就成了两位数中最小的。也是因为9最大，所以近年人们把这一天作为老人节、尊老节，特别是儿女和学生对父母和老师都要表示祝贺，企盼老人健康长寿。重阳节还有登高的习惯。因为这时天高气爽，"最高"的是天，登高就象征性地更加接近了天。两个9叠加也意味着高而又高，这时登高望远，既是郊游，也有体验"高"、祈求高寿的意思。

最后一个重大的节日就是各国朋友都知道的春节了。春节是中国几千年来的"年"节，自1911年辛亥革命推翻清帝国的统治，采用公元纪年，于是把1月1日定为"年"，原来的年改称"春节"。中国人之所以重视春节，是因为新的一年就要来了，新旧交接、寒暖更替，是全家渴盼最烈、团聚最全、亲情最浓的节日，"有钱没钱，回家过年"，成为全国人的心声。消灾祈福、敬祖尊亲是春节最重要的内容。因为大家对春节比较了解，这里就不必多说了。

从中国的这些主要节日可以看出，"节"，是中国人重家庭、重继承、重传统、重习俗的总爆发；是尊祖敬老、体味亲情、联系亲友、清洁环境、防止瘟疫、适度"狂欢"的混合体。而其核心仍然是"和"，是"爱"，是"家"。

诸如此类的例子我们可以举出很多很多，用中国的成语说就是"不胜枚举"或"更仆难数"——仆人举着蜡烛或火把照明,即使一再更换疲劳了的仆人,也难以把事物一个个清点清楚。我举以上一些例子,不过是想和大家交流这样一点:只要我们把握了中国人思想、感情的核心,就可以透视中国人生活中的点点滴滴,更为了解中国人和中国。

孔子学院的主要功能是为想学习汉语、了解中国文化的人们提供教学资源和环境。在我看来,语言和文化密不可分;每个汉语的词语都有丰富的文化内涵,不了解中国文化,就难以掌握汉语。特别是汉语和汉字紧密结合在一起,汉字的字形乃至字音更是比较直接地反映了中国人的观念、感情。于是学习汉语和了解中国文化就形成了一个"太极图":学习汉语汉字,就会了解一些中国文化;进一步了解了中国文化,又有助于学习汉语汉字——互相促进,互相转化,语中有文,文中有语,文化为语,语化为文。而最要紧的,是把握中国人的心,"心"集中浓缩于民族的宇宙观、伦理观和审美观中。这是关键,也是关口,同时也是两种文化背景的人们和谐友好相处所必需的。这就是为什么我经常说,汉语是中国和各国相连接的桥梁,是不同民族、不同国家人民之间的心灵之桥的原因。

为中华民族文化的自觉而呼喊※

非常高兴今天挤出时间来参加"经典诵读工程全球测评"启动仪式。我觉得这次活动很有意义，因为经典诵读这种方式本身是继承和弘扬民族文化不可缺少的方式之一。

今天我们处在一个什么时代？处在一个政治在朝着多极化发展，经济在朝着全球化发展，文化在朝着保持多元化努力的方向发展的时代。请注意，我三个"发展"所用的语言不同。朝着政治多极化发展，那就是现在不是多极化，而是单极化，一切由美国说了算。朝着经济全球化发展，说明现在经济没有全球化，全球化还只是一种理想，目前还只在部分地区实现了资本、技术、商品的自由流动。如果真能实现经济全球化，就不会有发达国家和发展中国家差距拉大，就没有非洲动辄饿死几十万人的事情发生，就没有任何一个国家和民族被边缘化，因为既然全球化，就应该包括所有国家。文化在朝着保持民族文化多元化的方向努力，说明民族文化的多元化处在危险之中。西方发达国家，特别是有一些国家，以其经济实力、军事实

※ 2004年10月15日在"经典诵读工程全球测评"启动仪式上的讲话。

力、高度发达的科技，挟裹着各式各样的文化，侵入整个地球的每一个角落。

应当承认，美国文化是一个综合性的文化，其中有很多宝贵的东西，那是美国人民智慧的结晶，也是世界各国人民智慧的结晶。但是不可否认的是，"统治的思想就是统治阶级的思想"。在美国，这就是唯我独尊、唯己为大、个人至上、消费至上等思想。这些思想由麦当劳、可口可乐、迪斯尼、好莱坞大片等挟裹着进到每个家庭，渗进每个孩子心里。强势的经济带给人们一种误解，以为它所带来的文化也是强势的文化、先进的文化，忘了强势经济所带来的也有野性的文化、兽性的文化、把人类推向罪恶深渊的文化。如果所有国家的儿女，一出生吃的是美国的奶粉，穿的是Mickey牌的服装，稍大一点儿看的是迪斯尼的动画，再大一点儿吃的是麦当劳、肯德基，长大后听的是摇滚、爵士乐，看西部大片，那将是地球的灾难、人类的灾难。因为，我们的孩子也将成为唯我独尊、唯己为大、消费至上、享乐至上、个人至上的人。都至上，最后谁至上？如果谁有力量谁至上，谁能打败人谁至上，那将成为一个怎样的世界？

中华民族的文化认同是：人不犯我，我不犯人；人若犯我，我必犯人。但是美国的文化是先发制人——我觉得你不顺眼，我就可以打你，"天赋我权"。照这种逻辑，世界不得安宁，家庭不得安宁，人心不得安宁。但是我相信不会有这一天，因为它违背了人类文化发展规律，人类文化必须是多元的才能前进。任何一个文化必须在不断吸收外来文化有益成分的基础上才能前进，中华民族就是这么走过来的。在这个时候，如何抵御病菌的侵染？我们既然要打开窗子、打开门，让新鲜的空气进来，那就不能完全杜绝蚊子、苍蝇也进来，我们不能因为会进来蚊子、苍蝇就闭关自守，中国人在这方面的教训已经够惨痛了。自16世纪起，我们闭关自守，就让世界上一个最强大的国家，在别人炮舰的攻击下变成了半殖民地，牺牲了无数的中华儿女。改革永无止境，开放没有结束之时，那飞进来蚊子、苍蝇怎么办？第一种办法是打掉它。但是我们都有这样的经验，打是打不尽的，用电动驱蚊器也是驱不尽的。那么，只好采取第二种办法，就是自己强身。强身就是弘扬自己民族的文化，让它像春雨，无声地渗透到每个人特别是未来接班人的心里。身体强了，让蚊子叮了，起个小斑点而已，吃了苍蝇弄脏的食物，也不会得肠胃炎。要强身就要汲取营养。怎样汲取营养，方式很重要，其中诵经，特别是诵儒家经典，是重要方式之一。

今天看到中学的孩子、小学的孩子、幼儿园的小朋友，非常高兴。他们让我想起我小的时候，父亲和老师教我诵经。比如"子曰：学而时习之，不亦说乎"，比如《孟子·梁惠王》，比如《千家诗》。小时候诵读过的东西有的可能忘记了，但是，"修、齐、治、平"这样一套人生应该具有的生活的逻辑和伦理的逻辑，已深深地种在我心里。也许今天我们的孩子们在背诵《大学》的时候，不能理解"修、齐、治、平"的深刻内涵和它的必然规律，但是我想，在教师的引导下，起码他们会比我更早地理解修身与平天下之间的内在关系，更早地领悟儒家文化是农业文化。农耕时代是人类历史上到目前为止存在时间最长的时代。由于农业是人在自然环境下从事生产，要依靠大自然的赐予，农业不是个人行为，而是小者家庭，大者家族，再大是地区和国家的行为，因此从中产生的儒家文化，应该算是全世界最早开始全面关注人与人的关系、人与自然的关系、现在与未来的关系，这是游牧文化所不具备的。游牧生产是今天这里有一片水草，人们来放牧，这里水草不够了或换了季节，人们就到别的地方去，明年的事情不考虑。农业就不能这样，春天种下种子，就已经预见了秋天的果实，秋天收获就要考虑为明年耕种留下种子，所以必须看未来。由于人生与大自然永恒不变的规律，生生死死，生生灭灭，因此儒家早就看透了，庄稼一茬接一茬，人生一代接一代，没有不朽的东西。因此，当别人向孔子问"死"的时候，孔子曰："不知生，焉知死。""子不语怪力乱神"，很务实。那么，对于未来追求什么呢？求得自己道德的完善，人死精神在。对于我们的先烈、先驱，我们说"千古""永垂不朽"，在说这个话的时候，我们知道他们的身体已经归于黄土，但是精神在，有精神在就有人在，有人在就有民族在，有民族在就有事业在，就有明天在。这些东西，还有今天来不及说的其他的儒家精神，都可以概括成一句话：儒家文化根植于中华民族发展最早、连绵时间最长的农业生产，因此总结出的人类社会和自然世界的规律带有普适性。当然，农业文化有其局限性，特别是和工业文化及后工业文化相比。比如说，《大学》反映了农业社会所必有的层级社会，在上者有一种权力，半神化的权威，层层地传下去，因此在上者为父母，在下者为子民。这都是要扬弃的。

但总体说，儒家文化，特别是从原始的儒家文化经过汉、唐、宋、明发展到今天的新儒学，每一次的变革，每一次时代的前进，都带来了儒家的新生。为什么？因为它吸收了异质文化，完善了自己。宋明理学对于心性的关注，直接受到了禅宗的影响。那么，儒学在今天如何吸收我们国家56个民族优秀的文化，如何和时代的特点相结合，吸收世界上一切有益的东西，注入新的内容，这是弘扬中华文化不可或缺的一课。实际上，到中国的封建社会后期，儒、释、道三大家，你中有我，我中有你。儒家文化是一个开放的系统，这是无须证明的。在推广诵经的过程中，我同意刚才院长所说的，是在为今后弘扬中华文化打下基础。基础就是基础，还不是高楼大厦。一种文化的振兴，不是以十年、五十年计，恐怕需要几代人的努力，经过哲学上的挣扎与折磨，经过无数学者的辛勤耕耘，经过吐故纳新，经过无数的争辩，慢慢归于坦途。想当年，韩愈因为《谏佛骨表》而被发配岭南，但是他的好朋友柳宗元，却与和尚是好朋友，读佛经，赞赏佛教文化。再往后，白居易干脆是香山居士。是不是韩愈彻底错了？没有。是不是白居易错了？也没有。这都是时代的产物，都是中华文化前进当中必然留下的脚印。

　　我想，回顾我们文化的发展历史，会给我们今天如何弘扬中华文化以众多的启发。"前事不忘，后事之师"，这八个字是至理名言。我们现在种下了种子，打下一定的基础，就为未来振兴中华文化的艰苦努力准备了一个条件。而我们可爱的孩子，居然把枯燥的《大学》背得如此熟练，我自愧弗如。但是我想，在培养孩子们诵经的过程中，在引导年轻人诵经的时候，应该研究：如何把诵经与他们的兴趣结合起来；如何把整部的书和片断灵活地安排；少年儿童有他们的童心和童趣，所诵读的内容怎样和他们的年龄特征结合起来。汉字文化圈里的儿童都太苦了,几乎很少有童年。请注意我说的是汉字文化圈,包括日本、韩国,儿童都很苦,以至于我上一年级的小孙子问我:"谁是政府?我们小孩子上学这么早,是不是政府规定的?"我说:"是。""那你给政府提个意见,我们是世界上起得最早的人!"真是如此。因为除了中国大陆,全世界的孩子都9点上学,而我们是7:30。他们的童趣,千万要保住啊!童趣是一种纯真,儿童过早失去了纯真,也就使我们的社会丢掉了纯真。

诵经的经,既然指经典,就不单是儒家,起码应该包括儒、释、道。道家,像庄子的《逍遥游》,多好的文章啊!中国人民大学办孔子学院,自然应该读儒家的东西,但是《大学》也不是孔子写的。在培育青少年背诵经典时,他们基本上是靠机械记忆,还不是按逻辑、理性地记忆。如何通过文字去领会经典的精神,如何让这种精神贴近孩子的生活,需要研究。孩子们的生活就是在家里和爸爸妈妈,到学校和老师、校长、同学在一起,放学的路上,周围五光十色的店铺,回到家,要赶紧写完作业,最多和邻居小朋友玩上一会儿。孩子们如此单调的生活怎么和经典结合起来,我想这是应该研究的。一句话,不是一诵了事。

构建中华民族雄伟的、新时代文化的大厦,是振兴中华民族不可缺少的工程之一。构筑这样一个大厦,不是少数人的事情,而是全体人民的事情。但是也不是让13亿人一起来做,主要是靠知识界,把握了文化发展的规律,在社会上进行提倡,我称之为"文化的自觉"。人民大学成立孔子学院,就是文化自觉的体现;建诸子百家长廊,是一个体现;今年办孔子文化月活动,又是一次体现;在人民大会堂山东厅举行启动仪式，更是一次体现！我为中华民族文化的自觉而呼喊，我为看到一桩桩显示民族文化自觉的事迹而欢呼！我愿意和知识界、和所有中华儿女，包括海外华人华侨、台湾同胞、港澳同胞一起，努力在新时代建造我们中华民族的新文化大厦，让中华民族凭着她高度发达的经济与科技，高度发达的、能够拯救世界于混乱之中的中华民族文化而屹立于东方！

为了中华 为了世界

中华文化重任在肩[※]

世界汉学大会在北京、在中国人民大学举行，是一件令人兴奋的事情。经过两天的讨论和交流，会议取得了丰厚的成果，更是一件特别值得祝贺的事情。

在我的记忆里，这次会议是在中国本土举行的规模最大、参与者最多、规格最高、收获最丰的汉学大会。在21世纪刚刚开始的时候，这样一次会议得以举行并取得成功，既是时代现状的反映，也是——用孟子的话说——天时、地利、人和的必然结果；同时似乎它也预示了汉学的某种未来，一种令人振奋的未来。因此，请允许我再一次对远道而来的各国专家表示热烈的欢迎，对大会表示最衷心的祝贺。

我因为公务，没能参加昨天和今天上午的讨论，亲自聆听各位专家，特别是来自各国的朋友们精彩的发言和热烈的讨论，这对于我，不能不说是一件十分遗憾的事情。但是，感谢纪宝成校长、冯俊副校长和负责会议筹备工作的朋友，会前为我提供了各位大作的纲要，我一一拜读了，尽管对各位的鸿制只能窥豹一斑，但亦自感受益良多。

[※] 2007年3月25日在世界汉学大会闭幕式上的讲话。

在这次会议上，回顾历史，特别是中外交流史的论文比较多，这恐怕也有着一定的必然性。现在的确到了反思中华文化传统和对19世纪以来曾经有过的对中华传统文化反思进行反思的时候了。这是因为，在中国已经看到了一个新的文化建设高潮的潮头。这个高潮是紧跟着经济建设的高潮而必然出现的，同时也是为了中国的继续发展，为了中国作为世界的一个成员将为世界未来做出应有的贡献做好准备而出现的。而这次会议就是这鼓舞人的潮头的一个组成部分。

任何民族对于历史和传统的反思，都是为了借鉴、扬弃，为了以后的发展；反过来说，任何民族要发展，都离不开自己的历史和传统。任何文化的发展总是自己原有躯体的成长和改变。作一个可能并不十分恰当的比喻，这就如同一株花，无论怎样成长、变异，哪怕嫁接，都永远离不开这株花的本体。虽然历史和文化不是有机体，我也不是社会达尔文主义者，并没有把文化与花草等同起来，但用这个比喻来说明任何事物的发展都离不开其原有的基础，这是不以人的意志为转移的规律，总是可以的。

文化高潮的即将到来，是中国几十年来社会现实的呼唤和挑战的结果。

中国是个以农业人口为多数的社会实体。虽然自19世纪末起中国已经有了工业经济，但是所占的比例始终不大，从事工业生产的人口始终是很少数。同时，意识落后于存在，在工业化过程中，城市人口迅速增加，但是基于农业生产的观念意识、思维方式、风俗习惯以及社会和家庭的结构仍然落后于工业化生产的要求，或者说，还基本上是农业社会的遗留。中国当前的许多问题不能不说都和这一点有着极其密切的关系。

例如，不同年龄段的人们之间，对于艺术欣赏、价值观念、人际关系有不同的取向，即俗话所说的"代沟"，这其实就是基于农业生产的传统文化和突然从外部传来或抄来的工业、后工业文化之间的距离。在社会管理层面，政府机构和职能的急需改革，法律体系的亟待完善，有法不依、执法不严、司法不公现象的存在，从中无不可以找到文化发展滞后的痕迹。为了解决在社会快速前进道路上所遇到的种种问题和矛盾，我们在政策、法律层面已经注意到并且采用了种种改进的办法。在这个过程中，人们逐渐地、越来越明显地认识到，与这些政策和措施同行的还有必不可少的一项，这就是引导社会加紧建设适合这一转型期的，亦即中国特色社会主义初级阶段（或者说初级阶段的初始期）社会现实的文化，其中最重要的是构建新的社会价值体系，形成与之相应的礼仪习惯。这几乎已经成了全社会的共识。

在这里我想特别提到中国的人居环境逐年恶化的问题。刚才我所提到的一些现象，都属于社会问题，而环境污染则是人与自然的关系问题。这似乎主要是各地执政者和企业家的责任，与文化的关系不大。但是，如果我们结合问题出现的时代背景再作一番深入观察和思考的话，就会发现，在忽视环境的背后是小农经济的短视、"天人一体"观念的丢失、现代科学知识的短缺等因素在无形地起着巨大的作用——说到底，还是在文化方面出了问题。

总之，种种社会问题不断地使我们对邓小平先生一再强调的物质文明和精神文明"要两手抓"，"两手都要硬"，有了越来越深刻的理解，原来他的告诫是基于人类社会发展的总规律和中华民族几千年来所积累的经验。

中国现在极为注重文化建设，除了是对国内经济和社会发展种种问题和矛盾的挑战的回应，也是人类所遇到的共同矛盾和问题所给予的刺激和启示的结果。

在当今世界上恐怕没有人能够否认自20世纪中叶以来，环境污染，资源浪费，过度消耗，国与国之间、一个国家内部收入的差距在拉大，人与人、民族与民族、国家与国家之间的矛盾冲突在加大速度恶化、激化。同时，解决了物质需求或已经过上富裕甚至豪华生活的人们越来越感到心灵的空虚，由此引发了越来越多的心理、家庭和社会问题。最近几十年这些问题发展的速度是人类历史上从未有过的，而且似乎还没有出现放慢速度的迹象。就在问题还没有这样严重的时候，罗素（B. A. W. Russell，1872—1970）就说过："人类集体忙于为自身的灭绝这一个伟大的壮举作准备。"① 汤因比教授也说过："社会不公、精神痛苦以及人类自然资源的浪费，乃是一个世纪以来西方世界工业迅猛扩张的意外后果；而且，原来崇拜西方工业的人越来越多地开始怀疑，为了从西方物质财富中分占微不足道的份额，却要付出同样痛苦的代价，这种做法是否明智。"② 因此，罗素提出："如果世界要从目前濒临毁灭的状态脱颖而出，那么新的思考、新的希望、新的自由，以及对自由的新限制是必须要有的。"③ 但是罗素和汤因比都没能看到，自20世纪90年代以来，

---

① ［英］伯特兰·罗素：《罗素回忆录：来自记忆里的肖像》，吴凯琳译，太原希望出版社2006年版，第157页。

② ［英］阿诺德·汤因比：《历史研究》，刘北成、郭小凌译，上海人民出版社2005年版，第380页。

③ ［英］伯特兰·罗素：《罗素回忆录：来自记忆里的肖像》，吴凯琳译，太原希望出版社2006年版，第48页。

随着经济全球化的真正实现,"工业迅猛扩张"的范围已经远远超越了狭小的西方世界,卷进这个洪流的还有许多发展中国家,当然也包括中国。实际上,中国学者也一直在思考这个问题。老一辈社会学家费孝通就曾经有过,但是旋即又被他自己否定了的想法。他在20世纪80年代后期说过:"我们将改变,我们将接近现代世界,但是将采取不同于西方世界所采取过的路线。这个转变的结果不一定完全更好,但是我们对此实在没有别的选择。让我十分坦白地说,如果我能选择,我有理由宁可回到旧日,回到一个富有的又平均的农民的世界。那时我会享受和平的心境、稳定的生活和友好的环境。我会生活在一个熟悉的世界里,享受有人情的生活。但是我明白那简直是不可能的了。"① 我想,费孝通先生的这番话,道出的是像他们这样的学术和思想巨匠在一个充满危机和灾难的世界里心灵深处的矛盾和痛苦。

思想家和历史学家、哲学家、社会学家的任务,是比其他社会成员更早地、更深刻地认识过去、察觉未来,而不是给社会开出保证有效的药方。② 费孝通所说的"不同于西方世界所采取过的路线",大概主要是指经济发展的模式,还没有包括文化和精神。倒是汤因比设想得比较具体,他说:"西方和西方化国家走火入魔地在这条充满灾难、通向毁灭的道路上你追我赶,因此它们之中任何国家都不可能有眼光和智力来解救它们自己和全人类。""如果要使被西方所搅乱的人类生活重新稳定下来,如果要使西方的活力变得柔和一些,成为人类生活中依然活跃但不具有破坏

---

① 费孝通:《费孝通文集》第11卷,群言出版社1999年版,第186页。
② [英]伯特兰·罗素:《罗素回忆录:来自记忆里的肖像》,吴凯琳译,太原希望出版社2006年版,第48页。

性的力量，我们就必须在西方以外寻找这种新运动的发起者。如果将来在中国产生出这些发起者，并不出乎意料。"① "中国有可能自觉地把西方更灵活也更激烈的火力与自身保守的、稳定的传统文化熔为一炉。如果这种有意识、有节制地进行的恰当融合取得成功，其结果可能为文明的人类提供一个全新的文化起点。"②

现在人类迫切需要智慧，集人类文明所有成果而形成的智慧。正如罗素所说："智慧的精髓在于解放，尽可能地将人从当前的专横中解放出来。我们不能够助长我们意识中的利己主义。"③ 但是，"虽然我们的时代在知识上远远超过过去任何时代，但是在智慧上却一直没有太多的增加"④。

中国的文化能不能承担起汤因比所说的这种重任呢？我们先从汉学的视角，审视一下中华文化本身。正如在这次会议上许多学者所指出的，中华文化的核心（我称之为"底层"）之一是追求和谐，这一理念体现在中国人的伦理观、世界观、人生观和审美观之中，也投射到风俗礼仪、宗教艺术、制度法律乃至日常的衣食住行等物质享用里。例如，在哲学上表现为整体论和中庸，在伦理上注重继承和义务，在人生舞台上不寄希望于彼岸而重现世，重精神而不弃物质。又如，中国文化的主干虽然是儒家学说，但是佛教传来了，中华文化并不拒绝。通过中外僧侣几百年的艰苦努力，

---

① ［英］阿诺德·汤因比：《历史研究》，刘北成、郭小凌译，上海人民出版社2005年版，第394页。

② 同上，彩图78说明。

③ ［英］伯特兰·罗素：《罗素回忆录：来自记忆里的肖像》，吴凯琳译，太原希望出版社2006年版，第133页。

④ 同上书，第131页。

印度原始佛教适应了中国土壤，教理教义在和儒家、道家学说相互冲撞和吸收之后得到了巨大发展和提高，最终于7—8世纪成了在中国影响最大、信众最多的宗教。儒、释、道之间的和平共处、互学互促，以及对中国未尝断绝的原始宗教崇拜的包容和吸纳，是人类历史上不同信仰间可以对话、共处、互融的最好例证，也是中华文化具有极大包容性的证明。正因为有了这样的历史经验，所以稍后于此，景教、祆教、摩尼教、伊斯兰教、基督教、天主教等相继进入中国时，也得到了同样的"款待"。虽然近代以来中国原有宗教和社会意识与基督教、天主教发生过短暂的激烈冲突，但都是出于政治原因，与宗教所体现的文化无关。现在中国各种宗教和睦共荣的良好气氛，才是中国和谐文化本质的展现。

　　社会一般成员常常居于某一文化之中而不察，而当人们对一种事物的认识只停留在感性阶段，不明其所以然的时候，是难以自觉地提高它、丰富它、坚守它的，相反，却容易被眼前的利益或其他东西所诱惑而摒弃它。准确地分析中华传统的和现实的文化，帮助全民族把对自身的认识提高到自觉的高度，同时推动全社会共同剔除传统文化中已经不适应当代社会的文化形态，正是汉学最重要的职责。

　　中国文化或体现、遗留在城乡人民的日常生活、风俗礼仪中，或记载、沉淀在传世文献、出土文物上，因此局部的、微观的、深入的研究当然是极其必要的。而就现实社会整体而言，更为需要的是在微观研究成果基础上进行整体的宏观的研究。但是，实事求是地说，无论是对于眼前民族的需求，还是满足世界的期望，中华民族都没有做好应有的准备。

一方面，在学术领域，我们对一些基本问题还没有研究得很清楚。例如，中华文化的核心是什么，并没有取得明确的共识。如果"和谐"是其中之一，那么，这一具有悠久传统的理念在古代和今天其内涵和外延必然有着巨大差异，差异在哪儿？在中华文化的核心理念中，贯穿古今的、对于中华民族具有普遍意义的是什么？渗透着、承载着这些理念的外在形态是怎样的？已经不适合当代社会的是某些核心理念还是它的形态？又如，中国的文化是多元的，也是多个源头的，多个源头是如何融为一体而又绵延不断的？世界其他几大文明都相继中断了，中华文化为什么没有遭到这样的厄运？汤因比等学者曾经探讨过这个问题，但是似乎都没有结合中国历代的生产方式和生产方式所决定了的中国人的生活和心理追求进行观察，更多地只是着眼于社会制度的"早熟"和"早熟"所带来的结果。但是，社会制度是要适应彼时彼地的社会，特别是生产力和生产方式的。因而他们的分析给人一种还没有把谜底彻底揭穿的感觉，起码对我来说是如此。再如，中国的多元文化，例如上面所谈到的宗教的情况，为什么能够长期地和睦共处于一体之中？中国有56个民族，自古就一直是大散居、小聚居的格局。无论是宗教之间还是民族之间，除了个别时候中央政府镇压叛乱，始终没有出现过打打杀杀的血腥场面，相融相助占据了历史的大部分时间。其结果是你中有我，我中有你，彼此都得到了新的活力。甚至有过像明天圆桌会议要讨论的景教那样的事例。景教于公元435年被东罗马帝国皇帝宣布为异端，只好东迁波斯，以后辗转于公元635年进入中国①，在中国得到包容，于是有了150多年的兴盛。景教虽不是中国本土宗教，在中国流传的时间也不长，但到现在，有关景教的文物却在中国遗存最多，这又是为什么？这都是值得我们从文化的内部和外部两个维度进行深入探讨的。

在学术层面的研究中，我认为有几个问题应该注意，在这里提出来请各位专家给予批评指导。

第一个问题是要避免"自我中心主义"。中华文化博大精深，有着自己的特色和优点，中华民族的成员为此而自豪。现代中国国力上升，人们开始从百年民族悲情中恢复过来。世界越来越多的学者开始质疑"欧洲中心论"，并且把脸调向东方，调向中国，赞誉之词时时得闻，例如说21世纪将是中国的世纪之类。特别是当后现代主义成为西方哲学浪潮以后，西方自启蒙运动以来所形成的一系列"绝对真理"被质疑、被否定、被解构，人们在苦苦思索世界正在走向何方，应该走向何方，中华文化得到了前所未有的重视。当上述这些种种内部心理上的文化认同因素和外部评价因素叠加起来之后，就可能滋长或助长有意的和无意的"自我中心主义"。例如，认为中华文化是世界上最优秀的文化，或宣称只有中华文化能够挽救世界，我以为就属于此列。这在社会一般成员中是难免的，而对于学者来说，则是应该避免的。虽然在进行人文社会学科研究时，不可能人人都完全摆脱个人主观因素，但是我们应该力求做到客观、冷静。唯有如此，我们的研究成果才有助于文化的传承和弘扬，才有长久的说服力。

---

① 参见朱谦之《中国景教》，人民出版社1993年版。

第二个问题是要在和别的文化比较之中进行研究。虽然我们大规模地接触他国文化的历史已有百年，但是我们了解较多的只有日本、美国和欧洲的部分国家。这是绝对不够的。对于亚洲的其他国家，非洲、南美洲等的国家和民族，我们的确所知甚少。我们不能再按照"欧洲中心论"的尺度看待世界上其他地方的民族及其文化了。平心而论，其实对于日本、美国和欧洲，我们了解最多的，也只是政治、经济和文学、艺术，至于宗教、风俗、社会心理（包括宗教心理），所知也不多。而要想做到在比较中认识自身和对方，就不能满足于政治的和实用的领域，要既知其"文"，且明其"心"，也就是说不但应该知道他们想了些什么，而且要了解他们为什么这样想，他们想的过程是怎样的。只有这样，我们才能准确地判定自己的、对方的长处和不足，才能互相学习，携手并进。

第三个问题是要结合着彼此的文化背景，对彼此元典中的基本概念重新诠释。例如中国的仁、义、礼、智、信，忠、孝，和、合等，虽然现在已经成了国内外文献中的高频词，但是自四百年前利玛窦开始到现在，中国典籍译为外文，恐怕多有不确。大家知道，美国学者郝大维和安乐哲从20世纪80年代已经开始了这一尝试。例如，他们有感于"西方哲学界一直都'无视'中国哲学，而且是纯粹意义上的'无视'，至今仍然如此"[①]，"认识到盎格鲁—欧洲文化急需孔子思想所体现的这种赋值性哲学"，"孔子思想确然有助于

---

① ［美］郝大维、安乐哲：《通过孔子而思》，何金俐译，北京大学出版社2005年版，序言。

鼓舞西方哲学家创造新的思维模式"，① 同时发现"翻译中国哲学的核心词汇所用的现存常规术语，充满了不属于中国世界观本身的内容，因而多少强化了""文化简化主义"。② 于是他们在《通过孔子而思》这本书中，以《论语》中人人耳熟能详的"吾十有五而志于学，三十而立，四十而不惑，五十而知天命，六十而耳顺，七十而从心所欲，不逾矩"为阐述孔子哲学之纲，得出了与前人不同的结论，创新阐释了儒家基本概念的含义。他们还声称，该书的"一个中心问题就是文化翻译问题"③。可惜，至今中国学人在这方面所做的工作很少。郝大维和安乐哲还指出，"现阶段（指20世纪70—80年代——引者注）对儒学最重要的研究又不在中国"，"儒学的重大复兴不是必然只能发生在中国"。④ 现在距那时又过去了四分之一个世纪，我们国内的学者的确应该认真思考，我们做得如何了。

第四个问题是需要重视尽力"复原"元典的语境。前人的论述是在彼时彼地，为了回答他所生活的那个社会的现实困惑而说、而写作的。但是，"书不尽言，言不尽意"⑤，如果局限于一字一句，而不能依据尽可能多的文献想见其人，也就是尽量"复原"彼时彼地的语境，就难以体会前人的言中之义，更不要说领会和开掘言外之意了。在这点上，美国学者宇文所安（Stephen Owen，1946— ）所写的《初唐诗》《盛唐诗》《迷楼》《追忆》等著作都进行了大胆尝试。固然，他

---

① ［美］郝大维、安乐哲：《通过孔子而思》，何金俐译，北京大学出版社2005年版，第329页。

② 同上书，序言。

③ 同上。

④ 同上书，第314页。

⑤ 《周易·系辞》。

的有些论据、论点还可以讨论，但这种努力的方向确实给我们以启发。

当然，任何语境都是由无限多的元素构成的，是无法完全把握的，何况时过境迁，已经逝去的语境是无法基本复原的，从这个角度说，"复原"一词是不准确的，但是我一时找不到更合适的词语，所以我在稿子上特意给"复原"加上了引号；从另外一个角度看，语境的要素又是有限的，是可以把握的。尽力把握有限，以有限控制（推衍）无限，我们就可以一步步地接近古人，对其言、其意有更为准确的体味。例如，孔子所说而近百年来一直被诟病的"君君，臣臣，父父，子子"，如果我们注意语境的"复原"，也就能比较客观地剖析"君君，臣臣，父父，子子"背后的哲学、社会学理念，从而把孔子的思想和后世帝王以及儒家所作的再定义与实践区分开来，把原始儒学在社会伦理和治国方面的主张与他们思想的基本立足点区分开来。

第五个问题是希望不要过多地在无关宏旨的名词术语上盘桓太久。例如，对于何谓汉学，何谓国学，何谓儒学，现在意见并不一致。汉学也好，国学也好，包括不包括现代？如果包括现代，那么现代中国经济学是否也在其中？儒学和经学是什么关系，至今仍然见仁见智。这些问题要不要讨论呢？需要。但是，恐怕即使再讨论几年也未必能够统一。先不在这些问题上面纠缠，对我们各自的研究有没有大的妨碍？我看不会有。那么，我们就不妨各按自己的主张研究自己的，或许在我们研究得深入了的时候，多数人就会自然达成共识，那时对何谓汉学、国学的认识也会比现在更为深入。

下面，我想说说我对汉学实践层面的思考。

应该说，中国的现代化建设就是传统文化走向现代文化、中国文化与外国文化接触并融合的实践。这不仅显性地体现在城乡人民的日常生活中，也隐性地贯穿在我们整个国家的政治体制和施政过程中。费孝通先生就说过："当我们讲到'社会主义的初级阶段'这个提法（就）含有承认传统的基础，是我们要进行改革的底子。"[①] 这在经济领域和社会转型的过程中是再明显不过了。

但是，我们再来看一看我们的文化领域，又是怎样的情形呢？汉学，如我上面所说，集中了中华文化的精华，和经济、社会相比，却显得冷清和苍白。要使传统文化与现在的时代特色相结合，难道可以在基础研究薄弱、理论研究乏力的情况下，仅仅依靠残存在人们心目中和生活起居中已经淡薄的传统记忆吗？难道中华文化今后就体现在街头和剧场里的表演中吗？如果没有传统和时代精神相结合的文化的支撑，社会的转型能完成吗？能持久吗？时代呼唤汉学的振兴，人民渴望汉学的普及，现在是我们汉学家们大显身手的时候了。

近三十年来，中国的经济建设是"摸着石头过河"，我们成功了，但是这个试探着前行的过程还远远没有结束。我们的汉学振兴，就是汉学的实践，也将是"摸着石头过河"的过程。在这样的时刻，百花齐放、百家争鸣是至关重要的。在历史上，中国曾经有过几次大大小小的百家争鸣时期，对当时和尔后的社会影响最大的莫过于春秋战国时期那一次和 19 世纪初

---

① 费孝通：《费孝通文集》第 11 卷，群言出版社 1999 年版，第 193 页。

到20世纪中叶的一次。两次百家争鸣都是出现在社会环境发生巨变、人们需要寻求明天走向哪里的答案的时候。春秋战国那一次，争鸣的结果是争出了一个大一统的帝国，从此中华民族一体、一统、一家的观念就成了所有中华儿女代代不绝的牢固信念；而那时各家的思想成果几经撞击，融合成了以儒家的伦理道德、修身治国学说和道家的哲学为主干的主流文化，绵延至今。19世纪到20世纪中叶，中国在列强坚船利炮的轰击下，丧权辱国，面临着古老的中华民族还能不能和一切国家、民族一样，以平等的、尊严的面貌站立在地球上这样一个严峻的问题。为此，百家彼此争鸣，结果呢，争出了一个中华人民共和国。从1978年开始，中国人又面临和以前几次百家争鸣时代相类似的情况了，这就是：在经济全球化和科技迅猛发展的格局中，中国作为一个在文化、教育、科技领域落后的大国，怎样尽快地改变面貌，提高人民的生活水平，把中国建设成一个和谐的国度，并为推进、维护世界和平做出贡献？科技并没有给人类带来真正的幸福和庇护，中国如何既用其利又避其弊？争论出现在各个层面、各个领域，不但关于中华传统文化、现实文化的争论热烈，在经济领域、社会发展领域也争论不休。争论的结果是又争出了一条中国特色的发展道路。依我看，这次的百家争鸣刚刚开始。中国的历史验证了这样一条规律：每当历史转折的关头，必然要出现多种思想见解相互激荡、互补，分而合、合而分的争鸣景象。这是一个探索未来的思考过程，文化、历史就是这样前进成长的。与古代和近代的百家争鸣相比，现在我们的汉学还不够热闹，一般只有具体问题上的意见不一，还没有形成流派或"百家"之"家"。这说明我们的视野还不够宏阔,我们的思想还没有充分放开,我们还需要继续解放思想。

在这里,就汉学的实践我也有两个问题提出来供大家批评。

第一个问题是学术研究和知识普及的关系问题。对汉学中的种种事实、疑点、歧义作深入的、专业性很强的研究,例如考古、考证、辨识、论证等,当然是十分需要的,没有这些硬功夫就没有建在上面的坚实的理论大厦。但是,真正对社会、对文化建设产生巨大影响的,是在专家们看来并非严格意义上的纯学术论著。我们应该两条腿走路,在加强研究的同时,要多做些普及的工作。罗素就曾对当时欧洲一般读者对历史的兴趣有所下降感到惋惜,他希望"历史不应该仅仅为历史学家所掌握",认为"历史则是每个人在精神装备上值得拥有的一部分……如果历史要验证这个功能,它就只能诉诸那些并非是专业的历史学家了","非历史学者是有表达意见的权利的"。他还说:"把事实积累起来是一回事,而将它们融会贯通则是另一回事。"① 对历史和传统的记忆是人类本能的需要。特别是在中国这样一个重史、善于以史为鉴的国家,特别是在当前许多人已经被物质、利润和金钱冲击得失去了理智,越来越多的人希望知道人生的价值、自己应该和将要走向何方的时候,恢复历史和传统的记忆将格外迫切。我们汉学家应该努力满足时代和人民的这种需求。

第二个问题是关于汉学的国际交流问题。诚如会上几位学者的论文所涉及的,汉学和其他国家的双向

---

① [英]伯特兰·罗素:《罗素回忆录:来自记忆里的肖像》,吴凯琳译,太原希望出版社2006年版,第145—155页。

交流已经有三四百年了，但是现在我们所进行的国际交流和过去有了很大不同。过去我们基本上是不自觉的，现在是自觉的。当一个国家处在被奴役、被恶性盘剥和压榨的境遇中，民族文化被视为野蛮、落后，遭到外人贬斥和自家人摧残的时候，怎么可能还想到主动地向外介绍自己的文化呢？从17世纪开始进入中国的传教士不是我们请来的，大量中国的典籍，除了同治皇帝送给美国国会图书馆的御用书等极少量的古籍，都不是我们为了交流而主动销售出去的。就拿《论语》的译本来说吧，从利玛窦和殷铎泽（Prospero Intorcetta，1625—1696）等先后用拉丁文进行翻译，到20世纪阿瑟·韦利（Arthur D. Waley，1889—1966）的英译本，都是各国人士主动完成的。中国人翻译介绍的，就我所知只有香港的刘殿爵先生。对外交流的主动与被动，既是一个国家实力强弱的反映，更是有没有国际眼光和胸怀，对自己的文化有没有自信心的表现。说到这里，我不能不提到大家所知道的中国在五大洲和各国共建孔子学院的事。到现在为止，已经在50多个国家建立了140多所孔子学院或孔子课堂，还有200多家外国教育机构在申请、洽谈。为什么在不到两年的时间里就形成了各国争相建立孔子学院的局面？这就是我们主动适应各国朋友对学习汉语和中国文化需求的最好例证。另外，过去是中国人自己研究，和国外学者之间的沟通很少，内外几乎是绝缘的。现在中外之间的交流合作、合力推动已经规模化、经常化，这次会议就是内外结合起来研究的范例。但是，相对于现在世界上各种文化的动向而言，我们的主动性、自觉性和内外结合都还很不够。在汉学研究的内外交流方面，中国还有极其巨大的逆差。现在一个严重的问题是，我们既精通汉学又精通外语的人才太少，短期内还无法改变不能和各国学者自由交流的局面。这是妨碍汉学走出去，影响国内汉学研究扩大视野和提高水平的高大门槛。另外，记得一位美国学者说过，研究中国的文学，外国人无论怎样努力也不如中国人，因为把汉语作为第二语言来学习，很难在中国作品里获得和中国人一样的语感。我想，在一般意义上，这话是对的；但是，在汉学凋零了许久之后，我们还有多少人对于典籍的原文本能有真切的语感呢？当前社会的浮躁和一些等待改革的体制、机制又在影响着学人本应冷静沉着的心。因此，我认为，要达到理想的内外双向交流的境界，还需要我们努力若干年。

我始终认为，"轴心时代"东方的几位哲人的智慧光芒，追寻到底，有着根本一致之处。两千多年过去了，我们所有的认知并没有超越他们所思考的范围，也没有脱离他们的根本理念。因此，后代的文学艺术、宗教哲学都有相通相同之处，包括无神论和有神论之间也有相通相同点。这是不同文化之间能够对话的基础。中华文化是应该并可以为世界提供人类未来所需要的智慧的。如果汤因比、安乐哲等学者的预言得以实现的话，那就是中华文化已经完全主动、自觉、活泼地走向世界了。

中国，作为一个占世界人口五分之一的古老国家，有责任为世界的和平、安宁、繁荣、幸福做出自己的贡献。今天，我们还只能奉献质高价廉的工农业产品，其实这主要是贡献劳动力；明天，我们将奉献中国人发明的科学技术，也就是主要贡献知识；后天，也许不需要那么久，我们就能够把中华民族积累了几千年的智慧作为礼物送给五大洲的兄弟姐妹们。在这一过程中，汉学无疑肩负着比其他领域更重的责任。孔夫子说："士不可以不弘毅，任重而道远。仁以为己任，不亦重乎？死而后已，不亦远乎？"[①] 在座的各国学者，包括可爱的同学们，都是弘毅之士——当然，我也希望大家长寿，能时时感受到在汉学领域不断有所发现的乐趣，"知者乐，仁者寿"[②] 嘛——那就让我们携手共进吧。

我只是一个研究文字、训诂的教师，以上所说肯定有所不当，敬请国内外学者批评指正。

最后，再次祝贺大会成功，预祝大会也是长寿的——把今年的会议算做第一届，以后还有第二届、第三届、第N届！

---

① 《论语·泰伯》。
② 《论语·雍也》。

转型，其实就是文化自觉[※]

我们应该思考"我们是谁""我们从哪里来""我们要到哪里去"。这些问题可以说是在新的世纪里所有的智者都在思考的问题，包括哈佛大学的亨廷顿教授。亨廷顿先生有另一本著名的宣传美国价值观的书，希望美国价值观遍布全世界的书，书名叫《who are we》。在美国成为世界唯一超级大国的时代，他也担心美国人将不再是美国人，因为他们丢了美国的价值观。

我们也在思考"我们是谁，我们从哪里来，我们要走到哪里去"。这些问题可以高深到社会哲学最高端去论述，也可以通俗到在我们日常生活中去寻觅答案。在这次精彩的论坛上，大家所聆听的和所发表的议论，其实归根到底是在议论刚才的问题。这是一个所有的文化自觉者都应该思考，但是人们在忙碌中的确忘了的问题。当一个人明白了自己是谁，——这个"谁"并不是姓名，并不是我身——自己是从哪里来的，将要走到哪里去，那么他就是一个生活的自觉者、主动者。而没有想到这个问题的人就是生活的盲目者、麻木者。

[※] 2011年10月20日在"中国管理全球论坛开幕式"上的演讲。

我的专业是研究中国古代语言，因而和中国历史、哲学、文化结下了不解之缘。我却从来没有企业管理的经验。来参加这次论坛是难得的学习机会。宋代理学家说"理一分殊"：全天下的"理"是一个，但是在万事、万物、万人身上就不同了。这是一个绝妙的哲学结论。企业管理，也就是在中国怎样办企业，如何创造出适合中国国情的企业管理模式，也是"理一"之"分殊"。现在中国的经济进入了新一轮"转型"的阶段，这个"转"里面应该包括了企业管理的转型，或者可以说是应该借助生成方式、技术的转变，加快管理模式的转变，探索中国企业管理的模式。所以我也就着"理一"谈谈自己的看法。

首先，我想从理论上分析我们所处的社会和时代。刚才几位主持人、发言人都已经对这个问题有所涉及，我想从另外一个角度进行论述。

我们现在正在建设中国特色社会主义。在当前，全世界的社会主义大约有上百种，中国的社会主义有别于其他，所以强调"中国特色"极为必要。中国特色"特"在什么地方，一般理解为以下几点：中国共产党的领导；改革开放；一部分人和地区先富起来，先富带动后富，走共同富裕的道路；两个文明一起抓，两手都要硬；多种所有制共同发展，等等。

以上分析是对的，但是如果我们深思的话，当年小平先生提出"有中国特色的社会主义"这个概念的时候，在一定程度上是针对"苏联式"的社会主义，也就是"以阶级斗争为纲，实行计划经济"的社会主义。这种社会主义已经被实践证明在中国行不通了。三十多年来的实践也证明了我们现在所走的这条道路是行得通的，一个行得通，一个行不通，二者区别在什么地方？其关键在哪里？

关键在于：

（一）看是否符合经济发展规律；

（二）看是否符合中国国情；

中国国情指什么？通常我们容易想到地大物不博，人口众多，经济、科技、教育落后等。这些的确是中国的真实情况，但这些基本上都属于"物"的方面；实际上还应该注意到"心"的方面，也就是中国固有的文化方面。一个民族的文化就是这个民族的心，或者魂，它存在于人们日常生活、伦理道德、习俗礼仪之中。中国人对当下的要求和对未来的期望，集中体现了中华传统文化潜移默化的影响。

中国老百姓要求和期盼什么？一是安居乐业、二是和谐稳定、三是越过越好。与这相应的，对人的评价标准是什么？是这个人孝不孝、仁不仁、义不义、诚不诚，在这些期望的背后就是传统文化一以贯之的"仁义礼智信"。老百姓所期望的生活其实就是小康。因此可以这样说：中国特色社会主义就是符合中国现实经济状况和文化状况的社会主义。

由社会主义和中国实际情况的关系，我们还可以进而想到马克思主义和中国实际情况的关系，也就是马克思主义中国化的问题。

不要以为这是多么高深的理论，似乎与企业家无关，其实这是很现实的实践问题，当然也是一个复杂的理论问题，和企业、企业家有着极为密切的关系。什么是中国化的马克思主义？就是我们现在所生活的环境，就是我们走过的道路，也是我们未来的前景。马克思主义中国化是一个漫长的过程，从90年前中国共产党建立，就在革命实践中不断探索马克思主义怎样中国化。在中国共产党的历史上有着许多成功和辉煌，同时也有不少错误和挫折。这是在探索过程中必然出现的现象，包括改革开放，建设中国特色社会主义也是在探索马克思主义中国化。

小平先生一句"摸着石头过河"就形象地把走中国特色社会主义的艰难和决心说出来了。"摸着"就是探索，"过河"就是目标，就是决心。所以我觉得可以这样表述马克思主义中国化：马克思主义的基本原理和中国实际情况相结合，和中国传统文化相结合。

当前社会上所兴起的文化热，学术上出现的国学热、儒学热，广义地说也是中国化的过程中必然出现的现象，也是种种的探索。

以上所说的是我们所处的社会，下面再说我们所处的时代。

当前这个时代的特征是什么，是现代化和全球化。说到中国要实现现代化，全国上下绝无异词，但是很多人没有想到我们如何用"现代化"这个词。这个词本来是从西方借用过来的。在西方，"现代化"一词从出现到目前只有一百年的历史，而且有着特定的含义。

"现代"这个词是针对西方天主教统治的黑暗的中世纪而言的，在三个世纪中陆续形成了含混而丰富的含义，这就是明确的"现实性"，也就是注意当下，着眼于未来，否定中世纪的一切权威，追求新，也就是追求创造。这样一个词——"现代"，最初是艺术界和思想界的用语，后来成为世俗用于指称一个时代，也就是从文艺复兴之后到现在这个时代。

在"现代"这个词后面加上"化"，变成"现代化"，最初的意思就是要跟上时代、时时处处都现代，而所指要跟上的"时代"，自然是指西方的近代，因此里面包含着西方自文艺复兴以来所建立的、被说成具有普世价值的"绝对真理"。在人文、社会、科学方面就是所谓自由、平等、民主、人权、个人主义、自由经济，等等。与它相应的自然科学就是伽利略的天文学、牛顿的力学等所得出的结论，达尔文的进化论自然也含于其中。

从20世纪中叶起，特别是冷战结束之后，西方的"现代化"概念陷入了自己所造成的悖论里，这就是一批学者、思想家按照"现代""现代化"的本性批判一切权威，关注当下、着眼未来，要创造。他们一方面用惯性的思维思考现代和现代化，也就是现代所创造的思维武器被用来思考现代本身了；另一方面鉴于两次世界大战和冷战给人类所造成的空前灾难，开始对被视为绝对真理的西方理念表示质疑，进行解构和批判，这就是我们都听说过的"后现代"思潮。现在，这一思潮已经成为西方思想界的主流。

"现代化"一词后来被一些社会科学家和政治家引进、使用，往往指非西方国家发展经济走向工业化的现实。例如苏联、日本及第二次世界大战后摆脱了殖民统治的新兴国家，中国也在其中。但中国和大多数新兴国家不同，我们有五千年的文明积淀，有百年来尝试各种主义的经验和教训，所以在引进现代化，进行经济建设时，经过了艰难甚至痛苦的摸索、扬弃，做到了西方经验中有利于我的就吸收，不适应于我的就吐掉，最终进不了体制之内。西方文艺复兴后构建的民主和人权，和中国人的观念的区别在哪里？在于中华文化讲究群体精神，认为社会是一个层级结构和同心圆结构，层级是按照职责大小和轻重排列的，同心圆是个人、家庭、国家、天下围绕着德、理与情组成；西方文化则以个人为中心，在二分分析法、二元对立的思维下，社会上一切的关系，任何人和人的关系，人和群体的关系，群体和群体的关系，乃至人和自然的关系都是二元对立的，人类社会特有的德、理和情就被吞没了。有关"现代"和"现代化"的话题我们还可以说很多，但是概括起来也很简单，这就是此"现代化"不是彼"现代化"。

从文化的角度看，西方现代化是建立在中世纪废墟上的，是借助于复兴古希腊、古罗马文化之名，对极端黑暗教会统治的反动，而近几百年的"后现代"又是对西方现代文化的反动；中华民族所追求的，是建立在几千年文化基础上的现代化，是顺应在此基础上自然生成的对当下的要求。比如刚才我所说的安居乐业等，还有对未来的期望，希望越过越好，希望小康，希望最后走向大同。

再说说当前时代的特点：

第一个特点，全球化。全球化的概念出现得比较晚，大约是20世纪中叶，但是全球化的趋势或努力早就发生了，是伴随着工业革命而出现的。工业生产的内在要求是尽可能大的市场，尽可能多的原料来源。在马克思的著作里已经指出了经济必然全球化的趋向。工业革命的发源地英国原料不足，市场狭小，后来整个西欧先后进入工业化阶段，依然是原料不足，市场狭小。很必然地他们就要凭借着工业化的产品，尤其是坚舰利炮来开拓市场，这就是18世纪起到19世纪达到高峰的殖民主义扩张。当时整个欧洲被称为世界的中心，其他几大洲都被殖民化了。因此可以说那时是第一次实现全球化，是强大武力和强权政治下的全球化。

20世纪末，柏林墙倒了，冷战结束了。因冷战而使地球分为两半，"半球化"的局面结束了，因此西方大规模推行全球化战略。这次和上次不同，完全靠武力实行不通了，于是就改成靠经济和技术，具体点说就是石油、美元、技术、虚拟经济，武力夹杂于其中，轮换使用。

近年来国际上的种种事端，无疑不是西方全球化战略的生动表演。全球化本来是经济领域的概念，它的本意是把西方发达国家剩余的产品、技术、资金转移到不发达国家来获得最大的利润。只有全球化了，这些剩余的东西才能无阻碍地、任意地在地球上空飘移，以便通过金融、技术、石油等掌控不发达国家，目的仍然是资源和市场，是少数人或民族对财富的聚敛。但是从第一次全球过程化中我们可以知道，在不可遏制的不断膨胀的利润欲望的驱使下，经过美化了的文化、宗教、意识形态和政治会跟着经济一起向全球强行扩散。如果不如此，被全球化的地区、国家和人们，不会容忍或糊里糊涂地接受由此造成的贫富两极化、资源枯竭、环境恶化，等等。发达国家悄悄转移过来的"礼物"：产业转移、经济援助等何尝不是如此。因此，原本的公开宣称的经济全球化实际上也是宗教全球化、文化全球化、价值观全球化，简言之就是文化一体化，或曰文化一元化。

文化既然是民族的根和魂，那么腐蚀各民族的传统文化，也就是消除各个民族的意识和意志，让大家都顺从地甚至是感恩地接受西方国家的盘剥，使垄断资本达到19世纪、20世纪所没能达到的目的。

民族文化的复苏、世界的觉醒、维护多元的呼声，是对文化一元化的反弹，形成了各国保护、弘扬本民族文化的浪潮。但是要做到和文化一元化能够对抗，没有一定的经济实力是不行的。当今世界上真正自觉到这一点，并且有能力做到这一点的只有中国，或者可以加上一个俄罗斯。

说实在的，西方垄断资本对中国的顾忌和嫉恨所在，主要不是我们的经济总量，核心问题、实质问题是中华文化的自觉和复兴，是中华民族在弘扬传统文化基础上的文化发展与创新。因为文化是任何先进武器所无法摧毁的，是国家与民族无穷力量的源泉。在这种情况下中华儿女不得不认真思考：我们在建设现代化国家的过程中，怎么样趋全球化之利而避其弊。按照社会发展规律，中国必然要融入全球化。那么我们就必须思考："此全球化"应该是怎样的，我们的文化传统今后能够发挥什么作用，怎样发挥作用，新时期的新文化怎么建设？换句话说，在我们成为全球化俱乐部的一个重要成员后，在我们像西方国家当年一样富裕之后，我们要不要学习世界上一切有益于人类、有益于我的别的民族的文化，同时保住自己的心和魂？怎么样才能保住？对外来的东西我们要吸收哪些，拒绝哪些？这一连串的问题，答案可能是简单的，但是仍然需要学者们和政治家们深入地研究，需要众多杰出的企业家们去实践，去探索，这样才能给出科学答案的思路、依据和实施的路径。

实施起来确实很困难，原因之一是经过百年的摧残，我们的传统文化已经支离破碎得不成样子了。舆论上的混乱、事实的真伪、被外国人有意无意泼在传统文化上的污秽，都有待一一地鉴别和清理。

现在该说到在中国办企业，如何创造出适合中国国情的管理模式了。话说到这里我的意思似乎已经不言自明了，何况现在有越来越多的企业家正在探索富有中国特色的企业的管理模式，其中有不少已经找出了出路。

概括言之：首先，企业要关注世界多元化和文化一元化的博弈，这种较量将是长期的、曲折的，有时还可能是血腥的。

其次，了解中国文化中有着宝贵的，符合主观和客观事物的规律，适合中国企业持续发展的内涵，把这些与种种人们乐于接受的方式体现在企业中，成为企业凝聚众人之心的力量。例如利己利他，尊法重德，中道和谐，以及生活中的勤劳节俭、手足情深，等等。

再次，中国企业管理模式的中国化，和中国文化在继承的基础上发展是同步的，因此中国企业界应该关注中国文化的研究与创新过程。"文化搭台，经济唱戏"的阶段已经基本过去了，今后将是社会各界"给文化搭台"的浪潮，在这个阶段企业是大有可为的，已经文化自觉了的企业家应该置身于其中，莫做木然者或观潮者。

最后，希望 21 世纪中国涌现出越来越多对文化问题感兴趣并且有发言权的企业家。这些企业家并不是一般意义上的"儒商"，而是对把中国文化应用于企业管理有着独到见解和实践，并且能把它提高到理论层面上，把它介绍给全世界的企业家，把中国的经验奉献给全世界。

中华文化与异质文化[※]

引　子

江泽民同志代表党中央提出"三个代表"重要思想，这在中国共产党80年的历史上，在中国几千年的文化史上，是一件了不起的大事，具有十分重大的历史意义。为什么这样讲？我是从以下几个方面认识的：

1. 它是中华民族文化自觉的标志。中华民族有着全世界无与伦比的悠久历史、博大精深的文化。根据文字记载，自周代起，历代统治者，都有意识地提倡适合于当时当地、稳定社会、巩固政权的文化。但是，提出"先进文化"和"前进方向"的概念，并且宣布执政党是其代表，这在中华民族历史上还是第一次。"三个代表"是一个整体，三者之间密不可分，"代表先进文化的前进方向"和"代表最广大人民的根本利益"是一致的。换言之，我们所要求的先进文化，是为人民的文化，就是人民利益的一个组成部分。这是和历代统治者关注文化的本质区别。

2. 自中国共产党成立起，一直对文化十分重视，

[※] 2004年3月16日在国防大学的演讲。

我们翻开中国共产党党史或《毛泽东选集》等文献，都可以看到这方面情况的记载。但是，几十年来，文化工作一直是党的许多战线中的一条。现在，把"代表先进文化的前进方向"定为建党和执政的三个支柱之一，这是把握住人类社会发展规律的结果，是认识上和理论上的质的飞跃。

3. 党的十六大报告中再一次为"先进文化"作了界定："面向世界、面向未来、面向现代化的科学的大众的民族的社会主义文化。"在这个定义中，时代性、先进性、革命性得到完美的统一。十六大报告又指出："立足于改革开放和现代化建设的实践，着眼于世界文化发展的前沿，发扬民族文化的优秀传统，汲取世界各民族的长处，在内容和形式上积极创新，不断增强中国特色社会主义文化的吸引力和感召力。"这就指明了我国建设先进文化的基本道路和原则。这种对先进文化的深刻认识，是马克思主义、列宁主义、毛泽东思想和邓小平理论的继承和发展，是当今世界上对文化及其方向的最科学的说明。这在文化学上也是里程碑式的理论突破。

中国共产党之所以把文化问题提高到这样的高度，之所以能作出这样的科学的判断，是因为有科学的世界观和方法论作指导，是因为认真深入地分析了人类的历史和国际国内的形势，是对人类历史经验的科学总结。这在国际共产主义运动史上也是空前的。

任何文化的发展，都需要在本民族传统文化的基础上，不断吸收异质文化，以适应社会生活。首先要适应生产力的发展，其次要适应与生产力发展水平相应的人们的思想观念、风俗习惯。在这方面，中华文化有着丰富的经验和教训。为了帮助大家对"三个代表"重要思想的理解,我拟了现在这样一个题目,既简要介绍中华文化的伟大,又剖析中华文化之所以伟大的原因,同时探讨建设先进文化的一些具体问题。

一 定义

(一) 文化

文化是个极其复杂的社会现象。因为其复杂,也因为对它进行观察的角度不同,强调的重点有异,所以定义有多种多样。有人说世界上给文化下的定义有200多种,我没有做过统计,不知道是否确实,但意见分歧是肯定的。

我认为这样给文化界定是比较准确而且人们容易接受的:人类所创造的物质财富与精神财富的总和。

文化有广义和狭义之分。狭义的文化专指人类所创造的精神财富。我们今天谈的就是狭义的文化。

文化是有层次的。人们容易感知、也容易变化的是体现在物质上的文化,即蕴含在衣食住行中的文化,可以称之为表层文化;介乎物质与精神之间、借助于物质来体现的文化,是中层文化,包括风俗习惯、制度礼仪、法律宗教等;文化的底层是贯穿和渗透在表层、中层中的世界观、价值观、伦理观、审美观,即哲学,是文化的核心。概括起来,可以说文化就是人类的生活方式,无所不在;是人类区别于其他动物的特征。

文化是民族性十分强烈的现象,是民族的标志和灵魂;是民族凝聚力量之所在,创新力量的源泉,是民族的根。在现代社会,"民族"已经是一个文化的概念，而不是血缘的概念（以血缘分是种族）；从这个角度说，文化亡即民族亡。

（二）中华文化

中华文化是我国56个民族在几千年中共同创造的文化。56个民族自身的文化相对于中华文化是亚文化，其中，汉文化是主体文化、强势文化。在汉文化中不断融进了其他民族的文化，这个过程至今还在进行。换言之，如果没有55个少数民族的文化，汉文化就没有今天的辉煌。

中华文化还可以从不同的角度划分出亚文化、次亚文化。例如，以行业分，可以分为商业文化、农村文化、学校文化、军队文化，等等；以人们居住地点分，可以分为城市社区文化、大中小学校园文化、营区文化、村镇文化；从加工粗细、涉及面广狭分，可以分为雅文化和俗文化。因为这是以不同的标准对同一事物进行划分，所以得出的各类亚文化之间彼此是交叉和重合的。

（三）先进文化

文化是上层建筑，由经济基础所决定，并且反作用于经济基础。因此，文化先进与否，关键要看它对经济基础起到的是促进作用还是阻碍作用。文化又是社会个体和整个民族的灵魂，文化先进与否，要看它对人和民族的发展是刺激和引导其向上还是催其向下。党中央给"先进文化"所下的定义就是结合中华文化的历史和现状，从文化对社会、对人民的作用考虑的，是对毛泽东同志给先进文化下的定义的发展。在这个定义中，实际上已经指出了先进文化的前进方向。从一定意义上讲，文化即"人化"。"人是万物之灵"，灵就灵在人是文化了的动物。有没有文化，是人与其他动物的分水岭。因此，"以人为本"，"一切为了人民"，就要除了在物质方面关心人之外，还应该在文化上关心人。文化是以经济为基础的，这样，在一个时期内，人们的衣食住行问题是首要的；但从长远来看，对人的关怀的最根本的东西是文化，是精神，也就是"终极关怀"。因为人衣食住行只是生存的条件，而不是目的，在物质条件基本得到满足后，人就要追求某种精神：文化是人类的根本需求。因此，党和国家对文化问题的重视，也是"以人为本"的体现。

二　中华文化的特点及其形成

（一）中华文化的特点

中华文化基本上是农耕文化。农耕经济和游牧经济与工业经济的区别决定了农耕文化的特点：

重家族，重继承——因而轻平等，轻权利；
重安定，重和谐——因而少变革、反争斗；
重自然，重现实——因而反造作、轻来世；
重伦理，重自律——因而乏个性、轻法律。

如果与游牧经济和工业经济相对照，就可以很清晰地看出，农耕文化的这些特点是由农业生产所决定的。

游牧生产要逐水草而居，安定反而不利于其生产生活；大自然之于牲畜的繁殖不像对于农作物生长影响那么大，因而人们对自然现象与人的关系关注较少；为了牲畜有足够的生存空间，孩子长到一定年龄就要另立门户，放牧的技术知识不像农耕那样复杂，无须代代相传，因此家庭观念、继承观念较为淡薄；牲畜能够给人类提供的生活资料很有限，如果要获得别的生活资料就要靠贸易和掠夺；游牧的流动性，不需要，也难以建立名目繁多、界限严格的等级制度，除了"神"之外，人都是一样的。这样，从游牧生产而生成的文化就和农耕文化有了很大区别。

工业化给人类社会和文化带来了历史上从未有过的巨大冲击。人们离开故乡，传统家庭解体；进入工厂，与来自四面八方的陌生人一起组成了新的群体，组织能力得到提高；操作机器的技能不是靠父子相传，而是靠学校或工厂的训练；工厂的一切都不是工人所有，工作岗位不能继承；工业生产基本上和季节和气候无关，机器的节奏和速度要求工人组织严密、遵守严密的规则；产品和劳动力过剩，造成工人生计的不稳定；科技产生了工业，工业促进了科技，要求人们不断求得新知新能；科技的发展要求对任何事物都做越来越细的分析，还要进行抽象的逻辑的思考。这样，由工业生产而生成的文化也与农耕文化很不相同。

（二）中华文化形成的过程

现在考古的成果证明，中华文化有多个源头，而不是过去人们所说的只是黄河流域一个源头。从理论上讲，这个结论也是对的。人类的历史证明，从氏族到部落，从部落到部族，从部族到民族，都是通过战争掠夺兼并和通婚联盟两个渠道把不同部落或部族融为一体。不同血缘、不同文化的汇合，使人的体格更为健壮，文化也不断丰富。由此可以断言，中华民族有着多元的源头。

但是，现在的文献和考古也证明，黄河流域的文化自商代起，逐步成为中华文化的主流。这是因为，黄河流域最先进入农耕社会，耕作技术最为发达，知识积累最为丰厚，农业生产使人第一次有了生活资料的节余，因而文化得以精细化。人类总是向着生产生活水平高的地区和人群靠拢。黄河流域文化的先进状况吸引着周围的部落和部族，于是继续演出通过战争和婚姻与黄河流域部族融合的戏剧。

这是文化的竞争。在这个战场上也是强者越强，弱者越弱。黄河流域文化吸纳了众多部族（后来是民族）的文化，终于形成了世界少有的几个伟大文明之一，而当时的其他一些文化则以融会于主流的方式逐渐退出历史舞台。

在中华文化形成的进程中，大体是由今甘陕一带（以今两省交界处为主）逐渐向东发展。殷商在今河南北部建都，后来周又在西边兴起。此后，历经秦、汉，都在今陕西建国。至于后来最为富庶的长江三角洲和珠江三角洲，虽然也有原始文化产生，但并没有成为中华文化的主流。这是因为，江南水多，西北土多，而原始的农耕生产水平，能够克服偶尔缺水多水的困难，却无力战胜积水和来水过多的艰难。长江三角洲是后来随着生产力的进步而慢慢开发出来的，珠江三角洲则更晚。

（三）中华文化传承的特点

1. 始终带着农耕社会的特点。中华文化中的几个重要支点儒、道、法、墨、农等家学说，都不过是从不同角度对逐渐发展起来的农业社会和所了解的大自然表达自己的认识和态度。到汉代思想归于一统，儒家成为皇家唯一的正宗学说，到宋代儒家学说又有了新的发展，也都没有脱离农耕社会的特点。

2. 在中华文化传承过程中承担着继承、传播和发展重任的主要是两个系统：官府和学校。官府，一方面运用科举考试指挥着全国学子的学习，从颁布规范课本到对经典的解释；另一方面由官府举办从县到中央的学校。学校，既有官学也有私人办的书塾、学院。而二者在一般情况下又是相互沟通相辅相成的：官员可以是学校以前的或以后的教师；学生无论是在哪里学习的，将来都可能进入官府。一般来说，官府只是传播文化，而学校，特别是书院，常常成为深入研究并发展文化的所在。家庭，虽然也是文化传承的场所，但不是主要的，只是在系统传承之外起到熏陶、监督的填空作用。

3. 国都总是文化的中心。这是由国都是全国政治中心的地位决定了的。由国都影响到全国各地的小的政治中心，同时由大小中心向农村地区辐射。这样，在长期的封建社会里，中华大地成为一个巨大而周密的文化网络。每个人、每个家庭都生活在这个网络之中。

三　中华文化吸收异质文化的经验

（一）春秋战国（前720—前221）时代

这一时期，虽然有周王朝作为全国的最高统治者，但是，实际上并没有做到行政和军事的统一。周王给子孙、功臣和殷王朝的后裔封土建国，周天子靠神权（始祖的嫡传宗子）起着盟主的作用。等到过了几代，亲情逐渐淡漠，诸侯国力强弱不一，于是诸侯们不再把天子放在眼里，相互兼并起来。兼并的结果是出了几位霸主，"挟天子以令诸侯"。周天子后来只是一块任何人只要有实力就可以利用的牌子。孟子说："春秋无义战。"即指当时诸侯间的争斗既不是为维护统一的政权而战，也不是为"义"而战，为民而战。

周王朝这种名义上统一实际并不统一的状况，对于老百姓是无穷的灾难，但是对于文化的发展未尝不是一个良好的环境。政治军事既然没有实质上的统一，各诸侯国的学术和习俗也就各走各的路。这从《诗经》《左传》《国语》等书中就可以看得出来。春秋时期可以说是个准备阶段。到了战国时期，文化的多样性就充分显示了，这就是史学家所说的"百家争鸣"时期。

周继承了殷朝及其以前的多元文化，由此而派生出的各诸侯国又形成了具有一定特色的文化，这些文化之间的接触、冲突促进了各方的成长和提高。现在可以考见，学术、军事、语言都有了很大进步，从出土文物看，工艺也比春秋时发达得多。

（二）汉代（前206—220）

汉代在文化上存在着挺大的矛盾。在学术思想上，"罢黜百家，独尊儒术"；在表层文化和中层文化的艺术等领域却又大量吸收来自周边其他部族或民族的营养，特别是西域的文化，更是学来了不少。思想统一于儒家，是因为经过了战国时期的分裂混乱，秦的时间太短，到汉才实现真正的统一。要巩固皇朝，维护国家统一，就需要思想的一致；把儒学抬高到近乎神学的地位，把自战国传承下来的其他与之不相合的思想放到次要的地位，在政治上是有利的。在文化的其他层次大量吸收异质文化，是因为疆土既开，必然和其管辖范围之外的文化相遇；汉代是一个气魄和胸怀都较大的皇朝，特别是汉初的几个皇帝，思想比较开放；而不同的文化接触，首先只是表层以及中层中的一部分，这些都无碍于皇朝的政治军事统治。因此朝廷对这些外来文化无须抵御拒绝。同时，汉的周围，都是游牧文化，其底层文化都不及汉文化深刻、完整、细腻，可以从中汲取的东西不多。所以可以说汉代吸收异质文化的特点是基本上停留在表层和艺术等范围内，没有触及文化的底层。

（三）唐代（618—907）

唐代是个伟大的时代，是中国古代史上最强大的皇朝。就文化而言，也是气魄最大、襟怀最宽、成就最高的时代。唐代几乎在农耕社会应有的一切方面都达到了能够达到的极限。据西方学者估计，当时唐朝的国内生产总值大约占了全世界的四分之三。就现在学者们的研究看，唐朝也是当时世界上科学技术最发达的国家。

之所以如此，原因很多，例如在经历了南北朝的动荡后，人们经过了反思，吸收了北方民族和印度的文化，隋朝在多方面为唐做好了准备，等等。就其内部原因看，国家再次统一、国力迅速强大、高度发展的教育（与当时世界各国比是最发达的）、皇朝抱负远大等，都起了相当的作用。

在这里，我们不必去探讨唐代兴盛的全部原因，单从文化角度看，敢于对所接触的所有民族的文化兼容并蓄,从中吸收人家的一切长处,这反映了唐代在思想上很少有禁区;一个民族在文化上勇于接受新事物,能够创新,在其他领域,例如生产、军事和官僚制度等,也不可能是保守的。唐代不但和西域诸国往来频繁,而且和高丽、日本等东方国家关系也很密切。外国商人可以在首都定居,有才能的人还可以在朝廷做官、任职内廷,甚至带兵打仗。就艺术而言,在唐代精美的绘画、音乐、雕塑、建筑、书法等作品中都有异族文化的营养;几乎当时世界上所有的宗教都曾来到中国,并且传教相当自由。总之,在唐代,凡是好的东西,不管是从哪里来的,全都欢迎,为我所择,由我使用,化为己有。

说到这里,我想举唐代佛教的例子,来说明在国力强盛时,中华文化是怎样接纳异质文化,并促进了自己的提高和发展的。

佛教据说自汉末就已传入中国,历代佛家一直在探寻佛教与中国情况相结合的道路,但是总是不能达到理想的境地,传播受到很大局限。即使像唐高宗和武则天时甚至出现过狂热,但是也仅限于京都附近,而且大部分善男信女是把佛教当成方术——至今所谓"有灵异"的人和传说还是能引起同样的狂热——始终没能成为普通人的信仰。寻究其原因,就佛教方面来说,是因为其教义和中华文化重家庭、尊祖宗、为现世、讲伦理等基本内容直接冲突;从中华文化方面来说,是因为儒家学说内涵丰富,据以排佛力量理据充分,而且反对提倡佛教的人都在知识界上层,有的还是朝廷大臣。

就在佛教与儒学处于胶着状态时,在远离佛教中心长安和洛阳的今之广东,出了一位伟大的和尚慧能

（638—713）。他在前辈佛祖大德阐发佛理的基础上，加以总结，对佛理做出新的通俗化的解释，提出佛性即人性，众生是佛，佛在心中，顿悟成佛，识心见性，无修之修，在家亦修等新理论，把儒家的伦理和佛教的心、性、佛合而为一。这样，慧能彻底结束了佛、儒、道三家的长期争论，把三者的对立变成了三者相互融合。从这时起，中国的佛教"儒化"了，进而影响了儒家逐渐吸收自己缺乏的佛教中的东西（例如对世界本源的思考），也近乎"禅化"了——佛教的中国化极大地丰富了中华文化。

（四）近代（1840—　）

唐之后是五代，以后还有宋、元、明、清，但我现在一下子就跳到了清末。这是因为，虽然唐以下各朝也都在吸收异质文化，但是由于中国开始步入封建社会的后期，统治者趋向于保守，兼之或因国力不济，或气度不够，和汉、唐比起来差多了。我在这里不是讲中华文化史，这几朝可以略去不论，只拣吸收异质文化突出的时代说。

1840年以前，简言之，特别是自明朝中期起，几乎完全拒绝或阻挡了外来文化进入中国。这就是中国历史上有名的"海禁"。中华文化，其底层——基于农耕经济的儒家思想已经停滞，又没有新的刺激和新的营养，愈益萎缩，国家也日益衰败。用《红楼梦》里的话说就是"百足之虫，死而不僵"，"虽然外面看着轰轰烈烈，可是内囊已经尽上来了"。1840年，洋枪洋炮打破了中国自我封闭的墙壁，也打破了中国人妄自尊大的迷梦。

清皇朝兵败如山倒，这如果在一个没有多深的文化底蕴的国家或民族，也就沉沦下去了，至少要百年才能苏醒；而在中国这样一个国家观念十分强烈的国家里，"国破"之恨正是治疗民族文化痼疾的一副猛药。在帝国主义枪炮前卑躬屈膝者是腐朽的统治者，大批志士仁人则前赴后继，探索救国之路。

到哪里去找救国之路呢？既然巍巍中华竟然被西边来的"夷"人打败，他们就一定有着了不起的法宝，于是人们眼睛一齐转向西方。毛泽东同志概括地叙述过这时中国寻找异质文化的过程：

> 自从1840年鸦片战争失败那时起，先进的中国人，经过千辛万苦，向西方国家寻找真理……那时，求进步的中国人，只要是西方的新道理，什么书也看。向日本、英国、法国、德国派遣留学生之多，达到了惊人的程度……帝国主义的侵略打破了中国人学西方的迷梦。很奇怪，为什么先生老是侵略学生呢？中国人向西方学得很不少，但是行不通，理想总是不能实现。多次奋斗，包括辛亥革命那样全国规模的运动，都失败了。国家的情况一天天变坏，环境迫使人们活不下去。怀疑产生了，增长了，发展了……中国人找到了马克思列宁主义这个放之四海而皆准的普遍真理，中国的面目就起了变化了。[①]

马克思主义对于中国来说也是异质文化、西方文化。中华民族对它也和对一切异质文化一样，要经过引进、消化、吸收，最后化为自己的新的文化。

---

① 《论人民民主专政》。

从 20 世纪初的新文化运动（包括"五四运动"）到中国共产党成立，经过前赴后继的奋斗牺牲，到 28 年后中华人民共和国成立，再经过 17 年的建设和斗争，到"文化大革命"，最后是改革开放，这百年的历史是大家所熟悉的。从文化学的角度看，从革命先驱李大钊等人引进马克思主义到形成毛泽东思想，再到发展出邓小平理论，最后到"三个代表"重要思想，正是中华文化把马克思主义这一最科学的外来文化中国化的过程。马克思主义在中国的胜利，也是中华文化成功地与异质文化接触、吸收和化为己有的胜利。这既是中华文化几千年经验的继承，又是在农耕文化向工业文化转化，从少数人文化占统治地位向广大人民文化转化的伟大实验。这种接触与吸收已经不是被动的，自发的，而是主动的，自觉的。我们又在新的历史阶段创造了新的经验。这一经验为一切发展中国家树立了很好的榜样，具有巨大的世界意义。

马克思主义、毛泽东思想、邓小平理论和"三个代表"重要思想，一脉相承，都是解决社会问题、政治问题的理论和思想，属于文化的中层（政治、宗教、制度、法律等）和底层（哲学，包括世界观、伦理观、认识论、方法论）。而文化还有表层，还有中层里的风俗礼仪等问题，这是政治理论不能全部解决的。

一种文化接受另一种文化，往往从表层以及中层的一部分开始，这些也最容易引起变化。清末的洋务运动、派遣留学生，以及辛亥革命前后在一部分人中的吃洋餐、穿洋服、拜洋教等现象（例如老舍先生的《茶馆》中的小刘麻子）就属于这一类。在相当长的时间里，中华文化接受异质文化时，表层、中层和底层是脱节的，甚至是相反的。例如在武装革命时期，在革命队伍里，马克思主义既是革命的指导思想，也是生活方式的指南，大家过着类似战时共产主义的生活。但在革命队伍之外，既充斥着西方资产阶级的种种意识形态，也弥漫着西方的生活方式；在革命队伍影响所及的地方，旧的习俗礼仪、宗教信仰（在中国常常体现在祖宗崇拜和节日等方面）等也还大量存在着，当时还顾不上一一解决。但是共产党人已经深刻地认识到了这个问题，毛泽东同志在1936年说："过去我们都是干武的。现在我们不但要武的，我们也要文的了，我们要文武双全。"① 以后他又多次谈到文艺的问题，例如1938年在鲁迅艺术学院的讲话，最有名的是1942年《延安文艺座谈会上的讲话》。认识到了问题，认识到距离问题的解决还有很长的路要走，因为文化问题太复杂了，它的形成和改变所需要的时间要比政治上的革命、科学上的突破长得多。这个问题一直到现在也还处在逐步解决的过程中。

四 中华文化拒绝异质文化的教训

（一）汉末

汉朝初年，因为是在长期战乱之后要巩固统治就必须让老百姓休养生息，所以皇家大力提倡黄老之学，一切顺其自然。待政权已经巩固，生产力得到恢复，要维护金字塔式的封建统治，又需要一种学说证明这种统治是合情合理的。汉皇室找到了儒家。

汉武帝时有一个儒生，叫董仲舒（前179—前

---

① 《在中国文艺协会成立大会上的讲话》，1936年1月22日，《毛泽东选集》第一卷，第461页。

104），提出了独尊儒术、罢黜百家的建议，说："诸不在六艺之科、孔子之术者，皆绝取道，勿使并进。邪僻之说灭，然后统纪可一而法度可明，民知所从矣。"①他的建议马上被接受了。

在董仲舒那里，天被说成是有人格的神，是"百神之君""万物之主/祖""天亦人之曾祖父也"；他论证君权是天所授予，说："唯天子受命于天，天下受命于天子。""受命之君，天意之所予也。故号为天子者，宜视天如父，事天以孝道也。"而且，"天不变，道亦不变"②。孔子被捧到了天上，成了圣人；孔子的思想成了神圣的和神秘的政治学说。

在董仲舒之后，儒家学说逐渐取得了实际的统治地位。在朝廷的鼓励促进下，以解释儒家经典为务的经学大盛，经学权威和皇权合成了一体。其结果是，儒家学说，由一个学派的学说变成了官学，被政治化了。独尊儒术客观上确立了儒学在汉文化中的主干地位，对尔后两千年中华文化的发展、国家的统一起到了极大的作用；但与此同时，也抑制了人们思想的活跃和发展，给了后世维护封建专制制度得以延绵的思想武器，这对中华文化又是极不利的一面。

就儒家学说自身而言，当时由于没有了体系外部的争论，于是儒学内部出现家法的差异。各家一方面谨守师说，不能有丝毫改易，儒学自身停止了发展；另一方面各家纷纷走向支离琐碎，例如解释"尧典"二字即可达几十万言；再一方面在董仲舒学说里已经系统化了的"天人感应说"后来也走向极端，发展出了类似宗教预言的"谶纬之学"，以迷信方术附会儒家

---

① 《举贤良对策》。
② 《春秋繁露》。

经典，假托天意影射时事或预言未来。到西汉末年，谶纬竟成了官方正统思想。到这时，儒学就已经上走到了自己的反面。更为严重的是，文化主干的僵化将导致国力的衰落，政治的混乱。汉代灭亡的根本原因固然是由于地主阶级和农民的矛盾尖锐，无法调和，而文化在这里面起码扮演了催化剂的角色。这是因为文化的底层决定着整个文化的走向，而文化又决定着民心的趋向。

（二）明（1368—1644）清（1644—1911）之际

现在我们一下子再跳到明清之际。

本来，明朝建立后，经过一段时间息兵养民，经济恢复，国力还是比较强大的。农业，特别是商品性农业有了巨大发展，手工业、矿产业出现了规模化生产，商业繁荣，城市扩大，资本主义萌芽已经出现。据西方学者说，明代国内生产总值还占着世界的近50％。但是这时毕竟已经到了封建社会的后期，封建的生产关系和腐朽的政权严重束缚着生产力的发展。与此相应的，是明朝初年为加强大一统的皇权统治，把宋代理学奉为治国圣典。本来宋代理学在吸收了佛教的营养后，在一定意义上对儒学有所发展，如果随着社会生产生活的演变发展而继续前进，是可能成为中国社会前进的指导思想的。但是，朝廷企图用宋代理学"合众途于一轨，会万理于一原"，使"家不异政，国不殊俗"，这一套政治化了的儒家理论到了地主阶级手里，就变成了空谈义理、不务实政的空疏之学。与此同时，朝廷出于巩固统治和防御北部元朝残余势力以及倭寇的侵扰，于是把厉行海禁作为基本国策。这样就失去了很多与异质文化接触的机会。虽然中期以后海禁时紧时松，但整个明代的对外政策是趋于保守的。

至清，由于是少数民族入主中原，征服汉族地区和巩固对异族的统治有很多困难，加上台湾尚未收复，所以基本上继续执行明代的禁海政策。在意识形态领域，同样出于对汉人防范的考虑，一方面大兴文字狱，另一方面继续以八股取士，严格禁锢思想。对儒家学说，既定宋学为官学、考试标准，又诱导文人以钻研典籍为能事，于是考据学大兴。这时的考据学与汉代经学不同的是，这时不是阐发经典的微言大义，而是考证字义句义，其规模和烦琐程度几乎可以与汉代媲美。知识分子的思想被成功地禁锢了。

明代中期时，欧洲正值发生文艺复兴，思想大解放，摆脱了中世纪宗教的统治；当明清之际，正值欧洲科学技术有了飞跃式的发展；到清中叶时欧洲正在发生工业革命。在这样几个关键时刻，也就是今天所说的机遇期，中国都走了和西方国家相反的路子。中华文化非但没有从异质文化那里学到新的东西，进行自我补充，反而禁止中华文化自身有些许的变化。农耕文化保守的痼疾在这时显得格外突出。其结果是在西方发达的科学技术和工业产品面前打了败仗，很快变成了半殖民地。

（三）20世纪五六十年代

这一段时间的史实已经是大家比较熟悉的了。我在这里只讲这样一个观点：五六十年代是我们闭关自守的阶段，这是无可争辩的事实。有人说，如果我们从新中国一成立就开放，中国早就强大了。这就涉及这样一个问题：应该怎样评价这段历史？

我认为，当时有当时的情况。第二次世界大战之后世界分成了两个阵营，不是站到东，就是站到西，没有中间道路可走，何况我们是无产阶级领导的新民主主义和社会主义革命，当然要和苏联站在一起。同时，我们是革三座大山的命，西方封锁我们也是意料中事，除非我们掌权之后就倒向国际资产阶级，而这是不可能的。毛泽东同志在《论人民民主专政》中说：

> "我们要做生意。"完全正确，生意总是要做的。我们只反对妨碍我们做生意的内外反动派，此外并不反对任何人。大家须知，妨碍我们和外国做生意以至妨碍我们和外国建立外交关系的，不是别人，正是帝国主义及其走狗蒋介石反动派。团结国内国际的一切力量击破内外反动派，我们就有生意可做了，我们就有可能在平等、互利和互相尊重领土主权的基础之上和一切国家建立外交关系了。

1972年中美复交，也是毛泽东同志的英明决策。当然，在这段时间里可能也有我们对苏联式的社会主义认识不够、对中国国内和党内的情况认识偏颇的缺陷，也有对世界上发生的事情分析不透的因素。但是中国人谁见过除苏联之外的社会主义？谁有过在无产阶级建立政权后建设国家的经验？马克思所分析的是资本主义初期的情况，到20世纪五六十年代，资本主义社会也发生了变化，我们也还没有来得及从理论上分析清楚。认识的局限只能靠在实践中逐步地突破。但是在这期间有些事情似乎是可以避免的，这就是一味地强调阶级斗争，反右、反右倾，"四清"还不够，最后发动"文化大革命",既极大地损耗了自身,又错过了国际上重要的科学发展的机遇。因此可以说,当时不能与西方广泛建立联系,是一定环境下主客观两个方面因素决定的,和中国历史上几次拒绝异质文化有着本质的不同。但是从中我们还是可以印证文化发展的这一规律的:任何文化,停滞不前是不行的;只依靠自身的调节和自发的成长也是不行的;必须在自己文化的基础上学习异质文化中的好东西,文化才能前进;文化前进了国家才能发展。

五　当前文化状况及对策

怎样评价我们当前文化的状况呢?我认为,一方面作为执政党,中国共产党已经达到了文化自觉,把"代表先进文化的前进方向"作为建党之本、执政之基、力量之源,这一认识已经走在了全世界各国的前面。另一方面毋庸讳言的是,社会上的大众文化和为加强文化底层进行研究的知识界令人担忧。如果从大众文化来看可以说,我们已经陷入了文化的危机。我用这样三句话概括:

对传统文化,遗忘了;
对近代传统,遗弃了;
对商业文化,盲从了。

为什么会这样,对传统文化,我们扫荡得太干净了;对近代传统,我们在传递时缺乏新办法了;对商业文化,我们应对太仓促了,甚至至今也还没多少良策。

其结果是什么呢？很多人丧失了自我——没有生活目标，没有永恒的动力。这也就是精神的危机——物质享受至上、技术至上，浮躁、肤浅、浮夸，已经成了社会通病。

在文化建设上可以说存在着相当程度的三个脱节：领导和群众脱节；专家和社会脱节；理论和实践脱节。这是因为还没有达到整个民族的文化自觉。而不自觉的文化是极其危险的。只有文化自觉了，深厚的民族文化底蕴才能成为继续前进的基础，否则将是包袱。现在令人担忧的是文化的迷失，自信力的丧失。

这个问题不解决，我们是建不成全面小康社会的，即使经济发达了，也会像小平同志所说的那样，"毁于一旦"。那么，怎么办呢？

我不是文化设计师，没有那个水平，我只能谈谈自己想到的几个具体问题：

1. 实施文化建设的战略工程。要着眼于年轻的一代、二代、三代，要设想30年后、50年后的文化情况和人们的精神。要做总体构想，把文化建设当作一个战略进行研究和规划。文化是个整体，表层、中层、底层既有区别又不可分割；民族文化、地域文化、行业文化彼此交叉；社区文化、市场文化互为补充。只有做总体构想才不会把文化肢解，才能有整体效应，才能事半功倍。

2. 在世界格局和走向中思考文化问题，即要想到经济全球化带给我们在文化上的负效应，要识别世界各国文化中优秀的内容和形式。要在历史长河背景下思考文化问题，即了解中华文化的过去、现在和未来，既要对中华文化的底蕴、可以消化异质文化充满信心，又要看到基于农耕经济的文化有些已经不能适应现在和未来的社会生活。

3. 高度重视社区文化。最小的社区是家庭,最大的社区是行业和城市。文化体现在每个人每天生活的所有小事之中。政治只能管方向,管大局;法律只是行为规范的底线。在"法"和政治管不到的地方,文化应该并可以管起来。社区,就是"法"和政治之外的最大空间;生活中的一些小事就是文化的最生动的载体。

4. 同等对待雅文化与俗文化。雅文化和俗文化只是加工粗细、欣赏者多寡的不同,没有高低之分。二者是互动互补互相转化的。也可以说俗文化是源,雅文化是流。但是这个流又对源起着引导、示范的作用。

总之,我们的文化到了应该给予和经济一样重视的时候了。文化发展演变既然是个历史过程,就无须为一时的现象过于喜悦或悲观,关键是要有文化自觉,不能麻木。中国人既然能够创造出汉、唐文化,能够把马克思主义中国化,就一定能够在跨向信息时代的历史进程中再创造出新时代的中华文化。这将是中国人民对全世界的巨大贡献。

卸下镣铐跳舞※

一 分裂的世界需要对话

世界的混乱与病态，人类的分裂与自残，迫使人们反思自身。如果说两次惨绝人寰的世界大战和"冷战"期间政治、经济的狂风巨浪渐渐地首先震醒了西方的学界，那么，从去年开始席卷全球的金融危机则促使更多的有心人反思自己走过的道路、社会体制和哲学理念。

半个多世纪以来，西方学界——史学、哲学、社会学等领域出现了巨大变革。安乐哲教授称之为"一场真正的革命"[①]。这场革命的实质，是对西方自文艺复兴之后所形成的"传统"思维方式、路径和结论的反思、质疑和补救。如果追溯到 20 世纪稍早一些时候，则似乎应该说斯宾格勒肇其端，汤恩比继其后并第一次提出"后现代"这一词语。当然，海德格尔、福柯、德里达、克利丝蒂娃等人，后结构主义、新实用主义、

※发表于《文史哲》2009 年第 5 期，原文是 2009 年 6 月 23 日在"安乐哲师生对话及论坛"上的演讲。

① 安乐哲教授（Roger T. Ames）和郝大维教授（David L. Hall）长期合作，他们的许多论著是联名发表的。为行文方便，我在这里只称安乐哲，实际上也"隐含"着郝大维。

解构主义、重构主义、女权主义、后现代主义等学派都为此贡献了智慧。但是只有反思、质疑以至"解构",是不足以使世界获得新生的。同时,生活在自己文化传统语境中的学者们虽然向自己的文化传统发出了种种质疑,以至于"启蒙运动理想主义正在丧失它对盎格鲁—欧罗巴文化的控制",[①] 但是,即使"绝大多数哲学家都在全面地抨击着事实—价值—理论—实践相互隔离的状况,但困难在于,他们的努力都受到了其企图克服的传统的影响"[②]。这一"传统的影响"即其思维模式和方法就是起源于希伯来和希腊,经奥古斯丁系统化和强化了的现象—本质—存在—生成、理性—经验、心—物以及绝对实在、普世价值等等这些二元对立论及其派生物,也就是安乐哲教授引用杜威的话所说的"堵塞着我们思想通道的无用杂物"。

一方面,人类不可知的前途需要不同文化的对话,在对话中了解彼此的异点和同点,以期由对话而融洽,由融洽而和谐,由和谐而永久和平;另一方面,与之有所重合的西方思想界探讨"补救"路径的努力也需要在非西方的环境中找到自己所无而又能够抵消对立抗争的文化模式和基因。

这时出现了另一路人马:葛瑞汉、史华兹、郝大维、安乐哲等学者,他们注意到中国哲学从追求的"本原"到思维方式、表达方法乃至社会实践都有西方所欠缺而应参照的特点。可以说,他们已经逐渐地寻找到并正在体系化并逐步深入的一条沟通中西文化和

---

① 《期望中国》,学林出版社 2005 年版,第 165 页。以下简称《期望》。
② 《孔子哲学思微》,江苏人民出版社 1996 年版,第 26 页。以下简称《思微》。此书另一译本名为《通过孔子而思》(北京大学出版社 2005 年版)。我引用时在两译本中"择善而从"。

哲学之路。哲学的反思和变革是整个文化向着变革目标进军的中军。在从葛瑞汉到安乐哲等人的努力下，中西哲学的比较，已经成为中西文化对话的开端和基础。这应该是西方哲学的这场"真正的革命"已经进入一个新阶段的标志。

中国的哲学家不应该置身于这场变革之外。这是因为，百年来，中国的哲学逐渐成了西方哲学的奴仆和"名牌产品"并不很高明的仿造者，至今还在受着西方传统的束缚之苦。即使致力于开掘中国传统哲学，也是"带着镣铐跳舞"，追求本来并不存在的"超越""绝对"，事事处处二分……其实际后果，就是西方观念深入到学术领域的各个方面，包括史学、文学、教育、艺术、医学，等等，并且普及到了社会、学校和家庭生活的角角落落。其后果是严重的，为数不少的中国人逐渐迷失了本性；被世纪之交形成的经济全球化浪潮和被"文明冲突论"强化了的文化一体化趋势卷裹着"大西洋文化"（即安乐哲所称的"盎格鲁—欧罗巴文化"）的最新文化产品汹涌冲击着，甚至漫过了中国已经开始坍塌的文化堤坝。过往和当前中国所经历和面临的问题中，有些就是丢弃了自己的哲学传统，"食洋未化"的结果。今后中华民族如何应对？我们所躲避不开的个体、家庭和社会的种种难题怎样解决？当下的和未来的中国人的心灵应该是怎样的？这些都需要从哲学层面给以回答。显然，社会现实对中国哲学家的期盼是急切的，是十分急切的。因此中国学者参与文化对话，尤其是哲学对话，应该是当然之义。说实话，从某种角度讲，我们对几十年来世界文化的这一大势，对西方的哲学革命，了解得太晚了，参与得太少了。

同时，这种参与是世界的需要，是和各国学者共创未来之举。人类正在自我毁灭。无论是人与人、国家与国家，还是人类与大自然的关系，必须让有别于大西洋文化的理念和思维参与进去，这样，或许能够创造一种新的文化，引导人类走向和谐、安宁与幸福。中国有着五千年未尝中断过的文明，积累了丰富的、适应中华民族生存发展的经验和理论，用汤恩比的话说，即有着让中华民族几千年"超稳定"的经验，[①]自然可以提供给世界参考。

　　百年来在欧洲中心论的语境中，中国哲学被矮化、丑化、边缘化，许多前辈和时人也难免在西方哲学面前"自愧弗如"，因而，从中西哲学比较的角度重新认识中国哲学，首先从海外开始，也许实属必然。但是作为中华文明的传人，更有责任为了世界的未来而重新认识自己祖先的智慧——这期间当然要了解非中华文化和哲学——并善于把它介绍给各国人民。我认为，在深入研究中国哲学之前，首先要解决一个前提性问题：中国有无哲学？即所谓中国哲学的"合法性"问题。这既是一个学术的原则问题，也是一个中国学者的自信心问题。

　　西方学界，囿于资料之匮乏和翻译之不确，更重要的是自文艺复兴后形成的"传统""理性"的惯性，二百多年来遮蔽了西方学者的眼睛，再加上殖民运动所助长的"中心论"成了难以突破的"传统"，于是或误以为中国无哲学，或视而不见，即使像黑格尔这样的大师也不例外，连近代社会学大师马克斯·韦伯对

[①] 见汤因比《历史研究》，上海人民出版社2000年版，第36、287、393页。

中国的典籍和历史也有不少误解；① 史华兹虽然致力于正确解读中国古典文献，强调"必须仔细斟酌对于原始文本的理解"，但他还是认为周代的"'天'本身仍然是超越性的"②。

其实，在"合法性"里面有一个我在前面谈到的具体而现实的学术原则问题：讨论中国是否有哲学，中国的哲学是否"合法"，应该以什么为标准？合与不合的是谁之"法"？在一元的世界里，一个事物一般只有一个标准或"法"；而在多元的环境中，则本应有多个标准和"法"。所以，过去对中国哲学和文化的误判中实际上包含了"唯我为大""唯我是瞻"的殖民思想。

现在欧洲中心论将要，也许已经正在被文化多元论（每一"元"就是一个中心，自己的中心）所代替，非欧洲的哲学应该有话语权，这是可以不言而喻的了。这已经成为越来越多的人的共识。在这里我想强调：中国哲学是否能以平等的身份立于多元世界之中，一半决定于国外学术思想的变革、一半在中国学术界自身——我们能否日益准确地、严密地阐释、论证、弘扬自己的文化遗产，能否用以指出中国人的人生和社会的路向。中国的学术界，尤其是哲学界，理应成为研究中国文化和哲学的主力和先行者。

实际上，摆在我们面前的许多问题是带有全人类的共性的，需要不同的文化和哲学深思。例如，科技和经济的快速发展，既给人类带来了丰富的生活物质，

---

① 马克斯·韦伯在《儒教与道教》（江苏人民出版社2008年版）中把先秦到清的一些史实做共时性处理以及对一些文本的误读。

② 见《古代中国的思想世界》，江苏人民出版社2008年版，例如第62、65页等处。

同时也产生巨大的负面影响,人类的发展应该把握怎样的"度"面对未来?怎样把握这个"度"?二元对立、逻辑思维等西方的"理性"(包括人们所说的"工具理性")对二百多年来科学技术的发展起到了不可估量的作用,今后科学技术还会需要它,而这和客观世界的本质在许多方面是矛盾的,和人的精神世界是矛盾的,人类如何解决这一难以摆脱的"悖论"?中西文化对话可以促进彼此的了解和相容,在这一语境下,认定有一个超越的、绝对的、权威的"他者"和由此派生的二元对立论与中国的从对宇宙和人生、社会的体验而形成的整体论、"自然"论能不能也相容呢?中国人的不去冥思苦想宇宙的"第一动力因"和西方对此进行的"预设"和逻各斯能否协调呢?如此等等。我认为,这些问题都关系到人类的未来,人们不能不给予极大的关注;我们应该在不同文化的对话中共同探讨,一代一代地坚持不懈地寻求答案。

二 使者、桥梁和叛逆者

比较哲学是不同文化间交流的最重要、最根本的使者和桥梁;而上文所提到的史华兹、葛瑞汉、郝大维、安乐哲等学者,则是当代这种"使者""桥梁"的筑桥人和榜样,是欧洲中心论、以西方哲学理念和语言解释中国哲学的传统的叛逆者。

1. 比较哲学的价值

哲学是文化的核心。不同文化间的同与异,无不决定于这些文化底层的哲学观念的同与异;各个文化的种种形态表现,也总是受着各自哲学的制约和影响。因而,文化间的交流,最重要的,归根结底是彼此哲学观念间的交流，虽然在广泛的层面上不同文化的人们接触的只是可见可触的形态文化。

比较，是人类认识事物的基本方法。不同哲学间的对话必须以理解对方的哲学理念为前提，即以哲学的比较为基础。换言之，比较哲学是跨文化交流得以有效进行，并能够使对话永续下去的理论和理念保证。安乐哲说，他们"企图促进各种文化间的对话，以逐渐导致承认相互之间的同和异，从而使得各方最后能提出共同关心的重要的理论和实际问题"。[①] 他们研究的目的，也正是比较哲学在当今的历史性责任。

各个文化需要吸收别的文化的营养（我称之为文化发展的"外动力"，与之对应的，则是文化受自身经济影响、社会发展影响和文化内部间相互影响的"内动力"），这为文化间交流对话提供了需求；各个文化间存在差异，则为交流对话提供了实现其价值的可能性。在交流对话中，需要的是科学的、客观的态度和方法，通过了解"非我"促进了解自我；不以"我"为真理的唯一标准，学会"以子之矛'解'子之盾"，或曰"以彼之尺，度彼之身"。简言之，就像安乐哲在《汉哲学思维的文化探源》中谈到研究中国哲学问题时所说："根据中国的想法去理解中国。"[②] 其效果之一将会是"揭示本土文化所忽略的因素，其中介是研究其他文化思想时所触发的灵感"，"将中国哲学和西方哲学综合起来进行研究，会找到真正有启发的东西"。[③]

---

① 《思微》，第3页。
② 《汉哲学思维的文化探源》（以下简称《探源》），江苏人民出版社1999年版。引文见该书"前言"，第1页。
③ 《思微》，第244页。

2. 比较哲学的新境界——安乐哲的贡献

安乐哲和郝大维连续合作二十余年,集中体现他们合作成果的比较哲学"三部曲"(即《孔子哲学思微》《期望中国》《汉哲学思维的文化探源》),把中—西哲学比较推进到了一个新的阶段,他们的见解不但为中西文化的对话确定了新的起点,在西方哲学纷纷质疑、"解构"启蒙运动以来众多固有"结论"性"真理"之后,提出了带有根本性的建设性见解,这正是当下和未来人类所需要的,其意义绝不止于西方;同时他们也为中外比较哲学家(在我看来,特别是为中国哲学家)提供了继续前进的一个范式。他们说:"[西方哲学]同中国思想和文化相结合的主要任务,将是对哲学地位和作用的讨论。"① 因为现在西方的哲学已经蜕变成了陈词滥调,却还在促进理论与实践分离、身与心对立、个人和社会对抗,强化了人类的分裂。

安乐哲、郝大维的研究没有任何主观预设,他们从世界文化是多元的这一事实出发,深入到自己传统的源头,沿着发展的长河,寻根究底;对中华文化,他们在谙熟并深入研究中国典籍的基础上,尽力在原来的语境里揭示元典的含义,归纳和演绎并用,实证和思辨结合,得出了一系列具有强大说服力的见解。

他们所使用的方法应该引起我们的高度关注。在我看来,有以下几点尤其重要:

在他们研究中国的和西方的文化元典时,把历代的注释和解说视为注释、解说者对元典的理解和续作,而不是作为无可置疑的依据;他们把哲学解释学和语

---

① 《思微》,第255页。

言解释学巧妙地结合起来，依据训诂学和历史叙事、文化环境而"自我作古"；这样，哲学解释学和哲学比较学就熔为一炉了。例如，他们对儒家元典中的学、思、知、信，礼、乐、仁、义，恕、敬，道、德、天、命，始、终，真、明、神、圣，政、刑、法等"特殊"词语，做了透辟的训释与诠解；把对这些特殊词语的训解作为进行客观化论述中国文化的入手之处。他们说：

> 我们必须试用一种以中国为中心、中国固有的视角，这种视角仔细地选取一些具有特定文化意义的决定因素，以及这些因素据以表达的语汇。也许中国人确实是以与我们自己很不相同的方式来思考、选择，以及组织那些构成他们文化上层建筑、杂乱无章的、细碎的材料。为了正确地评价不同文化的动力群，我们必须尽力使我们自己的世界观不致妨碍我们。①

正是因为对这些特殊词语作出了令人信服的诠释，证明这些词语所代表的概念来自于现实和实践，并且和家庭、社会、天下有着密切关联，和西方源于绝对超越、先验实在迥然不同，所以他们的确清除了"堵塞着认识中国道路上的无用杂物"，即"第二问题框架"的基本假设。

安乐哲在他们的几本著作中，都首先扼要地叙述了西方哲学两千多年形成、成长和定型的脉络。我认为，他们的论断要比福柯、德里达等哲学家的批判犀

---

① 《期望》，第146页。

利得多，深入得多，鲜明得多。他们不止一次地指出：

> 存在/生成、实在/现象、思想/行动、身/心等等的二分都在上帝/世界的古典二分法中获得了有力支持，上帝/世界的划分体现了对绝对超越现实世界的神圣事物的信仰，该神圣之物或是创造这个世界因而使世界完全受制于他，或在其之上施加某种有目的和（或）有效力的影响。①

延至后世，二元对立论的继承者或信奉者们都沿着奥古斯丁所予以定型的逻辑思维走下来，情况更为糟糕：

> 哲学家们日益倚重其他思想家的思辨，而不是借助直接的经验和想象来发展他们的认识。这一事实又推动理论日趋形式化、体系化的发展，以便能在逻辑上和辩证中显得正当有理。②

在安乐哲的著作中，西方哲学发展过程基本上是按历时顺序叙述的，而在论述中国哲学时则基本上是共时叙述。这是因为，对于包括西方读者在内的关心东西方文化交流的人来说，以神学—绝对、超越的二元论为经，厘清西方哲学发展的路径，是必要的；而对于中国以儒—道为主干的哲学，还是首先弄清其形成时期的基本理念为好。因此，虽然按照一般习惯，在同一本著作中对加以比较的双方运用不同方法叙述，有时是不合适的，但从他们著作的整体看，却没有造

---

① 《通过孔子而思》，第31页。
② 《期望》，第67页。

成不协调或"不公平"的遗憾。

在《期望中国》中，他们提出了"两个问题框架"的概念。这是一个重要的创造，鲜明地显示出盎格鲁—欧罗巴的因果论、二元论、还原论、线性论的思维路线和中国的阴—阳论、整体/多元一体论、"类比关联"思维的不同及其形成的原因。安乐哲提出了一个十分重要的问题：文化的偶然性。的确，几乎在同一时期，中国和西方的哲学都处在发展的十字路口。原本存在于希腊神话、史诗和哲学中的关联类比思维的因素逐渐受到抑制和削弱，以至于最后难见其踪影；而在东方的中国，战国时代也曾出现过重视逻辑、似乎接近了超越的墨家和名家，但是历史在这之后却拐了一个弯：

> 被宣布为我们西方文化环境的特征的整个评价结构，包括在西方文化中发展起来的第一和第二问题框架，本来可能会是另外一种样子。我们，或者中国人，最终建立了我们实际上已建立了的文化，这绝不是人类"心灵"，或"经验"，或"语言"的必然结果。[1]

安乐哲分析了在这过程中荀子和汉帝国所起的作用，这是很精辟的见解，对我们解读中国哲学史，甚而至于对我们研究整个中国思想史、学术史，都是有启发的。说到这里，我想说一点自己的揣测，或许可以作为安乐哲意见的"备参"材料。我的意见是，如果我们从更古老的年代寻觅，或许能对认识这一"偶

---

[1] 《期望》，第133页。

然性"有所裨益。远在殷商时期的"帝"和"天"似乎和周代,特别是孔子生活的时期的"天""命"有所差异,前者有着"超越实在"的色彩。如果照这个路向走下去,中国人的思维或许也不是后来的样子。实际上史华兹对此也曾有过论述。① 假如这一观察是对的,那么"文化的偶然性"就有了另一个证据。

现在我想说的是,这种偶然性是纯粹的偶然还是必然中的偶然?它有没有自己的根源?在我看来,中国儒家和道家的许多理念来自于人民在长期农耕生产和生活中的实践。农耕时代,不但人们之间(包括个体和个体、个体和群体之间)的关系是人类历史上到目前为止最为密切的阶段,而且也是人对客观(包括人自己的肉体)的关注和了解、对现实与未来的思考最为细腻深入的时期。孔子之于人伦道德和社会秩序,老子之于宇宙和心境,无不可以从"农"里找到源头。而对产生于游牧生产和生活的希伯来文化和希腊的城邦文化,我们也能依此看到它们在诞生之时的环境因素。殷商的带有超越意味的"帝"和"天"、墨家和名家的逻辑和思辨之衰落以至消失,固然有儒家经容纳包括墨、名在内的诸家养分而兴旺,后又经董仲舒的皇家儒学一统独尊的原因,但这只是外部的和社会的力量,而在上万年的农耕环境中,社会群体更易接受、传承面向现世、内向与类推的儒家文化,淡漠与之相比黯然失色的无法实证的超越实在以及墨家、名家学说,则是内部的动力。我并不是自然环境决定论或经济决定论者,但坚信偶然中有其必然——文化,作为人脱离一般动物的标志和起点,总应该和人所处与所

---

① 见史华兹《古代中国的思想世界》第三章,尤其是"宗教维度与'命'的作用"一节。

从事的图存谋生手段密切相关。事实上是不是如此，"偶然"的选择到底是如何发生的，相信还会引起更多的人进行深入的研究。

三 任重道远：寄望于中国年轻学者

中国已经发生并将持续进行巨大的变革。这样一个时代需要哲学思维是不待言的。但是我们的哲学界的情况又如何呢？

中国哲学作为一个独立的现代学科发展，也是伴随着鸦片和坚船利炮的到来开始的，乃至"哲学"一词也是借诸日本。中国固有的哲学经历了起起伏伏，到宋代形成了理学，辉煌了约三百年，及至明代中期以迄清代，逐渐因远离了哲学作为人学、社会之学的本质，空疏而不切实际，不再被社会主流意识——人民的意识——所认可。随着传统接连被批判摒弃，中国逐步建立起来的哲学几乎是西方哲学的翻版，在很大程度上被启蒙运动事业的"妄自尊大"征服了。几十年来，本体论、宇宙论和目的论，二元、绝对、思辨，被奉为圭臬。如果说西方的传统哲学是宗教的婢女，那么作为学术的中国哲学在某种意义上说就是怡红院里侍候袭人的丫头。

西方哲学影响之深几乎举目可见。在哲学领域，即使像牟宗三先生这样极力要发展中国哲学的大家，也难免受康德的影响，也许是在不知不觉中把"超越"带进了他的哲学。我还想举出另外一个例子。庞景仁（1910—1985）这个名字也许是许多人不熟悉的，而他却是中国比较哲学的一位先驱。他的哲学造诣很深，在 20 世纪 40 年代他"为了使西方人弄懂在那个时期

（璐按，指清代）中国的官方哲学——朱熹哲学，给他们展示出'理'的概念的含义，指出马勒伯朗士以及西方传教士们的错误"，以《马勒伯朗士的"神"的观念和朱熹的"理"的观念》为题完成了他的博士论文。马勒伯朗士认为中国的"理"的观念和他的"神"的观念是很相似的，"应该剥去'理'的全部无神论的外壳，使它和'神'的观念相一致"。① 庞景仁先生假借对话的形式批驳了他。但是庞先生的结论中是这样翻译朱熹"必有为之主宰者"这句话的："肯定有一个指挥者和命令者。"并用了这样的结论式语句："因此，天肯定是一种至高无上的人格，或者，如果你愿意这样讲的话，是一种人格神。"② 显然，无论什么人，如果总是随着施特劳斯圆舞曲扭秧歌，慢慢地脚底下也会旋转起来。

与这种对中国哲学的扭曲密切相关的是，中国文化从总体上受到了严重的摧残。这段历史是大家所熟悉的，也是我们不愿意再去回忆和详述的。我只要指出这样一点就够了：传统文化被冠以"封建迷信"的恶名，这和欧洲中心论者斥中国文化为蒙昧、野蛮、原始，其实是异曲同工。这期间虽有包括被称为现代"新儒家"在内的众多学者坚持，并且形诸论著，但也无奈西方学术之大潮何。另一方面，毋庸讳言，也还有固守中国古代的学术格局、方法、视野，不愿参考、汲取中国之外的各种文化结晶者。时至今日，中国的哲学面临着不容回避的选择，不能再对西方哲学正在进行的伟大变革视而不见、无动于衷了。难道我们自

---

① 《马勒伯朗士的"神"的观念和朱熹的"理"观念》，商务印书馆2005年版。引文见该书"出版前言"，冯骏撰。

② 同上书，第116页。

己不该来一场哲学的翻天覆地的变化,或曰"一场真正的革命"吗?"意识到我们自己传统的脆弱之处是真诚的标志。"[1] 说得多好啊。这句话,是《探源》的作者对西方读者说的,但是,用在中国不是也很合适吗?"透过对孔子的分析重塑思的意义,以及由这种反思带来的对哲学家性质和责任的重构,可视为对我们自己(按,指西方)哲学文化传统的一种适时贡献"。[2] 安乐哲这番话说的也是西方,但是我们中国学者难道不该为世界也同样做出这方面的贡献吗?安乐哲教授说"现在是一个'中国来了'的时代",[3] 但是中国学者应该反躬自问:"我们准备好了吗?"答案恐怕应该是否定的。那就让我们赶紧进行准备吧。中国学者投身于比较哲学的活动中去,将不只是对西方哲学变革浪潮的回应,更是对世界文明对话的关注和贡献。借用哈贝马斯的话说,作为"公共知识分子"(其实在中国的传统中,"士"就是关注并积极介入社会公共事务的),值得献身于这一研究事业。

我认为,作为从事中国文化或中西比较哲学的中青年学者,应该做好以下的准备:第一,知己知彼,也就是既要深入把握中国古典哲学的文献和学术发展过程,又要准确地掌握西方哲学史上的关键和精髓。第二,掌握工具,学好一门以上外语,熟悉异质文化的表达习惯,最好能够做到用一种外语写作和演讲。为了以上两点,最好能到国外学习工作三五年。第三,纯熟地掌握中国的"小学",即文字、音韵、训诂和版本、校勘之学,也需要了解西方语言学中的语

---

[1] 《探源》,"前言",第4页。
[2] 《通过孔子而思》,附录,第440页。
[3] 同上。

义分析方法。当然，由于种种原因，不可能每一位从事相关领域研究的人都能做到、做好这三点。但是我敢说，要想成为大家——中国和世界多么需要这样的大家呀——就必须朝着这个目标努力。中国和世界所需要的，不是一两个或几个，而是一大批大家。

　　研究哲学本来就是寂寞的苦事，为了做好以上的学术准备，更需要吃更大的苦，耐得住更深的寂寞，需要准备更长的时间坐更冷的板凳。这比单纯学习中西哲学文献，按照别人的思辨路径继续思辨要难得多，在某种意义上甚至要比从"渐修"到"顿悟"难得多。因为社会上的诱惑太多了，有时社会环境和条件也不允许人冷静下来，机制上的困难单靠毅力是难以克服的。但也正因为如此，才更需要一批勇敢者、坚毅者。

四　迅速建设跨文化的阐释学

1. 工欲善其事，必先利其器

　　要纠正400年来"非哲学的翻译家"造成并使得其后的人们徜徉于其中的错觉，改变"翻译语言贫乏化"的状况，必须投入精力涉足跨文化的阐释学的创建和发展。

　　中国的跨文化阐释学并不是从零开始。在西方，理查德、葛瑞汉等人，特别是安乐哲已经为我们展现了"哲学阐释学"一种范式的雏形；在中国，牟宗三、唐君毅、刘殿爵等先生也已经走出了重要的一步。我认为，在前人的肩膀上继续攀登，起码有三件事要注意。一是把阐释的对象扩大，而不限于前人已经指出的几部经典和"特殊语汇"。实际上，随着研究中国哲学领域的扩大，应该关注的经典和"特殊语汇"也将不断扩展；例如"五经"的全部、汉唐的注释、宋明以迄清末民初的专著、语录和笔记等，以及理、节、气、欲等词语。而一些看似非"特殊语汇"也是需要特别斟酌的，例如福、忠、孝、廉、斋、戒、方、正等等涉及伦理的词语也需要经过一番解说，西方文化语境中的人才能正确理解。二是从对词语的关注扩展至对语境的深入思考。安乐哲多次谈到古典时期的哲学语境，但由于其著作有着特定的性质和目的，并没有对他的论述所涉及的语境作进一步的充分的叙述。不管是宏观语境还是具体的上下文，也不管是哲学语境还是语言学语境（二者既有区别又有重合，或者可以把语法和修辞也算在狭义的语境里）对语义的影响是多方面的。德里达也认为，语言的意义就不是确定无疑的，而是境域性的，是流变的。这就和"言语中心主义"宣称的语言交流是体现人们思想和意图的最准确形式，没有时空障碍的观点针锋相对了。从某种角度说，"词不达意""言不尽意"以及模糊是语言的常态，因此要准确把握语义—概念就不能不深究隐含着意义的语境。三是对语词的时代性要高度敏感。中国的文言文延续了两千多年，一般人以为它是完全僵化的语言。其实文言文也在一定的范围和程度上逐渐有所演变。具体到一个个语词，不同时代、不同作者都在改变着或附加上时代的和自己的色彩，这其中就有不少创造或扭曲，这些可能恰好是我们应该察觉并深究的。我们在时贤的论著中不止一次地看到混淆古今语义，或者囫囵对待语义间细微差别的现象，这是我们应该注意避免的。

2. 加强语文的训诂学和哲学的解释学的沟通

语文的训诂学的原理和成果是哲学的解释学的基

础，但它必须深入到历史的叙事中去才有生命力，才能不断丰富和发展；哲学的解释学的成果则可以启发语文的训诂学的拓展和深化。训诂学的任务是语义分析，包括了字词、句段、篇章意义的分析，我称之为语文的训诂；哲学解释学的任务是进行概念分析，我称之为义理的训诂。20世纪30年代过世的国学大师黄侃（季刚）先生说过："小学之训诂贵圆，而经学之训诂贵专。"① 他所说的"圆"即指语文的训诂，是对一个个词语的全面解释；"专"指的是在文献语境中的训诂，其中包括了义理的训诂和哲学的解释。

无论是语文的训诂还是哲学的解释，都应该把文本看作是古人的生命、思想、叙事的延续，后人阐释它，同样是在注入自己的生命、思想和叙事。因此，任何典籍和对典籍的解释都是有时代性和个性的，进而是活泼的，有生命力的。需要引起我们警觉的是，语文的训诂学现在时常仅仅被当作一种技巧进行传授、使用；更有甚者，认为原有的训诂学缺乏"理论性"，进而使之蜕变为貌似严密、外表"好看"的蜡枪头式的"理论"。于是照抄字典词典或古代成训形成了注释或编纂工具书的惯例，或只满足于学科的"系统性"，却解决不了学者自身阅读或解释典籍的问题。其结果是，活生生的叙事成了死板板的记录，蕴含丰富的哲理成了干巴巴的教条。安乐哲所说的"哲学语言的贫乏"大概也包括了对这种现象的批评吧。

要之，语文的训诂需要创造、新生；义理的训诂或哲学的解释对训诂学是重要的参照和启发。二者本来是密切关联的，我们应该自觉地沟通二者。这是一

---

① 《训诂学笔记》，载《黄侃国学讲义录》，中华书局2006年版，第242页。

项了不起的重担,对中国两方面的学者来说几乎都是一个新的课题。

3. 把握训诂学的基本原理

中国的训诂学可以说是中国的文献语义的解释之学。文献语义不同于哲学语义,但其原理、工具和操作方法,已经有了两千年以上的积累和经验;可以说是集中反映了中国历代古人对自己的语言和文献(他们是把这些文献当成古之贤哲的生命的延续的)的体验,非常值得我们珍惜。例如在训释时贯彻对字的形—音—义三位一体的原则;例如对字词进行训释时义界、互训和推因三种方式并用;例如对广义和狭义语境,或笼统称之为哲学意义上的语境和语文学的语境的重视;例如对近义词之间同与异,特别是异的研究;例如对隐喻和其他表达方法的关注,等等。

中国近几十年大学学科的设置和课程的设计,在一段不短的时间里越来越背离学术发展的规律,学科越分越细,似乎越来越专,实则分析而不能"还原",或曰一往而不知复,不但文理工互不搭界、文史哲绝缘,即使在文、史或哲的内部也分得极为细密,培养出的人才综合能力差,知古不通今,晓外不涉内。在这种情况下,语文训诂学,即使对于许多从事古代文学或历史的人来说,也已经漠然不知了,遑论其他。因此,我建议,哲学研究者,特别是中国哲学研究者,一定要掌握训诂学的基本原理并且能熟练地把它运用到解读中国古代文献的实践中去。

从先秦到两汉,人们是重视经学和训诂的关系的,从事这一活动的无不首先是经学家;至南北朝以迄隋唐,虽然也比较重视二者的关系,但是鲜有突破性的发展;至宋,在解释学中哲学的味道胜过了原意上的训诂，延续到明，后世所批评的"空疏"也包含了不甚讲究训诂的意思在内；清至乾嘉，小学兴盛，但语文学训诂（"名物训诂"）掩盖了哲学、经学训诂（"义理训诂"），其影响至今未衰。现在到了还训诂起源时的本意，运用这一中国特色的解释工具为中国文化的振兴、为文化和哲学的比较、为多元文化的对话服务的时候了。

现在距安乐哲和郝大维合作发表《孔子哲学思微》已经过去了二十多年，世界的情况、世界哲学界的情况都发生了很大变化。变化中的一个重要方面就是文化的多元化、不同文明间应该对话已经成为多数人的共识。中国的学术界，包括哲学界在内也相应地有了可喜的变化，其中特别引人注目的一点就是今天会场上的景象：生气勃勃的年轻学者越来越多。我不是社会进化论者，但是看到当下的情形，还是要赞叹时间老人的无私，给了我们这么多未来的栋梁，他们的手脚还没有戴上镣铐，或虽戴上了但铐得还不紧，他们会跳出美妙的舞步。因此可以说，我看到了中国学术卸下镣铐跳舞的明天，看到了中国哲学的明天，看到了不同文化对话的明天！

世界需要中国[※]

各位专家、各位学者、各位朋友：

非常高兴在人间的天堂——西子湖边与大家见面。首先道声对不起，因为我正在浙江宁波地区进行调研，今天早晨赶来，中午和到会的常务理事们见了面，下午在这里谈一点自己的想法。由于还要继续到宁波调研，因此不能够在这里和大家一起共度难忘的两天。

借此机会说一下我的调研，也可能在座的国内外的朋友会感兴趣。国家正在制定2020年的教育规划纲要，我是这个规划纲要的顾问。作为顾问就需要对教育发展现状和基层的教授、老师、教育官员的想法、实践的经验有真切的了解。我已经调研了4个省市的行政单位，现在要重点转移到对专业性大学的调研。浙江的中医学院和美术学院已经调研过了，同时要对一个地区自成系统的地方调研，从大学、小学到职业学校，公办的、民办的都要调研。我选了两个地区，一个是宁波，一个是唐山。因为宁波地区的开放可以追溯到100年前，同时在改革开放中处于前沿，经济发展非常迅速，又面临着次贷危机和石油涨价，以及人民

※ 2008年9月1日在"世界汉语教学学会第七届理事会会议"上的讲话。

币升值的压力，那里的民营企业面临着新一轮的考验。在这个时候，教育处在一个什么位置，当地人是怎么思考的，怎么准备的，这对于制定规划纲要有重要的参考价值。唐山是一个百年的老工业基地，中国的第一个现代化的企业，就是开滦煤矿在唐山，中国第一个火车头产于唐山，就是慈禧太后坐的火车头，中国的铁路事业发源于唐山，但是经过1976年的地震，在几分钟之间，唐山被夷为平地，牺牲了24万多人。震后在一片废墟上重建了唐山，但是它的传统工业落后了。近几年在中国建设环渤海经济圈的时候把唐山作为重点之一，几年之内唐山变了一个样子，GDP和财政收入年增长都在40%。到现在为止，钢铁量已经达到5000万吨，2010年要达到1亿吨，海港大概到2012年要达到6亿吨，超过东京湾1亿吨。在这样一个凤凰涅槃后重生的城市，教育需求是什么？他们是怎么规划的？对于整个国家的规划纲要都会有重要的启示意义。

  这也是中国大陆教育方面的一个动向，在我的调研过程中，经常感到亢奋，这就是各地在教育建设、教育改革等方面有很多的创造，已经超越了国家所制定的种种的游戏规则。因为任何的法律法规以及政策，相对来说，滞后是绝对的，超前是相对的。法律法规和政策都是根据实践的经验提升而升华的，按照一个周期制定以后，现实又向前发展了。所以这次到宁波，也同样受到很大的启发。高校的老师们，乃至职业学校的师生们，都有很多的创新，理工科居多，有很多的创造发明。这种自主知识创新又带动了教学的改革，带动了学校体制机制的变化。

  下面我想讲这样五点意见：

第一，首先祝贺理事会的召开。

多年来，世界汉语教学学会在对外汉语的国际推广方面，做了大量的工作，成为活跃在世界上进行汉语教学的一支生力军。历任的会长、副会长以及第八届理事会的常务理事和理事们，都为学会的发展建设、为汉语教学倾注了心血，大家在各自的教学和管理岗位上，都在不断地探索，在新形势下我们如何把汉语教学做得更好，更能适应世界的需要。上午许琳主任做了尖端的关于国际汉语推广的目前状况、形势的报告，特别是陆俭明先生，对第八届理事会这几年的工作做了全面的总结，就着汉语教学再让我说什么似乎是多余的。因此我想在下面几个问题从宏观的角度，来介绍一下当前世界上各国的关系、文化交流的情况以及我的一些思索，最后归结到汉语教学的问题上。

第二，经济全球化形势下世界的文化走向。

大家都知道，中国在新中国成立后30年的发展过程中，由一个各方面都很落后的大国，变成了世界上前几位的经济实体，13亿人的国度，经济不断地发展，国门打开，造就了世界上到目前为止最大的市场。因而，吸引了各国政要、企业家和人民的注意，为了交流，于是大家需要汉语。但在这个问题的背后，还存在着以下突出的问题：

1. 在经济全球化的浪潮中也出现了文化一体化的威胁。文化是靠着经济的支撑发展的，文化是凭借着国家的实力、吸引力而走出国门的。因此，在近十几年中，如果追溯远的话，还可以追溯到第二次世界大战之后美国的文化成为全世界最强势的文化。不管哪个国家的社会都有一种误解，认为一个国家的实力强大，它的文化就是最好的，于是争相地模仿学习；但是这和文化的发展规律发生冲突，人类的文化史，各个民族的文化史都证明，文化从诞生之日起就是多元的，多元是文化的本质之一。作为一种民族文化，没有多元就没有内动力，因为需要多元之间的接触、冲撞、吸收、融合，因而各自获得推动力，文化向前发展，中华文明五千年文明史就是这样走过来的。

放眼全世界，世界的文化，从我们蒙昧时期的茹毛饮血发展到今天可以走向太空，也是多元文化接触冲撞、相互学习、进一步融合的结果。在这个过程当中，各自的民族文化得到强化，特色突出，如果是一元化，就破坏了这个规律。既然是矛盾，说明文化是任何人主宰不了的，一元化的目标不能实现，但是在一元化和多元化的阶段中，人类要付出惨重的代价。所以，从宏观上说，人类文化的多元化前景是不需要忧虑的，但是这个过程却应该引起重视，在经济全球化的浪潮中，一元化趋向明显，趋势越来越强，刺激了各个民族主张多元化发展。一方面引得各个民族的人民更加珍惜自己的传统，不愿意自己的民族文化被经济全球化所吞噬，因为按照人类社会发展规律，一个民族如果没有先进的生产力，按今天的说法就是现代的科技，就无以强国，可是如果没有先进的文化，却足以灭种。大家都熟悉中国的历史，中国最强盛的是汉唐，恰好这个朝代是开放、文化的多元最显著的时候，也是在农耕时代科学技术最发达的时候。

另一方面，特别是现代的中国大陆的人民，和很多发展中国家人民一样，发现借助经济全球化的趋势，自己的物质方面逐步地丰富了，但是，精神也逐步地空虚了，灵魂逐步地无所依归了。例如中国大陆，在外资企业工作的白领，有相当一批人患有抑郁症，经医学部门、心理研究部门等抽样调查，患抑郁症的高达三成以上，这个数字没有在社会上公布，因为考虑到引起的社会反响问题。教育部在前些年做了一个调研，在考上重点大学的一年级学生中，有40%的学生认为自己是失败者，在抽样调查的重点高中学生中，有60%的厌学，当然这和中国的教育制度亟待改革有关，和教师、教材、教法、课堂内外、家庭、学校都有关系，但是，是不是也和物质丰富等而精神空虚、灵魂无所依归有关呢？

再一方面，社会上的有识者开始注意到民族的文化安全问题，这个问题中国大陆认识的比较晚。20世纪80年代末期，我曾经接待过法国巴黎第一大学的校长，我在请他吃饭的时候，服务员推来饮料车问客人喝什么饮料，那个时候还没有这么多的品种，只有像啤酒、矿泉水等，还有可口可乐。这位校长跟我说：你们也进口可乐可口？我希望你们不要进口美国的文化，不过美国也没有文化。当时给了我很强的刺激。20世纪90年代初，我参加接待日本文部相，他向我提出来，中日两国地域相近，文化相通，我们两国应该联起手来抵御美国文化的"侵略"，这是我第一次听到"文化侵略"这个词，从日本朋友那里听来的。但是在中国人口里，我们不说这个词，因为文化是请进来的，我们需要打开窗子，打开门，让世界各种文化到中国来，我们也应走到世界各地去，学习世界各国的文化。但是需要我们像牛、羊这种反刍动物一样，先吞进去反刍，最后把营养吸收，化为我的机体，其他不能吸收的作为废料排除出去。这两位高官所反映的是不是可以说是在经济全球化背景下文化一体化的冲击下，民族文化的崛起。这是我所说的文化一体化的威胁和它与文化发展规律的冲突。

2. 就在这种文化一体化和文化多元化的冲突、斗争当中，有一种理论和一种实践就是文明冲突论。哈佛大学教授亨廷顿先生和他的弟子弗朗西斯·福山，我们先不管他们的出发点如何，或者他们著作最后的结论如何，不管怎么样，他们都是预言文明的冲突几乎是不可避免的，虽然亨廷顿先生说我们应该努力避免这种冲突。福山先生，作为美国哲学新保守主义理论的代表人物之一，极力主张美国的价值，认为在这种价值之上所建构的制度是人类历史的终结，坚持这种价值，在这些制度下，按照这种制度生活的人，是人类历史上最后的资源。把他们师徒的思想连在一起，就是文明冲突不可避免，最后美国的制度、美国的价值观，应该成为人类统一的结局。在这种思想指导下，冷战之后爆发的一系列我们所不愿意看到的国家之间的战争，国家内部种族之间的屠杀，对全人类是一个刺激，在这种刺激下，文明对话的主张开始兴起。

众所周知，文明对话主张提出，首先是从西方神学界提出来的，进而扩大到哲学界。从20世纪90年代到现在，已经举行了一系列世界规模的文明对话的会议。联合国也于2000年一致通过把2001年作为"文明对话年"。不久前，在西班牙首都还举行了世界宗教的对话，受到各国政要的重视，西班牙国王、总理，沙特国王，英国前首相布莱尔等都参加了。什么叫文明对话？狭义的对话，就是学者、宗教领袖之间来对话，向下延伸就应该是人民与人民之间的对话；广义的对话，就包括文明的输入、文明的传播，不同文明之间相互学习、互相促进。例如在中国国内，从汉代以后，特别是南北朝到唐代，儒、释、道之间的对话。正是这种对话，完成了佛教的中国化，这就是出现了禅宗，而禅宗又经过韩国传到日本，每到一个地方都本土化，中国的佛教吸收了儒家、道家学说。中国的道学在南北朝形成宗教以后，吸收儒家的营养，学习了佛教的理论和仪轨；而中国的儒家二者兼收，经过几百年的酝酿，最后在北宋出现了理学，到了南宋的时候达到高峰，以后又沿着这条路走，出现了浙江人王阳明的"新兴之学"，纯粹主义者批评王阳明本不是儒学，实际上是外儒内佛，但是在我看来，这是一种文化的对话促进了各方的发展。在这方面我们亚洲是有着丰富经验的，值得维护，值得总结。

不管是广义的对话，还是狭义的对话，它所包含的精神是相互了解、相互理解、相互尊重、相互赞赏、相互学习，彼此之间不是比高低，比第一、第二，而是比特色、比优势，这一点我们的前辈费孝通先生曾经概括为16个字，这就是"各美其美"，各个国家和民族以自己的文化为美，尊重自己的传统；"美人之美"，要欣赏不同文化都有它的优势、优点；"美美与共"，也就是不同的文化之间和平相处，和平对话，携手并进；"世界大同"。最后走到一个和谐的世界，和平的世界，幸福的世界。

而要做到这一点，单靠神学家是不够的，尽管各国的学人也在努力，我也在努力。例如不久前我和一位美国犹太人，他是双重国籍，在北京进行了儒家与犹太文化的对话，双方都有所收获，都很满意，我们俩成了好朋友，他答应我今年晚些时候还要来，不仅自己来，还要带着夫人和孩子来。我今年在澳门组织主持了一次儒释道的对话，也是海峡两岸的对话。佛教和道家，我请的是大陆的高僧高道，儒家请的是台湾地区的儒家代表人。过几天我要到山东去，在那里开一次"尼山世界文明论坛"的会议，尼山就是孔夫子老先生家乡的一个小山，要请美国基督教新教最大的主教来和我做儒家与基督教的对话。为这个做铺垫，我在这里调研完之后，就要赶回北京，5号接待洛杉矶水晶大教堂的董事长，我们两个先进行小的对话，公开的对话，"尼山世界文明论坛"将是我和大主教讨论不同国家的关系，学者们坐底下听，我向他提出问题，他向我提出问题，听者也可以提出问题，准备进行两个半天的对话，这就是对话跟论坛结合。到时候也要广泛地向各国发出请帖，这是一个国际性的对话。

像我这样努力的人，在中国大陆不是一个，在美国、英国、法国等都有学者在努力这样做，但是这解决不了社会问题，因为作为社会的精英，知识界的高层，在任何国家和民族都是一小批人，通过学术和教学，固然可以把这种影响扩散到学生中，但是毕竟力度不够，更需要的是人民之间的一对一、一对多、多对一的接触与对话。因而，语言的重要性就显示出来了。

中国现在有一亿两千万人在学习英语，虽然对于学习者来说目的可能是为了将来求职或者出国，但是无形中就造就了中国走向世界的方便。至今，中国无论是在科技界、经济界、法律界还是学界，我们在世界上的话语权几乎是零。什么原因？就是由于历史和社会的原因，我们不能够熟练地运用另一种语言，而且不善于把自己的观念、主张、知识、智慧，在进行语言转换之后，告诉外国友人，这是学术界的同人很焦心的一件事情。例如，佛教在公元前2年，开始传入中国，至今早已经中国化了，无论是我们的高僧还是我们的信徒，谁也没有把佛教看成外来的佛教，但是佛教顶尖学者、佛教的研究中心，都不在中国大陆，也不在台湾地区。至于道教，作为中国本土的宗教，顶尖的学者几乎没有中国人，研究的中心不在中国，而在欧洲，特别是法国。那么，我们须臾不可离的、张口就来的，经过一段普及之后，现在可以说妇孺皆知的儒家的学说，顶尖的学者，几乎没有中国人，如果说有的话，有几位出生于台湾，加入美国国籍的华人，研究的中心也不在中国。我想这些我们的国粹之所以在世界上没有话语权，除了学术研究需要加强之外，恐怕跟我们的学者们能否做到用另外一种语言论说、讲演、写作、出版有直接的关系。

反过来说，我所接触的西方世界研究儒释道的世界级学者，几乎都可以流畅地用汉语讲学，就像我们白乐桑先生一样，而且对中国的典籍《四书》《五经》，最高级的可以倒背如流，次一点的也几乎是信手拈来。这个问题让我们来做反向的思维：中国人的心理，中国人的诉求，中国人的愿望，要想让外国朋友了解，最好他能懂汉语，我们自己学外语是应该的，也希望他们学汉语，人和人面对面用汉语交谈，心很容易沟通，互相理解。如果说一个来访者住在老百姓的家里，就像这次奥运家庭一样，中间还需要一个翻译，也没有这么多的翻译，心和心之间的沟通总是隔了一层。因此，想让文明对话普及化、普遍化、普适化，想让文明对话的浪潮凭借着汉语走向世界，中国文化走向世界，而能更加汹涌澎湃，我想这是世界的未来所需要的。

现在我们时不时能听到"中国威胁论"的言论。在我接待各国议会代表团以及出访的时候，会见各国政要的时候，常常是我主动提出所谓"中国威胁论"，当我简要给大家介绍中国文化的传统，文化的理念以及中国人所奉行的哲学之后，至少在表面上我的客人或者主人表示，我明白了，在这之前我不知道，我不赞成"中国威胁论"，欢迎中国继续强大起来。中国13亿人口，世界65亿—66亿人，有这样的机会能有多少呢？在中国新一轮的发展建设中，改革开放要加大力度，改革永无止境，开放不会半途而废，只能是国门打得更开，唐代和宋元的开放水平远远超过现在，我们对世界不能只是索取，我们应该是贡献，我想贡献之一就是汉语之桥。

第三，世界的和平、未来人类的幸福需要中国人贡献出自己的智慧。

经过第一次世界大战和第二次世界大战，西方的学者开始反思世界怎么了？本来以牛顿和笛卡儿为代表的启蒙思想家们告诉我们，只要是发展科技、认识世界、改造世界，就可以解决人类的幸福问题，可以落实文艺复兴所提出的民主、自由、平等、博爱，但是为什么第一次世界大战就发生在欧洲的心脏部位，第二次世界大战又是由此爆发，都是相对来说当时科技快速发展的地区？一种莫名的形势，首先从文艺家开始，要表现出来，同时又感到自己的灵感枯竭了，这种思想后来扩散到了建筑界，进而扩散到学术界、历史学界、哲学界。如果追溯起来，恐怕德国的哲学家斯宾格勒应该是启蒙人之一，它的辉煌巨著《西方的没落》，说起来就是在工业化的过程中，农村消失了，农村才是文化产生地，文化的天下，农村变成为城市，人们进入城市之后，远离了大自然，疏离了人和人的关系，创造前所未有高度的文明，斯宾格勒认为城市化普及之后，就是文明的没落。西方到1904年的时候,已经基本做到了城市化,所以他说西方没落了。拨开他论述的现象而言,实际上是他对文艺复兴传统的质疑。

接下来第一次提出"后现代"这个词的就是英国历史学家汤恩比,由此下来,成为一股思潮,一直到法国的德里达,德里达首先挑战的是索绪尔的哲学理论,受他的影响,现在欧、美哲学的主流就彻底否定了索绪尔学说,当然他是从哲学角度批判的。再向后发展,或者与此同时,女权独立、环保主义、绿党等都是由此而发生的。把这些作为自己的理论依据,来研究中国国学内容的学者,据我所知,有名的是美国的郝大维以及安乐哲,这两个比较哲学家在世界上应该是比较响亮的名字。无论是斯宾格勒,还是郝大维都慢慢地总结到一点,简单化、粗略化,不准确地说就是再按照西方的启蒙时代形成的所谓的"绝对真理"走下去,世界将要毁灭,人类将要毁灭。

那么怎么办?他们在研究中环顾全球历史的时候,发现了东方的文化,特别是中华文化,因此在 20 世纪 60 年代,也就是中国"文化大革命"在如火如荼进行的时候,汤恩比说过这样一句话,"中国五千年超稳定"——当然也有战争,但是比起西方来,应该是超稳定——"是值得研究的","如果把保守的、缓慢发展的中华文化与激进的、爆炸式的西方文化结合起来,各取其长进行融合,形成前所未有的另一种文化,恐怕是人类的未来唯一的前途"。他又说,"我们西方的哲学、西方的社会已经走到了极致,走到了尽头,如果今后能有谁向世界奉献出一种礼物,使中西的文化融合,推动历史的前进就好了,而一旦是中国人向世界奉献这个礼物,我们不要感到意外"。从这里我就想，西方学者的反思可以帮助我们认识自身，认识到我们文化的价值，而中国的文化，中国的理念，中国人生活的哲学，就活生生地细微地体现在我们的语言之中。

众所周知，语言是文化的最重要的载体，不管因特网发展到什么样的程度，它负荷的信息主要还是靠语言传达的。同时，语言也是一种特殊的文化形式，当然，至今对汉语从哲学角度去思考的还不多，它本身就是一个最好的展现。因而如果刚才我所说的这些西方的学者说的有道理的话，我们和各位朋友把汉语介绍出去，就不仅仅是满足人们要参与到中国这个大市场和经济全球化的经济交流这样一个眼前的利益，还有一个更重大的历史责任，就是让文明对话更广泛地进行，促进各民族之间相互了解与尊重，经过若干代人形成那个时代新的更流行的文化，当然那个时候的文化也是多元的。

世界各国文化之间是没有中心的，所谓"文化中心论"本身就是一种沙文主义。中国人不想让中华的文化成为世界的文化中心，但是我们作为大家庭的一员，我们总是可以参与，要让更多的人了解。事实上，中国一直在这样做着，不仅仅有法国的文化月，也有俄罗斯的中国年，也有充满民族特色的奥运会的开幕式，但是我总觉得，语言还是最重要的。很简单，当开幕式开始的时候，孔子的三千弟子上场，当在朗诵"有朋自远方来，不亦乐乎"的时候，所有的外国人都不知道他们在说什么，我坐在主席台上，说实话，我也没有听清楚说什么，后来我看到屏幕显示才知道，是"有朋自远方来，不亦乐乎"。这说明语言的重要，一对一语言的重要，3000人对92000人说话还是不行。

所以我想语言之桥什么也代替不了。

我想，中国既有辉煌的历史，也有痛苦的回忆，一旦中国甩掉历史的包袱轻装上阵，那么中国对世界的贡献将会越来越大。根据当前世界的走向以及各国学者的研究，我在思考，作为有五千年未尝中断过的文明，作为有13亿人口，世界人口最多的国家，如何对世界负起责任来，如何对世界做贡献？按照一些政治家的要求，所谓我们负起责任来，就是在达尔富尔问题上主张制裁。在对伊拉克问题上我们也参与制裁，我们和伊朗的正常的贸易应该断绝，这是美国的政要当面跟我说的，这该怎么办？各国之间可以协商。但是我认为最重要的贡献，也可能是读书人之间的迂腐，应该超越现实、眼前，要想到更长远的未来。这长远的未来就是文化的交流，就是语言的互相学习。

我认为，中国人对世界的贡献，从现在起恐怕要经过三个阶段，虽然每个阶段都会很长，可是，我们要意识到这三个阶段。

第一个阶段，中国人向世界贡献劳动力。我指的劳动力还不是劳务输出，也不是偷渡者到法国开餐馆，而是指的劳动密集型的产品的输出，从衬衣、鞋帽一直到圣诞礼物，每个产品都有我们工人的辛勤劳动。中国的第一线工人的工资，只是德国工人的1/16，同样的产品、同样的质量，德国公司在这里设厂，它的人工只有1/16，因为我们贡献的就是劳动力，这就是大家所说的"中国是世界工厂"。我们不能老停留在这个阶段，这种贡献还要继续下去，因为全市场要吃、要穿、要住、要行、要玩，但是我们应该争取早日进到第二个阶段。

第二个阶段就是中国人向世界贡献知识的阶段，

这就是发明创造。从自身利益考虑，贡献知识所获得的收益是十倍、百倍输出劳力的收获，从对世界负责来说，世界只是在急速增长，中国人现在几乎没有贡献，如果中国人的智慧发挥出来，我们创造的知识也为各国所用了，会让人类的物质生活再次得到提高。例如，我们的袁隆平院士，他所培养的杂交稻以及高级杂交稻首先就解决了菲律宾的粮食问题，在非洲很多国家也靠他的水稻避免了饥荒，这就是一个知识的贡献，可惜我们这种贡献太少了。当然，知识的输出在某种程度上也受到了知识产权保护的影响。保护知识产权的意识从美国南北战争的时候开始形成，并逐步扩散到全世界。中国的《著作权法》，从制定到后来这次修改我都是主要参与人员之一。我曾经两次访问联合国，我一直主张知识产权的保护要有限度，不然就变成知识的垄断。我和知识产权总干事及所有副总干事讲，你们不要以为中国现在使用的知识产权，我们没有贡献全世界，即使是中国有大量的发明创造、知识出口的时候，我也这么主张。首先对贫穷的国家，要允许它无偿使用；同时，保护到一定程度就要由政府知识产权管理部门选择保护事项。实际上保护到极端就破坏了自己，比如一个在国外居住的学者回到中国来，到音像市场上买正版的世界和中国的音乐光盘，大家想想，10元、12元一张，有正式出版社，有正式的防伪标志，也有经什么什么授权，但是真能相信吗？买了很多，在回去的时候，海关检查一打开，很多的光碟，海关官员就看有没有重复的，比如麦当娜歌曲，一买4盘就有罚款，因为有贩卖的嫌疑，如果是一张一张的就可以过，因为是自己听的。而海关的官员在看了之后，是这种表情，意思就是我怎么没有机会到中国买？这就意味着知识产权保护到极致，已经使社会不要说草根，就是有稳定低收入的人都不能享受。这实际上违背了保护知识产权的初衷。

第三阶段，是无形的但是贡献更大，就是贡献智慧。何为智慧？就是如何符合规律的、符合人类未来的幸福、符合世界和平的，关于人自身关系的处理。人的自身关系首先就是肉跟灵的关系，接下来是人各个器官之间的关系；第二是人和人的关系，也包括群体与群体、个人与群体的关系，在中国来说，就是个人与集体、个人与国家；第三是人和自然的关系。中国人"天人合一"的理论，是说人类只是宇宙的一个组成部分，我们和其他的组成部分是平等的，这个从古代的"万有灵论"就体现出来了，而这个基因就种在中国文化血液里。"万有灵论"就是说树有树神，河有河神，门有门神，做饭的灶有灶神，在春秋的时候，房子里面的西南角有奥神，等等，那就是我对你要尊敬，你要扶助我，是平等的。因此不能随便破坏大自然，破坏大自然是有罪的。同时，也是为了子孙后代，所以《孟子》其中的一篇就说"数罟不入洿池，鱼鳖不可生食也"，细密的网不进到池塘去打鱼和虾，鱼和鳖吃不完；"斧斤以时入山林，材木不可胜用也"，伐木的工具，该砍伐的时候就砍伐——什么时候砍伐，冬天，春天生长，夏天结果实，秋天树还没有休眠，正在落叶——这样的话，木材才能用不完。当然中国人自己也产生了悖论，现在小黄鱼都吃不到了，因为臭水都入了大洋了，前些年有伐木比赛英雄，结果是泥石流出现了，大气改变了。

还有一种关系现实和未来的关系，中国人讲现实，并不把希望寄托于来世，关注的是自己的财产、自己的道德，自己家庭的传统，如何传给儿子、孙子。所以"忠厚传家久，诗书继世长"，忠厚是品德，诗书是知识。因而老子说"不失其所者久"，就是我顺其自然到了这个地方生活，到了这个位置上，我就安心于好好把这个工作长久做下去；"死而不亡者寿"，"亡"其实是"妄"的通假字，人总是要死，死了之后回顾他的一生，他没有胡来，这样的人是真正长寿的人，那么这个"寿"并不是生命机理长久，是精神的长久，所以中国人是重精神的。我们说"永垂不朽"，"垂"者流传也，但是谁都知道肢体会死掉的，这个在孔子那里就知道了，厚棺并不是让它不朽。

与此相悖的是西方的哲学，西方哲学是把希望寄托于来世，这就产生了哲学上的二元对立，因为人类的规律不是自己总结的，而是摩西在西奈山上受到的启示，我之所以遵守，那是因为上帝这样要求我的，上帝永远是创造者，万世万物和人是被创造物，被创造物永远成不了创造物，创造物永远成不了被创造物。

那次我和犹太人的对谈，就谈这个问题，但是公元前轴心时代孔子、释迦牟尼、犹太教等先后出现了，这是一种文化，这是一种文明。《旧约》也根植于西方的文化之中，西方的生活当中，要尊重。由于它强调除了上帝之外，大家都是兄弟，这要比孔子在《论语》上说"四海之内皆兄弟"更为彻底，因此文艺复兴在欧洲出现了，首先是从佛罗伦萨发源，然后在法国完成，之后在英国完成工业化革命有它一定的必然性。至于后来，有的国家把《旧约》上所说的改为新的，我觉得那是背离原来的。由神学这里的二元对立，后来就扩展，包括牛顿后来研究的时候，支撑他的也是神学理论，一系列的文艺复兴时期的启蒙者都是神学，有的有一点无神论的倾向,后来也受到严厉的批判。大家知道黑格尔的绝对存在就是神,康德批判了理性和实践,最后实际上没有说透,但是也总结到这一点,因为在中国人看来"绝对"这个词本身就不绝对。

这个时候中国的智慧从思维方法到处理刚才所说的一系列关系,到哲学里面,如果能够在世界上让更多的人知道,供他思考,我们这里有哪些内核你可以吸收,可以有助于补充民族的文化继续向前走,这就需要我们向世界贡献自己的智慧。

也许是受自己民族文化影响的缘故,我有些东西实在学不进去,比如奥古斯丁的神学书,就是论"三位一体",这是他比较宝贵的书,我读了,但是每章要点记住了,对于结论当然清楚,他认为"三位"是一体的,让我重复他怎么论证的,我重复不上来,但是读起中国的无论是儒家的著作,还是佛教的著作,还是道教的著作,以及宋明理学的著作,或者是诗文,我读了以后,都有一种新的感觉。我想,也可能我们的书翻译成英语、法语,他们读的时候,也可能像是我读奥古斯丁的东西一样,还有斯宾格勒,这是文化隔膜的结果。我们总觉得我们的书要翻译是比较好的事情,可惜虽然西方有关中国经典的翻译已经不少了,但是它们或者偏于学术性太强,或者偏于浅近而不严谨,或者局限于几十年前的认识水平,都不符合现在中国文化走出去的需要。比如说《论语》的部分,有的翻译的很流畅,但是现在看到有的并不准确,比如说"仁""善",都带着基督教的理解。

感谢汉办支持我和法国合作,组织一批外国的汉学家,在几年之内准备把中国的五经翻译成英语,希望这本英语书是到目前为止翻译水平最高的,但是又能让普通的读者研究的书。更多的人还是学了汉语之后,再学中国文化,这个责任就落到我们汉办身上了,落到汉语教学学会上,落到在座的各位、所有的会员,以及没有加入学会的汉语教学者的身上。我的孙子在英国生、英国长,还好我们一直强调让他说普通话,可惜是文盲。我就跟他讲,奥运开幕式那天场上那些人是孔子的学生,他们朗诵的是"有朋自远方来,不亦乐乎",我说你懂吗?他说懂,就是远方来朋友,我高兴。"己所不欲,勿施于人"懂吗?自己所不想要的东西,也不要强加给别人,他说我懂了。所以有了语言,这还是古文,我看现在的东西更好接受了。

正是因为有这样三个阶段的贡献,而在第二阶段、第一阶段用不着,但是要贡献知识、要贡献智慧离开语言不行,我们现在不过是为那一天的到来做语言的准备。在中国向世界做贡献的时候,有可能出现三个高峰,三个波浪,根据现在的情况,根据世界的需求,第一波是汉语、是语言;第二波是中医、中国医学,这是我个人的揣测,因为中医是帮助各国人民解决痛苦的,特别中医的养生也是现在最急需的,当中医走出去了,韩医也跟着走出去了,大家是"近亲";第三波是学术,这个学术是广义的,各个方面的学术,也是贡献知识的一个重要组成部分。

第四,就着形势谈我的看法,我就提出一个问题,我们准备好了吗?准备好为世界做出三个阶段的贡献了吗?准备好迎接三个波浪了吗?

我认为没有,汉语在国际上的推广,我们是仓促上阵的,因为我们必须上阵,因为时不我待,各国的学生、旅行者,幼儿、少年的家长都渴望着,而我们不能不提供。不仅仅我们汉语推广没有做好准备,中医也没有做好准备，我想无论是白乐桑先生，还是克林顿先生，在他祖国行医的都是三四流医生，要看中医还是到大陆来。为什么？我们一流、二流医生不会外语，更不能用外文讲医疗的道理。由此而来的一个直接的副作用，就是对现在德国、英国、美国、法国的情况不太了解，在国外大行其道的是针灸和按摩，而不是方剂和望闻问切的诊病，因为这跟西方概念对不上。经络在显微镜下看不见，但是就是很奇怪，胃疼不扎胃，扎腿就好了，晚上睡觉落枕了，早上起来不舒服，去扎中医，劳累过度了，觉得受视力影响偏头疼，左边疼扎右臂这个地方，右边疼扎左边这个地方，一扎就好了。

今年春天我到新西兰顺便到奥克兰大学看，其中有一个奥克兰中医学院的校长是浙江中医学院（今浙江中医药大学）的老师出去的，新西兰文化部部长的臂举不起来了，在澳大利亚看遍了也治不好，这个院长问他了解病情，什么时候犯的，给他扎了几针当时就举起来了，然后又扎了几针一点毛病都没有了，所以这个部长高兴了，现在这个中医学院已经纳入到了新西兰教育体系的学科所承认的医院。但是方剂还不行，比如给他开一次药，12服药，他把其中一服药提纯，发现里面有重金属，然后说这个有毒不能吃。他不知道医生开这个药，还有另外的药抵消它，在抵消的过程中就把病治了。这个需要将来西方进一步认识中医以后，才能接受我们的方子，但是不管怎么样，中医治好病，很多病人问为什么去了这么多的医院，没有治好，你几下就可以治好了？因为中国人讲的人的身体有完整关系，同时犯病还和气候有关系等，这样中国哲学就被了解了，同时成本又很低，不需要多少美元。现在美国的医学会已经把从前认为中医不科学，改口说中医是现在科技不能解释的了。所以我有一个预见，我可能看不见这个预见了，年轻的先生们、女士们都可以看到，中医走出去可以解决各种人的痛苦和亚健康的恢复，同时会为西医进一步提高提供一个契机，因为向它发出了一个挑战。

第三波学术就不说了。学术的主要问题是什么？是国内学者由于语言的障碍，不了解世界上最前沿发展的情况。同时，国内的学术，特别是研究中国国学的浪潮，正在出现，还没有形成高潮，因而力量没有整合，支离了，各做各的，各研究各的。再加上人为切断自己的传统，恢复起来需要时间。最重要一点就是我们的学者没有话语权，这个话语权不是学术的话语权，是语言的话语权。反过来讲西方的学者，现在中国旅游者、商贸者何时能够再吸引更多的学者像浪潮一样到中国来？但他们来也需要汉语，也可能今天我们在国外培养的小学生、中学生就是未来学者，当他已经成为教授再学语言，就难了。

所以，既然我们没有做好准备，我们就要开始积极着手准备。对于汉语教学的准备为什么没有做好？过去我们着眼于成年人到中国大陆来，脱产在汉语的环境下学习，现在变成了除了这块仍然要发展之外，还有从老到少、各行各业的学习者每周只有两小时、四小时、六小时，在那个语言环境下，在连书都没有的环境下来学习；同时有的人无论是年长还是年轻的，不像学生善于总结学习的规律。碰到这样的教学对象，我们的教材没有准备好，我们的老师没有准备好，我们的教法没有准备好，从某种角度上说，我们落后于国外的一些朋友。比如说前两天，陆俭明先生跟我讲，他去年去访问越南，在河内师范大学中文系，一年级学生，他去了刚好在讨论问题，他在旁边听，他们在用汉语讨论课程和学习内容的问题。这给我一个刺激，我们的外语系，在中学就开始学英语，而且英语尖子才考入英语系，我们能不能用外语讨论？可能做不到，这就说明河内的汉语教学比我们强，一定有高招。与此相近的牛津大学的学生，经过八个月培养，这八个月每周六个课时，八个月以后，他们之间可以用汉语交谈和讨论问题。

如何针对不同的国别、不同的需求、不同的年龄段，我们有不同的教材、不同的教法，这是摆在我们面前的一个严峻任务。所以，我想既然没有准备好，就让我们加紧准备。

第五，我对学会的希望，就是怎么帮助汉语教学做好准备。

我想第一点就是让我们所有的会员和从事这项工作的老师们立志高远。这个高和远就是为了全人类，为了世界和平，为了人类的友谊，也为了中华民族。因为我们吸收世界各国的好东西，现在主要是派学者、商人、学生出去留学，还没有到普通的群众直接跟外国人交流；请进来的专家、旅游者当中什么时候也有一定比例的普通人能说中国话，能和我们普遍的交流呢？这需要我们的努力。

第二点，希望能够推进学术研究。学术的研究一般来说，至少可以分三个层次：一，基础研究；二，应用基础研究；三，应用研究。基础研究是研究原理；应用基础研究是研究应用中所需要的规律；应用研究是研究如何操作，然后到应用。按照学术的发展规律来说，应该先进行基础研究，进而走向应用基础研究，然后走向应用研究。但是很多事情常常是逆向的，我想汉语教学也是如此，现在的现实提出紧迫的要求，我们可以先从应用研究开始，向应用基础提出课题，提出思路，也提出挑战，我们进行研究，最后到基础研究。

这在我另外一个领域的实践里，得到了印证，这就是在中文信息处理里面，也就是计算机如何处理汉语的文本和自然语言。看了很多的书，回忆了很多前辈的著作、世界的著作、基础研究的东西，我也曾经实验过，陆先生作为我40多年的朋友，一直支持我，那就是"95"实践的重大项目，是按照传统的汉语语言和传统的西方的计算语言运行的，出了一批成果，后来这个成果被评为优，而且都达到了国内先进水平，我们后来论文集也被评为好书。后来我发现老这样运行不行。于是我又拿到了国家"863"的一个项目，我同时研究，一视同仁地资助，反正是鞭打快牛，谁走得快，就多注入资金，最后其中一组理论和技术出现端倪，出现一些成果。接下来国家给我一个支撑计划项目，我的钱越来越多，其实总体不多。"863"项目有500万元，这次支撑计划给了5000万元，而且最近阶段说，如果不够还可以续，支撑计划就加大力度，一年多时间支持这个项目，其他两个后面要照顾到的，就是从应用开始，向应用基础提出挑战，现在有一帮人正在攻克，已经取得了相当的进展，到现在所做出的东西，不久前冯志伟作为组长，被评为了优，其中有几个项目，专家认为已经到了世界领先水平。我们的产品已经走上市场化了，这当然是产学研结合的结果。

现在出现一个问题，基础理论怎么办？我多次要求学生，你们从事这方面的研究，但是难以入手。我就猜想，这样一个序列，恐怕我们汉语的研究甚至要从基础研究到应用基础研究，再到应用研究，困难很多，不知如何入手。时不我待，我们就从应用者做起，各显神通，不断提出应用基础需要解决的问题，注重基础研究，应用基础研究到一定程度，就会发现基础的问题，原理的问题。比如说，中国的一位数学家为世界的数学做了巨大的贡献，他在研究计算机机械数学的时候，没有走西方的路，他走的是中国古代数学的理论。结果他发现，在计算机之前，在中国古老数学里面已经有了没有计算机时的计算方法，因此他对全世界计算机算法的发明做出了巨大的贡献。所以，基础研究是原理的变化。

　　眼前怎么办？我认为我们要脚踏实地，这个"地"，就是教学。大家齐心协力，我们学会有这么多的老专家、知名的学者和我们在第一线的老师共同的研究教法，这个教法是对语言的认识以及对学者的心理、文化背景、语言环境的分析，研究一下教法，这里会有大量的课题提供给我们学者去研究，虽然看起来似乎是另外一个新的原理，但是这是一块生机勃勃的处女地，这块处女地和原来的是并行不悖的，不要舍弃它。这是我的第二点希望。

　　第三点希望，我们现在是学会，我们就要团结全球从事汉语教学的各国的朋友，我每次到国外都要到孔子学院看看，我对那里对方的孔子学院领导以及执教的外国朋友，以及在那里的华人，都充满了敬意。这一点不是客气话，汉语是我的母语，人家把这个作为一个职业作为一个事业，他这样几十年如一日的教授汉语，说明他爱这个语言，难道不值得尊敬吗？所以我建议今后学会除了我们的年会，怎样组织多样化的活动，听说刘骏先生给介绍了，可以多种多样的活动。我们既是他们的后盾，也是他们的家，要多多的关心第一线的老师。

  如果经过若干年，也许是需要一代人、两代人、三代人的努力，基于国内外的汉语教学，包括对汉族学生进行教学，从应用到应用基础、到基础，能形成另外一种风格的汉语言学本体研究的理论；如果中文信息处理也基于没有预设、没有感情，不会学习的计算机掌握了语言，从这里也升华出一系列应用基础的研究，再提出一些基本的原理，构成面对计算机的汉语语言学的体系，那么，中国的语言学才是真正的兴旺发达。因为这样已经具有了三个系统，一个就是从马建忠先生开始的，我们用百年构建了理论和体系；一个是面对为了教学实用性语言的体系；一个为计算机服务的体系，虽然后两个体系要建筑在本体研究基础上，借助百年来的经验，但却是它生出的孩子，这不仅是对汉语教学的一个巨大贡献，也是对汉语言学的一个贡献。说来说去我还是研究汉语言学的人，转来转去我还是转到我的立足点了，我期望这一天的到来。